O TEMPO
DAS TRIBOS

Grupo
Editorial
Nacional

O GEN | Grupo Editorial Nacional – maior plataforma editorial brasileira no segmento científico, técnico e profissional – publica conteúdos nas áreas de ciências humanas, exatas, jurídicas, da saúde e sociais aplicadas, além de prover serviços direcionados à educação continuada e à preparação para concursos.

As editoras que integram o GEN, das mais respeitadas no mercado editorial, construíram catálogos inigualáveis, com obras decisivas para a formação acadêmica e o aperfeiçoamento de várias gerações de profissionais e estudantes, tendo se tornado sinônimo de qualidade e seriedade.

A missão do GEN e dos núcleos de conteúdo que o compõem é prover a melhor informação científica e distribuí-la de maneira flexível e conveniente, a preços justos, gerando benefícios e servindo a autores, docentes, livreiros, funcionários, colaboradores e acionistas.

Nosso comportamento ético incondicional e nossa responsabilidade social e ambiental são reforçados pela natureza educacional de nossa atividade e dão sustentabilidade ao crescimento contínuo e à rentabilidade do grupo.

O TEMPO DAS TRIBOS

O declínio do individualismo nas sociedades de massa

MICHEL MAFFESOLI

5ª edição

Apresentação e Revisão Técnica
Luiz Felipe Baêta Neves

Tradução
Maria de Lourdes Menezes

Tradução do Anexo e do Prefácio
Débora de Castro Barros

FORENSE
UNIVERSITÁRIA

Rio de Janeiro

▪ Traduzido de:
LE TEMPS DES TRIBUS
Copyright © 1988 Michel Maffesoli
All rights reserved.
ISBN: 2-86563-190-7

▪ O Tempo das Tribos – O Declínio do Individualismo nas Sociedades de Massa
ISBN 978-85-309-5437-6
Direitos exclusivos para o Brasil na língua portuguesa
Copyright © 2014 by
FORENSE UNIVERSITÁRIA um selo da EDITORA FORENSE LTDA.
Uma editora integrante do GEN | Grupo Editorial Nacional
Travessa do Ouvidor, 11 – 6º andar – 20040-040 – Rio de Janeiro – RJ
Tel.: (0XX21) 3543-0770 – Fax: (0XX21) 3543-0896
bilacpinto@grupogen.com.br | www.grupogen.com.br

5ª edição – 2014
Tradução de Maria de Lourdes Menezes
Tradução do Anexo e do Prefácio de Débora de Castro Barros

▪ CIP – Brasil. Catalogação-na-fonte.
Sindicato Nacional dos Editores de Livros, RJ.

M162t
5. ed.

Maffesoli, Michel, 1944–

    O tempo das tribos: o declínio do individualismo nas sociedades de massas Michel Maffesoli; tradução Maria de Lourdes Menezes; Apresentação e revisão Técnica Luiz Felipe Baêta Neves. – 5. ed. – [Reimpr.]. – Rio de Janeiro: Forense, 2018.
il.

    Tradução de: Le temps des tribus
Inclui índice
ISBN 978-85-309-5437-6

    1. Antropologia. 2. Individualismo. 3. Ciências Sociais. I. Título.

14-08238

CDD: 306
CDU: 316.7

Para Raphaëlle,
Sarah-Marie, Emmanuelle, Gabrielle

Sumário

❖ ❖ ❖

Apresentação à Quarta Edição Brasileira

Tribalismo – Vida & Teoria em Michel Maffesoli

O Prefácio à terceira edição de *O tempo das tribos* traz um Michel Maffesoli especial. Usando um modo de pensar que lhe seria caro, poder-se-ia dizer que é o mesmo Maffesoli sendo (também)... outro. Penso, notadamente, nesta *re-apresentação* de temas constantes de sua já longa obra feita com uma *flama* invulgar, vergastando os inimigos de sempre – e os de agora – com um virulento/voluptuoso chicote que não é (infelizmente...) empregado sempre por nosso Autor. Vamos acompanhá-lo, com prazer, quase passo a passo. De um lado, o *poder instituído* daqueles que (de)têm o poder de dizer e fazer; de outro, a *potência instituinte*. Esta, a vida "selvagem", um tanto anômica e, por certo, desordenada. A geração de 1968 tomou todos os poderes, mas... a elite moderna não representa senão a si mesma. O que para o caso brasileiro poderia ser visto de modo ainda mais amplo e surpreendente: a geração de 1968, somada à geração "revolucionária" ou "democrático-liberal" de opositores à ditadura militar, chega ao poder e se vê – pobre inocente! – "pragmática", integrada, "neoliberal"...

Michel Maffesoli chama a atenção para o lado *moralista* do "pensamento cívico". Moralismo que é percucientemente sublinhado por ele (e invisível para tantos) e que se repete, diuturno e maníaco: o "que seria preciso fazer" e como "as coisas deveriam ser". Moralismo normativo, "organizador" do presente e "previsor" do futuro.

Em seu estilo despretensioso, tão raro em "ciências sociais", Michel Maffesoli vai apontando, com elegância, aquilo que "todos sabem" e tão poucos dizem. Por exemplo, *a tristeza* que é assistir à traição de bonitos sonhos, como os de 1968 – na França, e não apenas lá – e o dos libertários dos "anos de chumbo", no Brasil e fora daqui. Tristeza que, de certa forma, também nos é despertada por uma singular projeção dos donos do poder, que intentam transformar o mundo em alguma coisa pior do que é para dele "se encarregar e salvar".

Contra tudo isso, é preciso se dedicar a um *trabalho inventivo* sempre disposto pela história: encontrar as palavras menos falsas para exprimir o que, cada época, é. Se nos lembrarmos dos trabalhos maffesolianos – e de seus artigos e conferências –, podemos citar alguns que vão de encontro ao conservadorismo vocabular: o quotidiano, seus rituais, sua efervescente ausência de fronteiras sólidas; as emoções e paixões grupais e/ou coletivas; a importância do corpo, e sua "especularização", que não impede mais que inovadora proposição sobre o "gozo contemplativo" (e da "contemplação ativa"); e o aparecimento de novas formas de nomadismo no mundo contemporâneo.

Este elenco de proposições de saber se liga ao fenômeno do *tribalismo*, do neotribalismo de uma época (e que Michel Maffesoli "anunciou" analiticamente há cerca de 20 anos!). Tribalismo que não reconhece interdições da geografia política e que, prevê Maffesoli, será o valor dominante para as décadas que se seguem. E chamo a atenção, ainda que "de passagem", para a palavra *valor*, que ele próprio emprega; o tribalismo não é cernível por uma sociologia limitada que o encarasse apenas como "modo de organização/distribuição social".

Para este apenas nascente "valor de fundo" do tempo de hoje e dos que o sucedem (durante décadas, como vimos), é preciso discernir "caracteres essenciais", centro de reflexão que tenha o peso de fenômeno tão significativo e duradouro.

Maffesoli se declara diante de um paradoxo, que seria o de indicar uma "direção social profunda" com *palavras* que não têm a certeza, a segurança do conceito. É provável que aqui seja um bom momento para assinalar que este não é um "paradoxo lancinante" para o Autor; creio que ele, conscientemente ou não, o vê (tal paradoxo) ou o "vive", como talvez prefira, como um novo e prazeroso desafio. Penso, notadamente, na pouca confiança que Michel Maffesoli, reiteradas vezes, manifestou quanto a *conceitos*... e como soube mostrar a toda uma geração de estudiosos que se pode pensar (e prever...) o social de forma inovadora e aguda sem conceitos... Ou, pelo menos, sem a pompa e circunstância com que os mandarins do cientificismo, tão rigoroso quanto rendoso, o empregam.

Dando sequência a seu raciocínio, que, neste ponto, poderíamos aludir como "escrever (com palavras) a verdade (parcial, com v minúsculo) sem conceitos", Maffesoli afirma: "(...) *il faut savoir se contenter des métaphores, des analogies, des images, toutes choses vaporeuses, qui seraient les moyens le moins mauvais possibles, 'ce qui est', ce qui est à l'état naissant"*. Bem, contentar-se com metáforas etc. nunca me pareceu ser desgosto ou constrangimento dolorosos para este grande pensador social... E mais, quanto a nós, seus colegas brasileiros (e não exclusivamente!), ele nos re-lembrou como é possível *saber* com prazer; ele escreve, muitas vezes, com as tintas do *melhor ensaísmo*. Ou seja, aquele que acredita na força da escrita pessoal, do estilo (que o ph.deísmo, como diria Gilberto Freyre, quase apagou) livre e elaborado que não estabelece fronteiras inexpugnáveis entre ciência e arte – e entre "mestres paradigmáticos" e discípulos.

A ideia de *representação* política é, em seguida, apontada como sem sentido – sem relação com o que é vivido –, e seu caráter falseador é apontado pelo desinteresse ou pelo absenteísmo eleitoral. O debate do estatuto teórico da ideia de *representação* política é *central* para a sociedade brasileira, e tem se restringido apenas à análise feita por certos círculos acadêmicos, o que é, verdadeiramente, desastroso.

Michel Maffesoli aponta dois eixos essenciais para as (suas) "palavras novas". O primeiro, marcado em especial pelos *aspectos, concomitantes*, "*arcaicos*" e *juvenis* do tribalismo, e o segundo, que põe em relevo a *dimensão comunitária* e a *saturação do conceito de Indivíduo*. Dois desses eixos devem ser fortemente sublinhados. De início, se afirma a existência de "opostos--que-coexistem" – "arcaísmo" e juvenil –, o que nada tem (ou teve) de corriqueiro ou, sequer, aceitável nas teorias sociais majoritárias. Em sequência, se afirma a ideia de *comunidade* (que se articula às de *rede, grupo, social* como "força" e não "poder") em um momento (que já existia quando da primeira edição francesa do livro – 1988 – e continua até agora, vigorosamente) em que só se falava (se fala) em *Sociedade* ou *Humanidade* x *Indivíduo*. As duas posições de Maffesoli foram inovadoras e de coragem ímpar; continuam válidas teoricamente e, como se tornaram de uso corrente, não custa lembrar quem primeiro as defendeu – como guerreiro planetário – e divulgou, com tantos frutos, por toda parte.

Outra pedra de toque da faina "missionária" destacada é a ideia de que se pode flanquear (ou diretamente dissentir e combater) o saber dominante e suas galas pela atenção que se volta para o que chama de "conhecimento comum". Que seria um "saber dos interstícios" – nas palavras e nas coisas. Saber sensível à vida e que acredita que nela se pode encontrar (pelo menos em certos momentos) um pouco da verdade (aproximativa) a que se pode pretender. Creio que a proposição é correta não apenas na conjuntura apontada, mas creio, igualmente, que o conhecimento comum (*la connaissance ordinaire*) pode se aliar, legitimamente, a *setores* do conhecimento conceitual sem risco de se perder... a vida (e a ideia de *construção* – com o que, talvez, Michel Maffesoli não estivesse de pleno acordo...).

Em uma visão panorâmica do que poderíamos chamar Ocidente, M. Maffesoli dispõe a sucessão de dominações das grandes "forças" internas que "fundamentariam" a sociedade: a primeira (dominação), do "princípio do logos", a de uma razão mecânica e predizível, instrumental e utilitária, se assiste ao retorno do "*principe de l'éros*". Continuando (quase, apenas traduzindo esse trecho): Eterno combate de Apolo e Dionísio!

É preciso que se esteja atento, acredito, a essas sucessões (de que "logos" & "eros", Apolo & Dionísio são apenas exemplos) de "ciclos" na obra maffesoliana. A disposição e repetição de tais grandes ciclos não são oriundas de uma Metafísica da Eternidade nem se abateriam sobre uma história inerme (ou, mesmo, constituiriam tal história). O que Maffesoli aponta são grandes "forças" que conhecem um "eterno retorno" *no interior de histórias diversas*; são matrizes constantes que se articulam a momentos históricos específicos. Criam, assim, nessa articulação, *singularidades* a verificar/constituir teoricamente.

É pela razão citada que, se minha interpretação está correta, Maffesoli acentua (graficamente, inclusive...) que "*o tribalismo é um fenômeno cultural*", mais que político, econômico ou social. Tribalismo sentimental e espiritual que exarceba *o oposto* dos reinantes valores do universalismo e do racionalismo. Os menos avisados – ou os "inimigos prévios" – não devem se excitar com essa referência ao racionalismo. Considerar o pensamento social maffesoliano "irracionalista" é tolice pura; ele inclui o irracional como matéria a analisar e compreender (no sentido teórico desse termo). Se devesse ser acusado de qualquer coisa seria a de ser *hiperracionalista*, porque considera o conhecimento como capaz de – ao menos, na pior hipótese – apontar fenômenos que estreitos e preconceituosos racionalismos ignoram, menosprezam, julgam.

Maffesoli precisa sua inclinação teórica – principal, penso, mas não exclusiva – de forma clara: *"On ne peut penser l'aspect natif du tribalisme que si l'on part des 'choses mêmes'. Dès lors dans une posture phénoménologique, dont la méditation de Heidegger nous donne de noumbreux exemples, la vérité réside dans le dévoilement de ce qui est déjà là."* Para a teoria social – e penso, notadamente, naquela que é feita no Brasil –, o papel fundamental da citação feita é... ela mesma; é *dito* de que lugar teórico se fala. Entre nós a clareza epistemológica e o pertencimento teórico a uma escola de pensamento parecem cada vez mais raros; há uma espécie de "tudo-vale" frequentemente abençoado por um mais que diluído e polissêmico pós-modernismo.

Vale a pena, agora, voltar atrás por um momento e lembrar que a remissão feita por M. Maffesoli ao conhecimento não conceitual é facilitada, em seu caso, pela (outra contribuição exemplar) leitura que tem ele de romancistas e poetas. O que é visível em sua escrita mesma – e em menções que nela inclui.

Proposição agradavelmente surpreendente é a de caracterizar a pós--modernidade pelo "retorno exacerbado do arcaísmo". O que, certamente, nada tem de 'agradável' para aqueles que continuam a acreditar em um anacrônico mito do Progresso, que imaginaria uma permanente Evolução, de uma história linear, que se superaria (a si mesma) ao ultrapassar suas *necessárias* "fases" ou "etapas". A decorrência dessa suposição – quanto às novas tecnologias – é a de que elas "carregariam", "transportariam" exclusivamente "conteúdos racionais", e transformariam a sociedade em uma fantástica pulverização de Indivíduos isolados, "unidades".

Maffesoli chama a atenção, aqui e em outros momentos de sua obra, para a importância do prazer de estar junto, da intensidade do momento, do gozo do mundo *como ele é*. Tudo isto sendo mais importante, para as tribos contemporâneas, do que *atingir* um *resultado* por um *Projeto*; o "ingressar", o *entrar* neste mundo é o que importaria.

Em palavras de declarada inspiração junguiana: as sociedades contemporâneas (que, suponho, não devem ser aqui vistas como 'totalidade' ou 'universalidade') redizem o que as ligaria ao *"substract archétypal de toute humaine nature"*. O mergulho no inconsciente coletivo a que M. Maffesoli nos convida não é dado por nenhuma *dissolução* ou *fusão* (interpretação minha), porque, para tanto, ele incita a uma '*operação da razão*': levar a sério, por exemplo, fantasias comuns, experiências oníricas e manifestações lúdicas.

Um *enraizamento dinâmico*, de que o tribalismo contemporâneo seria expressão, uma articulação inesperada entre a alta tecnologia e o vital, a fonte; uma inesperada aliança entre a *reminiscência* (no sentido que lhe deu Platão) e a *revivescência*. Como se a história linear e evolutiva, "progressista" e "racional" estivesse diante de um grande logro, de uma ironia lancinante. Criou um mito da "flecha lançada para o futuro" e constata que o 'presente', a 'realidade' desse "futuro" é um re-aparecimento do passado profundo, fortalecido e multiplicado pelas novas tecnologias. O esquecido mito das origens ocupa (não *todos*) *espaços semânticos* que o tonitruante 'mito do futuro' não soube (não pôde?) ocupar.

Observando, por um momento, a cena brasileira, é impossível não pensar na arrogância do "pensamento único" que quer, a qualquer preço social, que um País de variedade cultural rara e de disparidades tão flagrantes de grau de desenvolvimento econômico tenha, necessária e obrigatoriamente, um "compromisso urgente com a modernidade". Sob pena de não ser "igual aos melhores", "racional"; "pragmático" à custa de sua *diferença* e da morte de seus sonhos e mitos, que têm raízes/ramificações que a *Norma* quer eliminar por um "golpe de razão" extenso e... irracionalista.

A esse suposto triunfo de uma *Norma* aplastrante e que 'racionaliza à força' (o que *per se* é ilógico...), Maffesoli lembra sua trajetória de combatente teórico, de *revelador* daquilo que a sociologia produtivista e aburguesada não tinha o menor interesse em tratar: das diferentes formas de anomia, do pagão, do lúdico, da efervescência social, do imprevisível e do desordenado. É difícil imaginar – como alguns tentam... – que esta seja uma teoria social conservadora ou, na outra ponta da crítica, que ela não fala senão de excentricidades e/ou de epifenômenos. O peso, o papel e a função do dionisíaco, do tribalismo e do nomadismo devem ser procurados em suas formas múltiplas de aparecimento; são *positividades* a construir. No meu entender, sem que se veja, nas proposições gerais de M. Maffesoli, uma "filosofia social transcendente" ou uma "teoria culturalista universalizante". Esta teria, nas palavras mesmas do nosso Autor, um antídoto poderoso em sua observação cortante sobre o "Universalismo [do Iluminismo, do Ocidente triunfante] que não passava de um etnocentrismo particular generalizado".

A ousada proposição maffesoliana de afirmar um papel central, na 'sociedade ocidental' contemporânea, do *comunitário* e do *grupal* deve ser compreendida em sua radicalidade. *Radicalidade corajosa* e quase solitária no momento de sua elaboração. Momento em que só se conseguia pensar em função de uma dicotomia que rendeu milhares de programas universitários, de artigos – acadêmicos ou não – e de livros e que se expressaria no (dilema?) *Indivíduo/Sociedade*.

A afirmação da prevalência neotribal do grupo ou da comunidade não é uma *apologia* dessas formas de organização na contemporaneidade.

E o grupo, por mais que ele próprio se negue como 'centro', é criador de pertencimentos (ou *criado* por sentimentos de pertencimento) que, não sendo retratos de uma perfeição moralizante e normativa, podem conhecer lados obscuros, como o do horror à alteridade. Por exemplo, quando projetamos, em 'outros' grupos, aquilo que vemos de mau ou repulsivo em nós próprios – e estigmatizamos a "sombra" que projetamos.

Não há motivo, igualmente, para que imaginemos um "enclausuramento endogâmico" absoluto. Este impediria a criação daquilo que Maffesoli, apóstolo, não nos deixa esquecer, que é a ideia de *rede* social. Redes que se compõem, se superpõem mais ou menos parcialmente, que se reconfiguram, que se movem. E que formam o que chama de "redes das redes" onde – ainda uma vez –, para horror dos autoproclamados racionalistas, e de seus epígonos quantitavista-empiricistas, o *sentimento* tem papel essencial. É ele, em suas múltiplas formas de aparecimento, que dá a "liga" dos ingredientes das redes: "O pensamento e a ação são, sobretudo, clânicos."

Neste mundo contemporâneo, 'ocidental' na medida em que esta figura ainda dê conta heuristicamente do que nos cerca, o neotribal supõe a "*participação* mágica" (com os outros, com o mundo, com a natureza). A ideia de participação deve ser compreendida, aqui, não como uma beatífica e conscientemente deliberada forma de constituição da sociedade pela "determinação do indivíduo". Penso que a proposição feita aponta para uma solução conceitual que nega a miríade de "essências individuais/individualizantes" cuja "soma" perfaria a sociedade. *Antes e mais*, trata-se de ver como a(s) forma(s) de *ser integrado* à participação conforma(m) o grupo, que sobredeterminará o indivíduo. Este não foi *eliminado* conceitualmente: apenas (se a palavra não for demasiado irônica...) perde o sentido – e as galas – de seu império triunfalista. Parafraseando trecho particularmente bem construído do seu Prefácio à terceira edição francesa deste livro seminal: não se trata mais, não é mais traço definidor da contemporaneidade, aquilo que (eu) chamaria de *figuras da Identidade*; *de estratégia do Mesmo*; *de mapa(s), no mundo, das Essências*. E, sim, na bela escrita de Michel Maffesoli, trata-se, agora, "(...) *de la perte de soi, de la dépense et autres processus de déperdition mettant l'accent sur l'ouverture, le dynamisme, l'altérité, la soif de l'infini*".

Reaparece, com força, Jung no arquipélago de noções do grande pensador francês quando este fala de um *fundo arquetipal* (de alegrias, de prazeres, de dores) que se enraíza na natureza (natureza natural, natureza humana, natureza social). Acredito que as ideias de *fundo arquetipal* e *natureza* têm características peculiares, próprias, em Maffesoli; considero, em especial, as distâncias que ele toma de um jungianismo que tende, teoricamente, ao substancialismo e ao abandono do histórico. Assim a "alma da selva" (cf. C. G. Jung) re-aparece de maneira(s) singular(es) na história de hoje em fenômenos que se dão em "selvas de pedra" urbanas... Reiteração de palavra – selva – que não mostra apenas um jogo trivial (de palavras(s)), mas aponta para uma articulação entre a *permanência* (alma) e a *contingência* (fenômenos culturais/históricos).

Em um país dramaticamente verticalizado e hierarquizado como o Brasil, é estimulante tentar incluir o que Maffesoli chama de "horizontalidade fraternal", característica do tribalismo e que é causa e efeito de sua noção de *l'érotique sociale*. Que exprime as novas formas sociais de proxemia, de solidariedade, de generosidade, de associativismo e cooperativismo. E cuja melhor definição não está em um excludente recorte social que pode ser localizado, medido, esquadrinhado; sua "melhor definição" tem de estar vincada pelo afeto, pelo prazer de estar junto, pela vibração que reverbera e revigora.

O alvo seguinte do chicote crítico de Maffesoli é a concepção majoritária de 'lógica política modernista'. Concepção, diga-se *en passant*, muito próxima daquelas de senso comum que vê a lógica como algo objetivo, apreensível, concatenado, com 'meios e fins racionalmente determinados', linear e que encara os fatos como possuidores de 'causas-e-consequências'... lógicas. A essa concepção alia-se outra, de inspiração militar, que conceitua a lógica política como similar à da (lógica da) guerra: processos táticos e estratégicos que visam à conquista de determinadas posições; composições entre aliados e inimigos etc.

Contra tudo isso, ele afirma o aparecimento de "explosões violentas e súbitas" efêmeras. Essa forma de aparecimento do não racionalmente previsível é uma das linhas de força de todo o pensamento maffesoliano; ele assevera a *relevância definidora* desse tipo de irrupção como marca histórica *atual* da ação. Penso que, considerando-se ou não a pertinência dessa observação – ou o peso que o Autor lhe dá –, não se está a negar a existência da supracitada lógica tradicional da política (tradicional). O mais importante é a *inclusão conceitual* do que, genericamente, se poderia chamar de "imprevisível" em uma *teoria da ação*, agora não preconceituosa, não restritiva, não normativa.

A flamejante crítica maffesoliana contra o caráter ultrapassado, míope, estreito e 'controlador' (normativo, desconhecendo o que é "irracional" e/ou "não deveria estar lá") das teorias dominantes culmina, no final de seu Prefácio à terceira edição francesa de O *tempo das tribos*, com um chamamento à... *visão*. Assim: "(...) *il faut revenir aux choses mêmes. Sage adage phénoménologique qui permet de saisir la logique interne d'un phénomène, son essence intime. C'est bien dont il s'agit, concernant les tribus post-modernes. Elles sont là* (...)".

Não é esta a ocasião para longas digressões filosóficas, mas alguns comentários poderiam ser estimulantes para o debate intelectual. Partindo dessa acepção, é, do meu ponto de vista, *eticamente correto* que se condene, como M. Maffesoli o faz, os preconceitos, paranoias e simplismos que impedem que se "veja" o que "efetivamente se dá". O que é mais problemático, para mim, é pensar os fatos sociais como objetos empíricos a que se poderia chegar – e chegar à sua "lógica interna" e sua "essência íntima" – por uma 'ligação direta', *sem mediação*, entre um sujeito empírico (que se torna, sem descontinuidade, sujeito do conhecimento) que *vê* objetos empíricos (que são, também, objetos de conhecimento).

O segundo comentário seria sobre a linguagem, o estilo, o vocabulário "dos sistemas teóricos, com todas as suas tendências e variantes"; *todos* os sistemas teóricos estão presos ao que Maffesoli chama de "*langue de bois*", que seria indispensável e urgente abandonar. É possível estar de acordo – ou melhor, *compreender*, no sentido sociológico do termo – com o Autor porque ele, aqui, está em uma corajosa frente de *combate* contra inimigos mais numerosos e poderosos... Mas, no meu lugar de agora, de Apresentador, soposo que... podemos lutar contra tal desastrosa escrita – e a ciência, ou a teoria se assim preferirmos, não está *fora, de modo algum*, de sua escrita... como tantos "esquecem" – dos sistemas teóricos em curso. Apenas não sei se *todos* "escrevem mal"; não estou certo disto... como não estou certo de que, para Michel Maffesoli, o problema de fundo esteja aí. Creio que o (seu) 'verdadeiro problema' é com a ideia mesma de sistema, apesar de, neste momento e em outros, apontar para a excelência da fenomenologia. Ele poderia contra-argumentar dizendo que a fenomenologia é um 'sistema diferente dos demais, pois aberto ao mundo'... e o debate continuaria.

É, filosófica, social e politicamente, interessantíssima sua convocação para uma busca *coletiva* de "palavras novas" para falar/compreender (d)os "novos fenômenos". Ressalto meu: há, ainda que ulteriormente aos "fatos", a necessidade de uma *construção*... adequada de objetos *culturais* (palavras) que estão em uma linguagem (de conhecimento e... construída). O título de seu Prefácio, recordemos, é *Trouver les mots*. As questões levantadas têm, sobretudo, a intenção de ajudar a manter a discussão aberta e, desse modo, não transformar o discurso de Michel Maffesoli em alguma coisa da ordem do definitivo e do fechado. Resultado este que, estou certo, ele próprio abominaria.

Le temps des tribus – e o vibrante Prefácio que focalizamos – tem, como seu Autor, uma qualidade *rara* (ou, já, raríssima), que é a da *coragem*. Coragem no combate teórico, no combate "ao vivo" contra os mandarins do *establishment* acadêmico, na luta contra o controlismo normativista conceitual e seu correlato, que é o autoritarismo político, hoje tão mais presente porque meticuloso... e cansativo (de que são exemplos tristes, para os pesquisadores e professores universitários brasileiros, a enxurrada de 'regras a seguir', currículos, formulários, relatórios etc. com que a brasiliense capital imperial crescentemente nos sufoca).

É tocante, especialmente para seus amigos e admiradores, a *persistência*, a 'duração onipresente' de Michel na defesa de suas posições. Persistência que lhe permite ver, agora, os frutos que se multiplicam por todo o planeta e que começaram em semeadura tão árdua e quase solitária. Isolamento que se transformou em redes... e rede(s) de rede(s), que são a expressão da importância de sua permanente, incansável *lição de teoria*... e *de vida*.

Ouçamo-la.

Luiz Felipe Baêta Neves
Rio de Janeiro, fevereiro de 2004.

Prefácio à Terceira Edição Francesa

Encontrar as Palavras

> "A cada derrubada das provas, o poeta
> responde com uma salva de futuro."
>
> René Char

1. *Um arcaísmo juvenil*

A época não deixa de ser interessante. De toda maneira, para aqueles que se divertem em observar suas convulsões. Sua figura de conjunto é muito simples. Nós a encontramos, aliás, em todos os períodos de profundas mutações. De um lado, alguns proprietários da sociedade; os que têm o poder de dizer e fazer. Eles ronronam em seus habituais meios de expressão e outros "centros de decisão". Respondem uns aos outros em seus diversos boletins paroquiais, nos quais consultam, prioritariamente, uma informação essencial: a rubrica necrológica. De outro, a vida selvagem, bastante anômica, em todo caso desordenada. O maior número. Em suma, o *poder* instituído, sob suas diversas formas: cultural, religiosa, social, econômica, contra a *potência* instituinte.

A dicotomia é, sem dúvida, demasiado forte, e merece ser matizada. Mas é preciso, às vezes, "filosofar com o martelo". A caricatura é útil na medida em que nos torna atentos a essas evidências evidentes demais para que tomemos consciência delas. Digamos a palavra: o rei está nu. Em seu

último avatar: a geração dos "revolucionários de 1968" tendo se apropriado de todos os poderes, a elite moderna "representa" somente a si mesma.
Ela, literalmente, se abstraiu de uma realidade social que não a reconhece
mais como tal.

Tendo vendido sua alma por um prato de lentilhas,[1] essa geração se
encontra, de maneira mais ou menos consciente, amarga e irritada, triste
e infecunda. Ela se contenta em repisar as receitas filosófico-políticas que
a levaram ao poder. Receitas elaboradas em um século XIX recentemente
terminado, e cuja pertinência não é mais evidente. Receitas republi-
canas, cidadãs, democráticas: a lista dos sortilégios é muito longa, e culmina nesse "pensamento único" conformista, moralizante, dizendo e re-
dizendo, *ad nauseam*, o que deveria ser feito, o que seria necessário que as
coisas fossem. É sobre essa lógica do "dever ser" que se fundamentam o
ressentimento e a rabugice do policial, do juiz e do padre que cochilam em
todos os que querem, ou afirmam querer, fazer a felicidade dos outros
em seu lugar e, às vezes, contra eles.

Amargos e irritados, eu disse, tristes, os que traíram um belo sonho. Eles se tornaram tabeliães no lugar dos tabeliães que vaiaram. Daí
o mecanismo, habitual, da projeção consistindo em ver este mundo mais
miserável do que ele é, a fim de poder tomar conta dele e o salvar. Mas
será que isso é possível por esses velhos rabugentos que ditam, ao longo
de artigos, emissões de rádio e televisão e livros de edificação, a moral às
"pessoas" a fim de que elas não se tornem aquilo que eles mesmos se tornaram: espíritos malfazejos, essencialmente preocupados com seus privilégios,
simbólicos ou materiais, recentemente adquiridos?

"Sem objetividade nem subjetividade." Era assim que em seu tempo
Georges Lukács definia os jornalistas. Fórmula que pode, com certeza, ser
aplicada ao conjunto da elite moderna. É o que constitui sua *abstração*, seu
desenraizamento. É o que fundamenta sua arrogância e também seu cinis-
mo. Todas coisas que segregam pensamentos convencionais, suscitando
bons sentimentos e outro "moralismo" que são próprios das "belas almas"
que ocupam o topo da sociedade. A mediocridade da mediocracia é, agora,

---

1 **N.T.:** Junção do provérbio "vender sua alma ao diabo" com a história de Esaú e Jacó: Jacó convenceu Esaú, primogênito, que amava
   lentilhas, a trocar seu direito de primogenitura por um prato de lentilhas.

evidente. A rocha tarpeiana está, sabe-se, próximo do Capitólio,[2] e os defensores do saber estabelecido serão, em breve, lançados dali. Deixemos, então, que as coisas se façam por si mesmas.

Não é inútil, pelo contrário, participar desse verdadeiro trabalho inventivo com o qual cada época é confrontada: *encontrar as palavras menos falsas possíveis que se aplicam a dizer o que ela é*. Encontrar as palavras para dizer nosso tempo. Eis a ambição, a pretensão que é a minha há três decênios. Tenho me dedicado a isso constantemente, desafiando a conspiração do silêncio e a hostilidade, dissimulada ou manifesta, daqueles que, agora, assumem, vigaristas de curto prazo, o que haviam negligenciado, negado ou refutado. O quotidiano e seus rituais, as emoções e paixões coletivas, simbolizadas pelo hedonismo de Dionísio, a importância do corpo em espetáculo e do gozo contemplativo, a revivescência do nomadismo contemporâneo, eis tudo o que acompanha o tribalismo pós-moderno.

De fato, há uma quinzena de anos, em uma época em que isso não era moda, propus a metáfora da "tribo" para observar a metamorfose do vínculo social. O termo é amplamente retomado. Os mercenários têm se apropriado dele. Alguns intelectuais (às vezes são os mesmos) aceitam conceder-lhe a importância que ele tem. Os jornalistas, claro, utilizam-no imoderadamente. Não podem agir de outro modo. A realidade do tribalismo aí está, ofuscante, para o melhor e o pior. Realidade a que não é possível escapar, e que não é limitada a uma área geográfica particular.[3] Mas ainda é preciso pensá-la.

É a isso que pretende dedicar-se o livro *O tempo das tribos*. A análise pretende ser pertinente e prospectiva. Quero dizer, com isso, em congruência com os valores emergentes na vida social, e indicando uma tendência que está começando. Sim, o tribalismo, em todos os domínios, será o valor dominante para os decênios do futuro. Daí a necessidade, para retomar uma expressão de Durkheim, de mostrar seus "caracteres essenciais".

---

2   **N.T.:** Rocha tarpeiana, de *Tarpeia*, rochedo de onde eram jogados os traidores, em Roma. *Capitólio*, uma das sete colinas de Roma, onde ficava o templo de *Júpiter Capitolino* e onde se celebrava o triunfo. "A rocha tarpeiana está perto do Capitólio", provérbio que significa que a queda segue-se frequentemente ao triunfo.

3   **N.A.:** Não é certamente sem motivo que *O tempo das tribos* foi publicado em inglês, espanhol, português, italiano, alemão e japonês.

Isto é, o mais próximo de sua etimologia: o que tem possibilidade de deixar uma marca durável. Isso não pode ser feito às pressas. Tenho me obrigado, em todos os
meus livros, a evitar um duplo obstáculo: o da complicação a todo custo,
pela qual o intelectual de todos os tempos garante seu poder, e o da superficialidade apressada, que certo jornalismo tende a privilegiar. Se o tribalismo é uma tendência de base, é preciso, para além de uma sociologia das
circunstâncias, elaborar um pensamento que seja destinado a durar.

Há, reconheço, um verdadeiro paradoxo: indicar uma direção garan-
tida com "palavras" não tendo, de modo algum, a segurança do conceito.
Talvez seja preciso saber aceitar, e viver, esse paradoxo. Em vez da lenga-
-lenga, do sortilégio de que se tratou: redizer, sempiternamente, as palavras-
-chave do século XIX, é preciso saber se contentar com as metáforas, ana-
logias, imagens, todas coisas vaporosas, que seriam os meios menos piores
possíveis para dizer "o que é", o que está em estado nascente. De fato, é
fácil "entoar a cantiga" democrática ou republicana. E é a isso que se dedica a maior parte dos intelectuais, jornalistas, políticos, assistentes sociais e
outras boas almas, que se sentem "responsáveis" pela sociedade. Qualquer
que seja a situação, quaisquer que sejam os protagonistas, eles só têm na
fala as palavras cidadania, República, Estado, contrato social, liberdade,
sociedade civil, projeto. É, sem dúvida, honroso e mesmo bastante gentil.
Sim, mas são palavras que parecem vir do planeta Marte para a maior
parte dos jovens que não sabem o que fazer da política e mesmo do social.
A abstenção, por ocasião das eleições, é, a esse respeito, esclarecedora pelo
fato de que ela mostra bem em que o mecanismo de *representação* não tem
mais qualquer relação com o que é vivido.

Para evitar ser repetitivo (embora a redundância seja inerente ao
mito, e as "ideias obsessivas" o são para as obras criadoras), sintetizarei as
"palavras" novas por meio de dois grandes eixos essenciais: de um lado,
o que salienta os aspectos ao mesmo tempo "arcaicos" e juvenis do tribalismo. De outro, o que salienta sua dimensão comunitária e a saturação
do conceito de Indivíduo. Eis, parece-me, as duas *raízes* do tribalismo pós-
-moderno. Eis, então, o que um pensamento *radical* deve levar em conta.

Desconfiar do focinho dos pensadores estabelecidos. Eles sujam
tudo o que tocam. É melhor, com leveza, participar do que chamei de um
"conhecimento comum": saber dos interstícios. Interstícios nas palavras
e nas coisas. Em certos momentos, o verdadeiro saber está no *flou*, no
aspecto trêmulo e palpitante do que vive. É aí que se aloja o pouco de ver-

dade, a verdade aproximativa à qual é possível aspirar. Há nesse paradoxo uma verdadeira exigência intelectual, a que vai ao encontro do espírito do tempo, a que se dedica a levar a sério os sonhos coletivos, sem, para tanto, encerrá-los nos ditames dos preconceitos teóricos.

Bergson mostrou-o bem, que há sempre uma intuição no fundo de todo pensamento criador. Aliás, este pode ser assim considerado se estiver em congruência com a intuição criadora de uma dada época. Lembrando, a intuição é essa "visão interna" que vê, o mais próximo, a energia própria a um indivíduo, uma situação ou um conjunto social dado. De minha parte, a intuição que está presente em todas as minhas análises é a da *potência societal*.[4] Eu a chamei de socialidade, centralidade subterrânea; pouco importa o termo. Tratava-se de ficar atento a essa força interna, precedendo e fundando o poder sob suas diversas formas. Parece-me que é essa "força" que age no neotribalismo contemporâneo. Depois da dominação do "princípio do *logos*", o de uma razão mecânica e previsível, o de uma razão instrumental e estritamente utilitária, assiste-se ao retorno do "princípio do *eros*". Eterno combate de Apolo e Dionísio!

Nesse sentido, antes de ser político, econômico ou social, *o tribalismo é um fenômeno cultural*. Verdadeira revolução espiritual. Revolução dos sentimentos que ressalta a alegria da vida primitiva, da vida nativa. Revolução que exacerba o arcaísmo no que ele tem de fundamental, estrutural e primordial. O que, concordaremos, está muito afastado dos valores universalistas ou racionalistas, próprios aos detentores dos poderes atuais.

Mas são esses valores nativos que estão, certamente, na origem dessas rebeliões da fantasia, dessas efervescências multiformes, dessa miscelânea dos sentidos de que os múltiplos agrupamentos contemporâneos dão ilustrações incontestáveis. Tudo isso não pode ser pensado com um espírito de seriedade certo de seus preconceitos e da verdade de seu ponto de vista. Só podemos pensar o aspecto *nativo* do tribalismo se partirmos das "próprias coisas". A partir daí, em uma posição fenomenológica, da qual a meditação de Heidegger nos dá numerosos exemplos, a verdade reside no desvelar o que já existe.

Tenho frequentemente mostrado que se podia caracterizar a pós--modernidade pelo retorno exacerbado do arcaísmo. Isso é, certamente, o que mais choca a sensibilidade progressista dos observadores sociais. Ao

---

4   **N.A.**: Refiro-me aqui a meu livro, M. Maffesoli, *La violence totalitaire* (1979), reed. Desclée de Brouwer, 1999, cap. 1 "Pouvoir-Puissance".

Progresso linear e seguro, causa e efeito de um evidente bem-estar social, está em vias de suceder uma espécie de "regresso" que caracteriza o "tempo das tribos". Aqui também, é preciso encontrar a palavra oportuna que descreve um estado de fato não sendo, simplesmente, regressivo. Pode-se falar, nesse sentido, de "regrediência" (M. Cazenave), retorno em espiral de valores arcaicos unidos ao desenvolvimento tecnológico.[5] Proponho, atualmente, um outro termo: "ingresso", que, à imagem do que se encontra em certas línguas neolatinas – espanhol, italiano, português –, ressalta o fato de que pode existir um caminho que não tenha objetivo, uma marcha que não termine. Entrar (*ingressa*) sem progredir (*progressa*). Eis o que me parece estar em jogo para nossas tribos contemporâneas. Pouco lhes importa o objetivo a ser atingido, o projeto, econômico, político, social, a ser realizado. Elas preferem "entrar no" prazer de estar junto, "entrar na" intensidade do momento, "entrar no" gozo deste mundo tal como ele é.

Há terapias que se apoiam no princípio de regressão. Por que, com a correção semântica que acabo de apresentar, não se poderia considerar um mesmo processo para o que concerne à vida social? Escutemos o Eclesiastes: "Os rios retornam à sua fonte para correr de novo" (I, 7). Existem às vezes, no âmbito das civilizações, atitudes de "ingressão" que favorecem uma nova revivescência social. O que nos incita a operar verdadeiro mergulho no inconsciente coletivo. Quero dizer com isso: levar a sério as fantasias comuns, as experiências oníricas, as manifestações lúdicas pelas quais nossas sociedades redizem o que as liga ao substrato arquetípico de toda humana natureza.

O que não deixará, talvez, de espantar os protagonistas da música tecno, dos desfiles urbanos ou das *rave parties*. Mas há, nessas histerias comuns, alguma coisa que deve ser relacionada com o processo de reminiscência platônica. Reminiscência articulada a revivescência. É isto o nativo, o bárbaro, o tribal: ele diz e rediz a origem e, com isso, restitui vida ao que tinha tendência a se esclerosar, se aburguesar, se institucionalizar. Nesse sentido, o retorno ao arcaico em muitos fenômenos contemporâneos expressa, na maior parte do tempo, forte carga de vitalidade.

Como frequentemente tenho mostrado, pode-se localizar esse vitalismo nas efervescências musicais, mas pode-se, igualmente, observá-lo na criatividade publicitária, na anomia sexual, no retorno à natureza, no ecologismo ambiente, na exacerbação do pelo, da pele, dos humores e dos

---

5   Cf. F. Casalegno, *Les cybersocialités*, CEAQ-Paris V, junho de 2000.

odores, em suma, em tudo o que lembra o animal no humano. A vida se torna selvagem! Eis o paradoxo essencial da pós-modernidade, mostrando a origem, a fonte, o primitivo e o bárbaro. E, assim, redinamizando, de maneira nem sempre consciente, um corpo social um pouco decadente; a fidelidade às fontes é garantia de futuro. Neste sentido, o tribalismo é a expressão de um *enraizamento dinâmico*. Junção do arcaísmo e da vitalidade, eis a primeira chave deste livro. É, também, o primeiro paradoxo da pós-modernidade. Mesmo se o mostro aqui apenas alusivamente, encontra-se o mito do *"puer aeternus"*. Criança eterna, velha criancinha presente em algumas culturas. Digo mito mesmo ou ainda figura emblemática no sentido de que essa juventude não é, simplesmente, um problema de estado civil. Sem dúvida, as novas gerações vivem, de maneira paroxística, valores hedonistas. Mas, por um processo de contaminação, é o conjunto do corpo social que está em questão.

Alguns de meus críticos têm considerado que o tribalismo, que não se pode mais, empiricamente, contestar, era constatado em uma determinada faixa etária, a de uma adolescência prolongada. É ainda, na minha opinião, uma maneira de negar a profunda mudança de paradigma que está se operando. O falar jovem, o vestir-se jovem, os cuidados com o corpo, as histerias sociais são, amplamente, partilhados. Cada um, quaisquer que sejam sua idade, sua classe, seu *status*, é, mais ou menos, contaminado pela figura da "criança eterna". Em uma palavra, já que isso é o objeto de minha reflexão atual, parece-me que à estrutura patriarcal, vertical, está sucedendo uma estrutura horizontal, fraternal. A cultura heroica, própria do modelo judeu-cristão, depois do moderno, se apoiava em uma concepção do indivíduo ativo, "senhor de si", se dominando e dominando a natureza. O adulto moderno é expressão cabal de tal heroísmo. G. Durand vê aí o velho "arquétipo cultural constitutivo do Ocidente".[6]

É preciso, também, encontrar a palavra adequada para designar a vitalidade não ativa das tribos pós-modernas. Vitalidade, então, da "criança eterna", um pouco lúdica, um pouco anômica. Para retomar uma expressão de Guy Debord, essa "prodigiosa inatividade", um pouco ameaçadora para a ordem estabelecida, concernia somente a alguns grupos vanguar-

---

6   Cf. Chaoying Sun e Gilbert Durand, "Du côté de la montagne de l'Est". In: *Montagnes imaginaires*, dir. A. Siganos e S. Vierne, Grenoble, Ellug, 2000, p. 69. Cf. também A. Pessin, *La montagne des géants de la route, ibid.*, p. 255.

distas, boêmios, marginais ou excluídos voluntários. Não é mais o caso. Toda ocasião é boa para viver, em grupo, essa perda de si no outro, da qual a perpétua criança que é Dionísio e as bacanais que ele incita são os exemplos acabados.

Evocando a Volta da França e suas montanhas, Alain Pessin fala de um "retorno à infância". A expressão é judiciosa e caracteriza bem, em geral, o imaginário dessa competição esportiva com o que ela carreia, de maneira mais ou menos barroca, de fantasias, sonhos, alegria de estar junto e ludismo compartilhado. Mas tal "retorno" pode ser aplicado ao conjunto dos agrupamentos contemporâneos. Estes são, apenas, uma sucessão de tribos que expressam, até a saciedade, o prazer da horizontalidade, o sentimento de fraternidade, a nostalgia de uma fusão pré-individual.

Escuto aqui os "exaltadores da virtude" de todas as espécies soltando seus gritos estridentes. Vejo os psicanalistas, de todas as escolas, invocar a "lei do pai". Talvez não estejam errados. O "*puer aeternus*" é um pouco amoral. Ele é mesmo, às vezes, claramente imoral. Mas esse imoralismo pode ser ético pelo fato de unir fortemente os diversos protagonistas dessas efervescências. O "retorno à infância" não é somente individual. Ele faz cultura. Ele induz uma outra relação com a alteridade, com esse outro que é o próximo, com esse outro que é a natureza. Relação que não é mais heroica, mas que aceita o que a alteridade é pelo que ela é. Há nessa "velha criancinha" uma tolerância, uma generosidade inegáveis que tiram sua força dessa memória imemorial da humanidade que "sabe", de saber incorporado, que além ou aquém das convicções, dos projetos de todos os tipos, dos objetivos mais ou menos impostos, há vida e sua inesgotável riqueza, vida sem finalidade nem uso, simplesmente vida.

Em suma, a essência do judeu-cristianismo é a formidável tensão em direção à "Cidade de Deus"; ser esta o Paraíso *stricto sensu* ou a sociedade perfeita não muda em nada a questão. Essa tensão religiosa e/ou moralista-política necessitava, como ator, de um adulto forte e racional. É esse arquétipo cultural que o neotribalismo pós-moderno coloca em má posição. Seu ator é então uma "criança eterna", que, por seus atos, suas maneiras de ser, sua música, a *encenação* de seu corpo, reafirma, antes de tudo, uma fidelidade ao que é.

Que não nos enganemos sobre isso; uma tal fidelidade não é, em nada, aceitação de um *status quo* político, econômico ou social. Longe disso! Lembro que, em meu próprio trabalho, estabeleci uma ligação estrutural entre Dionísio, o tribalismo e o nomadismo. Coisas anômicas,

coisas que ressaltam o aspecto pagão, lúdico, desordenado da existência.
Assim, é em nossas sociedades demasiadamente racionalizadas, sociedades
das mais assepsiadas entre todas, sociedades que se dedicam a banir todo
risco, qualquer que ele seja, é nessas sociedades que o bárbaro retorna. Eis,
também, o sentido do tribalismo.

Aliás, por pouco que se saiba compreendê-lo em profundidade, esse
retorno do bárbaro não é uma coisa ruim. Lembremo-nos, aqui, de Le Play:
"As sociedades perfeitas ficam incessantemente submetidas a uma invasão
de 'pequenos bárbaros' que trazem à tona sem parar todos os instintos
ruins da natureza humana." Deixemos de lado a qualificação moral, que
não apresenta nenhum interesse. Ao contrário, é recorrente o fenômeno
que, regularmente, vê voltar as forças vivas ao seio do que é por demais
institucionalizado. Os "pequenos bárbaros" de Le Play, as "pequenas hordas" de Charles Fourier não deixam de nos lembrar nossos "marginais"
de subúrbios e outros "jovens delinquentes" que nos fazem recordar, perti-
nentemente, que um lugar onde se tem compensado o fato de não morrer
de fome pelo de morrer de tédio não merece o nome de "cidade".[7]

Em face da anemia existencial suscitada por um social racionalizado
demais, as tribos urbanas salientam a urgência de uma socialidade empática: partilha das emoções, partilha dos afetos. Lembro que o "comércio",
fundamento de todo estar junto, não é, simplesmente, a troca de bens; ele
é também "comércio das ideias", "comércio amoroso". Para dizer em outros termos, um pouco mais antropológicos, há momentos em que se observa um deslocamento importante, a passagem da *"Polis"* à *"Tíade"*, a de
uma ordem política a uma ordem fusional. É essa passagem que *O tempo
das tribos* descreve. Estamos longe do *universalismo* moderno, o do Iluminismo, o do Ocidente triunfante. Universalismo que era, de fato, apenas um
etnocentrismo particular generalizado: os valores de um pequeno cantão
do mundo extrapolados em um modelo válido para todos. O tribalismo
lembra, empiricamente, a importância do sentimento de pertencimento, a
um lugar, a um grupo, como fundamento essencial de toda vida social.

2. O ideal comunitário

Uma outra chave ou "caráter essencial" do neotribalismo pós-moderno é a dimensão comunitária da socialidade. É importante insistir nisso,

---

7   Cf. P. Tacussel, *Charles Fourier, le jeu des passions*, Paris, Desclée de
     Brouwer, 2000.

tanto é frequente ler, e escutar, que o indivíduo e o individualismo seriam a marca essencial de nosso tempo. Trata-se, aí ainda, de um indício da defasagem da *intelligentsia* em relação à realidade. No caso, ela somente projeta seus próprios valores no conjunto social. Basta ver a importância da moda, do instinto de imitação, das pulsões gregárias de todos os tipos, das múltiplas histerias coletivas, dos agrupamentos musicais, esportivos, religiosos, dos quais tenho frequentemente falado, para se convencer do contrário.

A coisa é tanto mais divertida que, levada pelo espírito do tempo, essa mesma *intelligentsia*, de maneira inconsciente, funciona com base em um tribalismo a toda prova. O mundo universitário é um exemplo cabal disso na medida em que é constituído de um conjunto de clãs, cada um se reunindo em torno de um herói epônimo. Clãs manipulando à vontade o exclusivo, a exclusão, o desprezo ou a estigmatização. E aquele que não tem o cheiro da matilha é, infalivelmente, rejeitado.

Dá-se o mesmo com a imprensa, que descobre, periodicamente, e em conformismo espantoso, "o" pensador do século, "a" geração representativa, o autor inelutável, o artista genial, e se poderia, infinitamente, continuar uma lista nesse sentido. Assim, é instrutivo, divertido, espantoso, depende, ver como essa imprensa, maciçamente, vai reconhecer os talentos poéticos de tal mulher de ministro, ou a originalidade filosófica de tal filha de presidente (a menos que seja o contrário, pouco importa) pelo único motivo de que elas são filha e mulher de presidente ou ministro. A nulidade ou a qualidade de suas obras, no caso, pouco importa. Celebrando-as, a tribo mediática vê a ocasião de ganhar ulteriormente algumas vantagens com essa celebração. Onde estão aí os valores da República? A menos que sejam os de uma "república das bananas"!

Em todos esses exemplos, vê-se com clareza o papel da camaradagem, a importância das redes de influência. Em suma, a dimensão subjetiva, nessas "descobertas", não precisa mais ser demonstrada. Processo endogâmico, que justifica, muito frequentemente, a relação "mediacracia-mediocridade", da qual se está longe de medir a importância. Na realidade, a expressão "boletins paroquiais", que se aplica, cada vez mais, à imprensa que supostamente forma opinião, só traduz uma realidade tribal que não deve nada ao mundo dos malandros ou outras máfias constituídas.

O que dizer do mundo político e sindical, no qual as correntes e subcorrentes, as tendências e outros clubes de pensamento traduzem, *de facto*, a fragmentação dessas organizações homogêneas sobre as quais se fundara a modernidade? Ainda aí, por força das coisas, o tribalismo triunfa. À esquerda e à direita, o que prevalece é uma política de clãs lutando entre si: e onde todos os meios são bons para abater, submeter ou marginalizar o outro. Nessa luta sem piedade, as diferenças doutrinárias são sutis, até mesmo inexistentes. Só importam os problemas da pessoa, a fidelidade ao líder. É isso que suscita um sentimento de pertencimento, abrindo caminho aos postos cobiçados. Pouco importa se o chefe é carismático ou, ao contrário, banal. Para retomar uma expressão trivial, "somos dele", ponto final. Quer dizer que pertencemos a ele e que suas ordens serão seguidas em todos os pontos.

Assinalemos, de passagem, que é muito divertido ver esses mesmos políticos propondo uma legislação "antisseitas" por causa da enfeudação, da submissão, da aniquilação do espírito crítico etc., o que está na base do tribalismo político. Retomando uma análise junguiana, pode-se dizer que essa lei "antisseita" é uma forma de projetar para o exterior uma "sombra" que nos habita. Tornando diabólicos e atribuindo a outros certos valores que são considerados ruins, nega-se que eles são também os nossos. De fato, seita e clã político têm uma estrutura idêntica: o sentimento de pertencimento.

Universidade, imprensa, política, sindicato, poder-se-ia continuar a lista: administração, clubes, formação, assistência social, patronato, igrejas etc. O processo tribal tem contaminado o conjunto das instituições sociais. E é em função dos gostos sexuais, das solidariedades de escolas, das relações de amizade, das preferências filosóficas ou religiosas que vão se constituir as redes de influência, a camaradagem e outras formas de ajuda mútua, das quais se tratou, que constituem o tecido social. "Redes das redes", assim como mostro mais adiante, em que o afeto, o sentimento, a emoção sob suas diversas modulações têm um papel essencial. Não se trata de dizer se é bom ou mau. É melhor reconhecer que, de encontro a um social racionalmente pensado e organizado, a socialidade é somente uma concentração de pequenas tribos que se dedicam, de qualquer modo, a se ajustar, se adaptar, se acomodar entre si. Heterogeinização, politeísmo dos valores, estrutura hologramática, lógica "contraditorial", organização fractal? Pouco importa o termo empregado. O que é certo é que não é mais a partir de um indivíduo, poderoso e solitário, fundamento do contrato social, da cidadania desejada ou da democracia representativa que se defende como tal, que se faz a vida em sociedade. Esta é, antes de tudo, emocional, fusional, gregária. Gregarismo que não deixa de ser chocante, mas que convém ser pensado.

De fato, em todas as instituições que acabam de ser tratadas, o tribalismo, mais ou menos "mascarado", é aceito. E se corri o risco de parecer polêmico ao descrevê-lo, foi unicamente porque ele é, na maior parte do tempo, negado. Por isso não é inútil, para aqueles que são seus atores, colocar-lhes o "nariz em seu cocô". Pedagogia um pouco primária, mas, nunca se sabe, às vezes útil. Antes de repetir-nos, de maneira hipócrita, os benefícios do universalismo, talvez fosse mais conveniente que eles reconhecessem que são membros de uma tribo, e que se comportam como tais. Tem-se tudo a ganhar se as coisas forem claras. O livre exame, a crítica individual estão longe de ser os valores atualmente ativos. O pensamento e a ação são, antes de tudo, próprios dos clãs. Essa é a grande mudança de paradigma.

Com efeito, em todos os exemplos que acabo de dar, e em todos aqueles, muito numerosos, que, empiricamente, constituem nossa vida quotidiana, pode-se dizer que o Indivíduo e o Individualismo teórico que lhe serve de suporte teórico não são mais aceitos. Há *saturação*, em seu sentido mais forte, do elemento fundamental de *todos* os sistemas teóricos ocidentais. O "tempo das tribos" é o revelador de tal saturação. Esta é a lição do "arcaísmo" pós-moderno: torna-se a representar, em todos os domínios, a *paixão comunitária*. Podemos nos defender dela, ofender-nos com ela, negá-la, proteger-nos dela, pouco importa; a tendência que nos empurra em direção ao outro, que nos incita a imitá-lo, está presente. Tornar-se modo do mundo: sou pensado onde acredito pensar, sofro ação onde acredito agir.

No fundo, é a desforra do "dionisíaco", a ambiência erótica da vida social, a importância dada à "proxemia quotidiana", é o que está em jogo no mito do "*puer aeternus*". Ao imperativo categórico kantiano, imperativo moral, ativo e racional, sucede, para retomar expressão de Ortega y Gasset, um "imperativo atmosférico", que se pode compreender como uma ambiência estética na qual somente importa a dimensão transindividual, coletiva, até mesmo cósmica.

Trata-se da saturação do sujeito, da subjetividade de massa, o que chamei de "narcisismo de grupo" e outras formas do "Urgrund" coletivo. Ou seja, o que é o *fundo*, poder-se-ia também dizer *os fundos*, de todo estar-junto: o que lhe serve de suporte, o que é seu capital de base.

Este é o ponto nodal filosófico do tribalismo. É preciso tê-lo em mente, pois suas consequências sociais ainda são insuspeitadas. Remetendo a uma análise de Gilbert Simondon, eu diria que o que está em jogo é o "*mais que um*". Isso faz com que cada um participe de uma espécie de pré-individual. O mundo e o indivíduo não podem mais desde então ser pensados a partir da "*reductio ad unum*", da qual A. Comte construiu o esquema e que, *volens nolens*, está na base dos diversos sistemas sociológicos que lhe sucederam. É preciso retomar o mecanismo de *participação mágica*: com os outros (tribalismo), com o mundo (magia), com a natureza (ecologia). Em todos esses casos, não se trata mais de enclausuramento na fortaleza do próprio espírito, em uma identidade (sexual, ideológica, profissional) intangível, mas, bem ao contrário, da perda de si, do dispêndio e outros processos de desgaste que ressaltam a abertura, o dinamismo, a alteridade, a sede do infinito.

O tribalismo, mais profundamente, é uma declaração de guerra ao esquema substancialista que marcou o Ocidente: o Ser, Deus, o Estado, as Instituições, o Indivíduo; poder-se-ia continuar, à vontade, a lista das *substâncias* que servem de fundamento a todas as nossas análises. Queiramos ou não, sejamos ou não conscientes, a *ontologia* é o ponto de partida disso. Em suma, somente o que dura, é estável, consistente, merece atenção. O *indivíduo* é seu último avatar. Ele é o Deus moderno; a *identidade*, seu modo de expressão.

Mas outras culturas não se apoiam em tais fundamentos. Estas se passaram no Oriente, o Oriente passou sobre elas. Isso não é um simples jogo de palavras. A orientalização difusa que contamina nossa vida quotidiana:[8] sincretismos religiosos ou filosóficos, maneiras de se vestir, de se alimentar, técnicas do corpo, tudo isso é da ordem da *ontogênese*. Talvez seja isso o *"mais que um"* do qual se tratou. Talvez o retorno da "criança eterna", talvez o realce colocado na importância do presente. Uma forma de duração que se apoia na impermanência das pessoas e das coisas, o dinamismo do devir, a prevalência das situações.

Trata-se, com as consequências sociológicas que isso suscita, do deslocamento do *indivíduo* à identidade estável que exerce sua função em conjuntos contratuais, à *pessoa* que representa papéis nas tribos afetuais. Participação mágica em alguma coisa de pré-individual, ou ainda o fato de que existimos somente no quadro de um inconsciente coletivo.

Por conseguinte, a soberania do *ego cogito* não é mais aceita. O mesmo se dá com o sujeito que age, e com o cidadão ator voluntário de um contrato social racionalmente regulado. O universalismo, do sujeito, da razão, avatar de um Deus transcendente, dá lugar a razões *e* a afetos locais, particulares, situados. Em suma, não é mais a verticalidade do cérebro que prevalece, mas o despertar da pessoa em sua totalidade. O que remete, como já mostrei

---

8   Cf. P. Le Quéau, *La tentation bouddhiste*, Paris, Desclée de Brouwer, 1998.

(*L'instant éternel*), a um "pensamento do ventre". Um pensamento que saiba considerar os sentidos, as paixões e as emoções comuns.

Há, nessa perspectiva, um fundo arquetípico de alegrias, de prazeres, de dores também, que se enraíza na natureza (natureza natural, natureza humana, natureza social). "A alma da selva" (C. G. Jung), que o judeu-cristianismo e depois o burguesismo não apagaram totalmente, ecoa de novo. Ela retoma força e vigor nas selvas de pedra que são nossas cidades, mas também nas clareiras das florestas quando, de maneira paroxística, as tribos tecno, quando das *raves*, pisam, em êxtase, essa lama da qual somos forjados. Estamos no coração do tribalismo pós-moderno: a identificação primária, primordial com o que, no humano, está próximo do húmus.

O fato é que essa consideração do sensível, do húmus, do corpo é coisa quotidiana em numerosas culturas. É o que permite dizer que o milênio que se inicia sob nossos olhos não será tão catastrófico quanto certas pessoas preveem. Mas ele marca, seguramente, o fim de uma época. Aquela de um mundo organizado a partir do primado do indivíduo. Indivíduo, devo lembrar, capaz de ser dono de sua história e, pois, de fazer, com outros indivíduos de mesma característica, a História do mundo. O retorno vigoroso do destino, do qual se é tributário, é correlativo do da comunidade.

Destino comunitário, comunidades de destino, eis a "marca" do tribalismo. Isso não deixa de amedrontar, pois estávamos acostumados com a mecânica da sociedade, tal como ela se caracterizara desde o início dos Tempos modernos. É esse medo que suscita o catastrofismo ambiente, e que vê, no tribalismo, o retorno da barbárie. Mas, de um lado, a barbárie tem sido frequentemente a ocasião de regenerar um corpo social lânguido e enfraquecido depois de um longo período de endogamia. E, de outro lado, em que um ideal comunitário seria mais nocivo do que o ideal societário? Pode-se, em todo caso, constatar que é época de calor humano. A proxemia conforta os afetos. A horizontalidade fraternal, que é a do tribalismo, é causa e efeito do que chamei de "a erótica social".

Ajudar-se mutuamente, encontrar novas formas de solidariedade, de generosidade, criar ocorrências caritativas, há tantas ocasiões para vibrar junto, para exprimir ruidosamente o prazer de estar-junto, ou, para retomar uma expressão trivial frequente nas jovens gerações, para "gozar". Expressão judiciosa no que ela ressalta bem o fim da forte identidade individual. *Goza-se* na efervescência musical, na histeria esportiva, no calor religioso, mas igualmente em uma ocasião caritativa, ou, ainda, em determinada explosão política.

Seria boa ideia estar atento a essas explosões que são qualificadas, apressadamente, de políticas. Com efeito, contrariamente à lógica política, lógica moderna se for, na qual tudo é programado, na qual a ação se inscreve em um processo tático e estratégico, senão previsto pelo menos preparado, as explosões sociais contemporâneas são tão violentas quanto súbitas. Elas são, também, efêmeras. Aqui não é o lugar para analisá-las; basta mostrar que exprimem, de maneira paroxística, o papel das paixões, a importância das emoções partilhadas. Trata-se de uma *mise en scène* na qual é menos um *indivíduo* racional que age conscientemente do que uma *pessoa* que representa, teatralmente, um papel no quadro de uma teatralidade comunitária.

Bons espíritos se dedicam a mostrar a importância do "ideal comunitário".[9] Ele revive atualmente. E em lugar de negar ou diabolizar tal renascimento, talvez seja mais válido acompanhar seus diversos sobressaltos. Renascimento das "comunidades espirituais" (G. Tarde), talvez mesmo possamos falar, com G. Bachelard, de "narcisismo cósmico", em todo caso de alguma coisa que ultrapassa, e em muito, os indivíduos que fazem parte dela. Alguma coisa que se apoia no contágio e na inflação do sentimento. Alguma coisa que, a partir de um enraizamento específico, integra em uma relação cósmica. De encontro ao universalismo abstrato típico das filosofias modernas, o tribalismo utiliza um processo complexo feito de participações mágicas, de interações múltiplas, de harmonia com as pessoas e as coisas. É essa efervescência que torna a época tão atraente!

De fato, como aconselha Leibniz, e no espírito que é próprio dele, trata-se de "não desprezar quase nada". Em todo caso, não essas coisas recentes, que, para além dos preconceitos, dos pensamentos paranoicos e outros simplismos morais, fazem nossas sociedades. É sempre nesse mesmo espírito não judicativo e não normativo que é preciso saber retornar às coisas mesmas. Sábio adágio fenomenológico (*zu den Sachen selbst*), que permite apreender a lógica interna de um fenômeno, sua essência íntima. É disso que se trata exatamente, no que concerne às tribos pós-modernas. Elas estão aí, e isso, como frequentemente tenho mostrado, para o melhor e o pior.

Sua complexidade, seu aspecto complicado, necessita de uma complicação na abordagem. Daí a construção, que espero seja orgânica, deste

---

9   **N.A.:** Refiro-me às referências e às análises que dei em M. Maffesoli, *La transfiguration du politique, la tribalisation du monde*, Paris, Grasset, 1992.

livro; daí as sedimentações sucessivas que o constituem: as características essenciais do tribalismo, o sentimento de pertencimento, a colocação em rede horizontal, a simbiose afetual, e os processos de contaminação que tudo isso suscita. Eis sua ordem ou sua razão interna.

Mas, para apreendê-los, ou ao menos para compreendê-los, não serve para nada o que, maliciosamente, Santa Teresa de Ávila chamava "toda a ramagem reunida dos discursos". Poderíamos dizer o mesmo da língua estereotipada dos sistemas teóricos, todas as tendências e todas as variâncias reunidas. Por isso é importante, tarefa coletiva sem dúvida, "encontrar as palavras" menos falsas possíveis. Ao diabo com métodos, "temas" ou *enquetes* quaisquer que sejam! Deixemos isso aos contadores, aos gestores do saber e outros de "pensamento pequeno". Quando há mudança de paradigma, é preciso saber, paradoxalmente, escavar profundo e se fixar à superfície das coisas. É este o pensamento *radical* do qual falei no início: descobrir as raízes para melhor apreciar o crescimento que elas permitem. E isso, em função dos gostos, pelo simples prazer de ver ou de agir. Isso depende.

Em todo caso, em face dos espíritos rabugentos, é a lição generosa que tenho aprendido de meus mestres e da experiência. É a que transmito aos meus estudantes. Como diz, de forma mais bela, Rainer Maria Rilke:

"*Avec plus d'art il courberait les rameaux*
des saules,
Celui qui, des saules, eût appris
les racines."[10]
(*Sonnets à Orphée*, I, 6)

São as próprias coisas que nos ensinam o que elas são. E, frequentemente, pensá-las convenientemente requer que saibamos combater os pensamentos conformes.

Como dizia no início, isso não se faz sem sofrimento. Deixar, pelo alto-mar, a tranquilidade certa das teorias estabelecidas é sempre penoso. Da mesma forma, escavar para procurar as raízes demanda esforço. Penso ter me dedicado a isso. Agora, é tarefa do leitor continuar esse esforço. E isso, repito, sem julgamento *a priori*, sem espírito preconceituoso. É assim que ele poderá ver no espantoso mimetismo tribal uma outra maneira de

---

10   **N.T.:** "Com mais arte ele dobraria os ramos dos salgueiros, / Aquele que, dos salgueiros, tivesse descoberto as raízes."

pensar ou, em todo caso, de viver, a relação com a alteridade. Esse esforço poderá, também, lhe suscitar o sentimento de que a vida, apesar de tudo, continua. E que são as tribos contemporâneas que, *volens nolens*, se encarregam dessa vitalidade. No que me concerne, é o que faz de mim o espectador comovido com essa pobre macaquice, o espectador comovido com essa pobre e bela "homeria".

Les Chalp-Cervières.
21 de julho de 2000.

À Maneira de Introdução

1. Algumas precauções quanto ao uso

Ambiência, eis um termo que frequentemente reaparecerá no decorrer deste livro; pois talvez seja útil explicar, em poucas palavras, que foi ele que presidiu à sua elaboração.

Eu tinha começado uma obra precedente colocando-me sob a patronagem de Savonarola. Hoje invocarei a de Maquiavel, fazendo referência ao que ele chama de "o pensamento da praça pública". Para aqueles que leem, para os que sabem ler, segue-se uma reflexão de fôlego que, por meio das noções de potência, de socialidade, de quotidiano, de imaginário, pretenda estar atenta ao que constitui, em profundidade, a vida corrente de nossas sociedades, neste momento em que se conclui a Era Moderna. As balizas agora colocadas permitem rumar com firmeza, na direção da *cultura*, que deve ser entendida no sentido forte do termo, o que está prevalecendo sobre o processo econômico-político. A tônica colocada nos diversos rituais, na vida comum, na duplicidade, no jogo das aparências, na sensibilidade coletiva, no destino, em suma, na temática dionisíaca, ainda que possa ter provocado sorrisos, não deixa de ser utilizada de diversas maneiras, em inúmeras análises contemporâneas. Isso é normal. A história do pensamento demonstra muito bem que, ao lado dos mimetismos intelectuais ou das autolegitimações *a priori*, existem legitimidades que se constroem com o uso. Algumas geram um saber capitalizado, outras, no sentido etimológico do termo, "inventam", isto é, fazem ressaltar o que está presente, mas que temos alguma dificuldade em discernir.

Entretanto, não se trata de ser triunfalista. Esse discernimento não é coisa fácil. A sensatez que impera em nossas disciplinas é, certamente, expressão de uma prudência necessária, porém, muitas vezes mortífera. É interessante notar, além disso, que ela combina muito bem com a desenvoltura a mais pretensiosa. Será que existe uma grande diferença entre o que M. Weber chamou a "pequena engrenagem" de um pensamento tecnocrático e o "não-me-importismo" que resgata, com lucro, o que ele (ou outros) semearam há muito tempo? De fato, um vale bem o outro, e o incensamento comum de ambos por parte de um público beato merece atenção. Será necessário, então, como fazem alguns, vilipendiar uma época pouco vigorosa e um tanto ignara? Eu não seria tão leviano. É natural que alguns tomem os bobos da corte por jornalistas apressados. Afinal de contas, isso também faz parte do dado social. Mas podemos, igualmente, imaginar que alguns tenham outras ambições, como, por exemplo, dirigir-se a esses que desejam pensar por si mesmos e que encontram em tal livro, ou tal análise, uma ajuda, um trampolim que lhes permitam epifanizar seu próprio pensamento. Ingenuidade, pretensão? O tempo será o juiz. E apenas alguns espíritos avisados saberão antecipá-lo um pouco.

Espero ter feito compreender que a ambição desta obra é dirigir-se misteriosamente, sem falsa simplicidade nem complicação inútil, à comunidade de espíritos que, fora das igrejinhas, das associações e dos sistemas, pretende pensar essa "*hommerie*", de que falava o sábio Montaigne, e que é também o seu destino. Espíritos livres, certamente, pois se verá que, nas derivas que vêm a seguir, será necessário ter o pleno domínio dos próprios movimentos para a aventurosa navegação do pensamento. *Freischwebende Intelligentsia*. Talvez essa seja uma perspectiva inquietante, mas que não deixa de ser interessante para os que conferem a essa aventura a importância que lhe é devida. Em resumo, não tenho nenhuma vontade de fazer um desses livros que, como dizia G. Bataille, "prendem com facilidade aqueles que os leem... (desses livros que) agradam o mais das vezes aos espíritos vagos e impotentes que querem fugir e dormir" (*Oeuvres complètes*, t. VIII, p. 583).

É útil informar que não se trata, no caso, de um estado d'alma, mas de esclarecimentos de bastante valia, pois a tradicional compartimentação disciplinar não será respeitada, o que, naturalmente, não favorece a seguridade intelectual que ela costuma trazer consigo. É o próprio objeto abordado que exige essa transgressão. Na verdade, agora se aceita cada vez mais que a existência social, da qual nos ocupamos, se presta com muita dificuldade ao recorte conceitual. Deixemos isso para os burocratas do saber, que acreditam fazer ciência, presidindo à repartição classificada daquilo que, supostamente, cabe a cada um. Que a partilha seja feita em função das classes, das categorias socioprofissionais, das opiniões políticas ou de outras determinações *a priori*, tanto faz. Para usar um termo meio bárbaro, que nos esforçaremos continuamente para explicitar, para esclarecer, o que tentaremos manter é uma perspectiva "holística": noção que, numa constante reversibilidade, une a globalidade (social e natural) com os diversos elementos (meio e pessoas) que a constituem. Isso, no rastro da temática que reivindico, volta a reunir os dois extremos da cadeia, o de uma ontologia existencial e o da mais simples das trivialidades.[1] A primeira, tal como um raio *laser*, iluminando as diversas manifestações da segunda.

É evidente que, na perspectiva da "divisão", que ainda tem um papel dominante, esse procedimento é inquietante, e se tenderá a preferir as abordagens monográficas, ou deliberadamente teóricas. Vou desconsiderar, entretanto, as delícias intelectuais de cada uma dessas atitudes, confiando no fato de que certas considerações "inatuais" podem ser perfeitamente adequadas ao seu tempo. Para o que nos ocupa agora, vou citar Lévi-Strauss, que demonstrou, com a repercussão conhecida, que não era o caso de exacerbar a separação clássica entre magia e ciência, e que, por sua enfatização dos "dados sensíveis", a primeira não tinha sido, de modo algum, inútil para o desenvolvimento desta última.[2] De minha parte, tentarei levar até as últimas consequências a lógica dessa comparação, ou, pelo menos, aplicá-la a outros tipos de polaridades próximas. Darei explicações mais detalhadas, a respeito, no capítulo final. Entretanto, quer-me parecer que existe aí um paradoxo fecundo e, seguramente, dos mais úteis para observar as configurações sociais, apoiadas cada vez mais na sinergia daquilo que, até agora, se tinha tendência a separar.

A antinomia do pensamento erudito e do bom senso parece óbvia. E naturalmente para o primeiro o último é, antes de tudo, doente: quando não é classificado de "falsa consciência", o bom senso é, no mínimo, débil. O desprezo pelas *anima candida* é a pedra de toque da atitude intelectual. Já falei a

1   Reconhecemos aqui uma contribuição de pensadores como A. Schutz, G. H. Mead, E. Goffman, sobre esse assunto, remeto a U. Hannerz, *Explorer la ville*, Paris, Minuit, cap. VI, e sobre o vaivém de que se trata, p. 277. Podemos também citar P. Berger e Th. Luckmann, *La construction sociale de la réalité*, Paris, Méridiens Klincksieck, 1986.
2   C. Lévi-Strauss, *La pensée sauvage*, Paris, Plon, 1962, p. 19 e segs.

respeito desse fenômeno. Gostaria, agora, de mostrar que isso não deixa de ter consequências para explicar a incapacidade de compreender o que, na falta de melhor denominação, chamaremos a vida. Referir-se à vida em geral é algo que não se faz sem risco. Isso pode conduzir, em particular, a um devaneio sem horizontes, mas, na medida em que podemos lastrear essa perspectivação com os "dados sensíveis", evocados *retro*, não deixaremos de alcançar a margem dessa existência concreta, tão estranha às elucubrações desencarnadas. Ao mesmo tempo, é importante preservar a possibilidade da navegação de longo curso. É assim que se "inventam" novas terras. E isto, a categoria geral o permite. Eis aí em questão o problema da sinergia: *propor uma sociologia vadia que não seja ao mesmo tempo uma sociologia sem objeto.*

O movimento reversível que vai do formismo à empatia pode, também, mostrar o deslocamento de importância que está ocorrendo, de uma ordem social essencialmente *mecanista* para uma estrutura complexa a dominante *orgânica*. Assistimos à substituição da história linear pelo mito redundante. Trata-se de um retorno do vitalismo, do qual pretendemos mostrar as diversas modulações. Os diferentes termos evocados, entretanto, encadeiam-se uns aos outros. A organicidade remete ao impulso vital ou à vida universal tão cara a Bergson. Não esqueçamos, no entanto, que ele propunha uma intuição direta para dar conta dela. M. Scheler e G. Simmel partilhavam igualmente essa visão da unidade da vida.[3] Voltarei frequentemente a essa perspectiva, pois, além de permitir a compreensão do panvitalismo "oriental", que se encontra na prática de muitos pequenos grupos contemporâneos, ela

3   M. Scheler, *Nature et formes de la sympatie, contribution à l'étude des lois de la vie émotionnelle*, Paris, Payot, 1928, p. 117.

esclarece, também, a emoção e a dimensão "afetual" que os estruturam como tais.

Vemos, então, o interesse do alerta enunciado *retro*. O fato de o dinamismo social não estar mais trilhando os caminhos da modernidade não significa que esse dinamismo não exista mais dentro dela. E, ao seguir o trajeto antropológico, que apontei, a melhor maneira de dizer a mesma coisa é demonstrar que uma vida quase animal percorre, em profundidade, as diversas manifestações da socialidade. Daí a insistência na "reliança", na religiosidade que é uma parte essencial do tribalismo de que vamos nos ocupar.

Sem qualquer conteúdo doutrinal, podemos falar de uma verdadeira sacralização das relações sociais, que o positivista Durkheim chamou, à sua maneira, o "divino social". É assim que, de minha parte, compreendo a *Potência* da socialidade que, por meio da abstenção, do silêncio e da astúcia se opõe ao *Poder* do econômico-político. Encerrarei este primeiro alerta com uma elucidação tirada da cabala. Para esta, as "potências" (Sefirot) constituem a divindade. Segundo G. Scholem, essas potências são os elementos primordiais "em que toda realidade se apoia". Por conseguinte, "a vida se espalha no exterior e vivifica a criação, permanecendo, ao mesmo tempo, no interior, de maneira profunda, e o ritmo secreto do seu movimento, do seu pulso, é a lei da dinâmica da natureza".[4] Este pequeno apólogo permite resumir o que me parece ser o papel da socialidade: para aquém e para além das formas instituídas, que sempre existem e que, às vezes, são dominantes, existe uma *centralidade subterrânea informal* que assegura a perdurância da vida em sociedade. É para essa realidade que convém voltarmos os nossos olhares. Não estamos habituados a ela,

---

4   G. Scholem, *La mystique juive*, Paris, Cerf, 1985, p. 59 e segs.

nossos instrumentos de análise estão um pouco antiquados, mas inúmeros indícios, que tento formalizar neste livro, nos apontam que é esse o continente que convém explorar. Esse é um empreendimento para as próximas décadas. Sabemos que é sempre *post festum* que se começa a reconhecer aquilo que é. E é necessário, ainda, que sejamos suficientemente lúcidos, e sem excessivas prevenções intelectuais, para que esse prazo não seja longo demais.

2. Quomodo

Na verdade, é necessário harmonizar, tanto quanto possível, nossas maneiras de pensar e os objetos (re)nascentes de que queremos nos aproximar. Será preciso, a esse respeito, falar de revolução copernicana? Talvez. De qualquer modo, é necessário armar-se de uma boa dose de *relativismo*, ainda que seja apenas para nos tornarmos receptivos a um novo estado de coisas.[5]

Em um primeiro momento, e no contrapé de uma atitude muito difundida na modernidade, talvez seja necessário ser deliberadamente inútil; não devemos permitir qualquer interferência na prática, recusar a participação num conhecimento instrumental. Lembro, a propósito, o exemplo, curiosamente esquecido, dos fundadores da sociologia, que, na palavra desse bom historiador da disciplina que é R. Nisbet, "nunca deixaram de ser artistas". E é bom não esquecer, também, que as ideias, que podem vir a se estruturar como teorias, surgem, antes de tudo, "do domínio da imaginação, da visão, da intuição".[6] O conselho é oportuno, pois foi dessa maneira que, na passagem do século XIX para o século XX, os pen-

---

5   Dediquei um livro a esse problema: M. Maffesoli, *La connaissance ordinaire*, Paris, Méridiens Klincksieck, 1985. Cf. também *Éloge de la raison sensible*, Paris, Grasset, 1996.

6   R. Nisbet, *La tradition sociologique*, Paris, PUF, 1981, p. 33.

sadores referidos, hoje autores canônicos, puderam propor
pertinentes e variadas análises do social. Ainda que pela força
das circunstâncias, quer dizer, quando nos confrontamos com
qualquer (re)novação social, é necessário praticar um certo
"*laisser-aller*" teórico sem que para tanto seja preciso abdicar
do engenho ou favorecer a preguiça e fatuidade intelectual.
Na tradição compreensiva, que faço minha, procedemos sempre mediante verdades aproximativas. Isto é ainda mais importante quando se trata da vida quotidiana. Aí, mais do que
em qualquer outra parte, não temos por que nos preocupar
com o que possa ser a verdade última. No caso, a verdade é
relativa, tributária da situação. Trata-se de um "situacionismo"
complexo, pois o observador está, ao mesmo tempo, ainda que
parcialmente, integrado em tal ou tal das situações descritas
por ele. Competência e apetência caminham lado a lado. A
hermenêutica supõe ser quem descreve da mesma substância
que aquilo que descreve. Ela requer uma "certa comunidade de
perspectiva".[7] Os etnólogos e os antropólogos cansaram-se de insistir nesse fenômeno. Creio que é hora de aceitá-lo também
para as realidades que nos são próximas.

Mas como tudo aquilo que está nascendo é frágil, incerto,
cheio de imperfeições, nossa abordagem tem as mesmas qualidades. Daí a aparência de frivolidade. Um terreno movediço
necessita de um tratamento adequado e não é vergonha fazer
surf sobre as ondas da socialidade. É, inclusive, uma questão
de prudência que não deixa de se mostrar eficaz. Desse ponto
de vista, a utilização da metáfora é perfeitamente pertinente.
Além do fato de ter ela os seus títulos de nobreza, e de ser
utilizada na produção intelectual de todos os períodos de efer-

---

7   Sobre esse tema remeto a: "A certain community of outlook", no
     livro de W. Outhwaite, *Understanding social life*, Londres, Allen and
     Unwin, 1975.

vescência, ela permite também essas cristalizações específicas que são as verdades aproximativas e momentâneas. Disseram de Beethoven que ele encontrava na rua os temas de suas mais belas passagens, o resultado não é desprezível. Por que não escreveríamos nós as nossas partituras a partir do mesmo chão?

Assim como a *persona* e suas máscaras, na teatralidade quotidiana, a socialidade é estruturalmente ardilosa, inapreensível, daí a confusão dos universitários, dos políticos, dos jornalistas que a descobrem *alhures*, quando acreditam tê-la apreendido. Numa corrida desvairada, os mais honestos vão sub-repticiamente mudar de teoria e produzir um outro sistema, explicativo e completo, para aprendê-la de novo. Não seria melhor, como eu dizia há pouco, "estar nela" e praticar também a astúcia? Em vez de abordá-la de frente, positivando ou criticando um dado social fugidio, utilizar uma tática de matizes, e atacar de viés. É a prática da teologia apofática: de Deus não se fala senão por evitações. Desse modo, em vez de querer, de maneira ilusória, apreender firmemente um objeto, explicá-lo e esgotá-lo, contentar-se em descrever seus contornos, seus movimentos, suas hesitações, seus êxitos e seus diversos sobressaltos. Mas como tudo tem a ver com tudo, essa astúcia, também, poderá ser aplicada aos diversos instrumentos que tradicionalmente utilizamos em nossas disciplinas, tanto para reter os que eles têm de útil quanto para ultrapassar sua rigidez. A esse respeito gostaria de fazer como este outro *outsider*, que é Goffman. Ele foi um dos que inventaram conceitos, mesmo que tenha preferido, às vezes, "utilizar palavras antigas, dando-lhes um novo sentido ou fazendo-as entrar em combinações originais que rompem com o peso dos neologismos".[8] Preferir os "miniconceitos" ou as noções

---

8   V. Hannerz, *op. cit.*, p. 263.

às certezas estabelecidas, mesmo que isso possa chocar, parece-
-me o penhor de uma atitude mental que pretende permanecer o mais perto possível dos solavancos que são próprios dos
caminhos de toda vida social.

3. Ouverture

Eis aí, em grandes pinceladas, o quadro geral em que vão se
mover as diversas considerações sociológicas que seguem. A ambiência de uma época, e, por conseguinte, a ambiência de uma
pesquisa, que se desenrola ao longo de muitos anos. Seus resultados parciais foram regularmente "testados" com diversos colegas,
com jovens pesquisadores, na França e em numerosas universidades no exterior. E ela se apoia em um paradoxo essencial:

> O vaivém constante que se estabelece entre a massificação
> crescente e o desenvolvimento dos microgrupos que chama-
> rei "tribos".

Trata-se da tensão fundadora que me parece caracterizar
a socialidade deste fim de século. A massa, ou o povo, diferen-
temente do proletariado ou de outras classes, não se apoiam
em uma lógica da identidade. Sem um fim preciso, eles não
são os sujeitos de uma história em marcha. A metáfora da
tribo, por sua vez, permite dar conta do processo de desindividualização, da saturação da *função* que lhe é inerente, e da
valorização do *papel* que cada pessoa (*persona*) é chamada a
representar dentro dela. Está claro que, como as massas em
permanente agitação, as tribos que nelas se cristalizam tampouco são estáveis. As pessoas que compõem essas tribos podem evoluir de uma para a outra.

Podemos dar conta do deslocamento que está ocorrendo
e da tensão que ele suscita mediante o seguinte esquema:

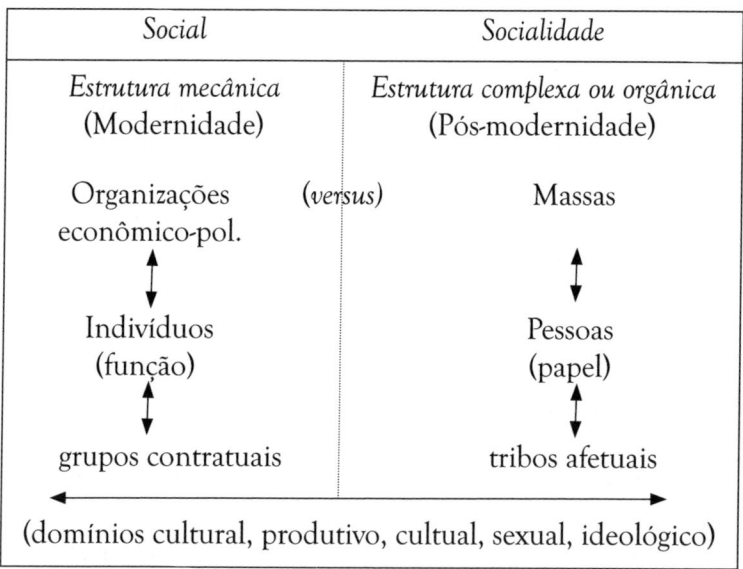

Social	Socialidade
Estrutura mecânica (Modernidade)	*Estrutura complexa ou orgânica* (Pós-modernidade)
Organizações econômico-pol. *(versus)*	Massas
↕	↕
Indivíduos (função)	Pessoas (papel)
↕	↕
grupos contratuais	tribos afetuais

(domínios cultural, produtivo, cultual, sexual, ideológico)

É em função dessa dupla hipótese (deslocamento e tensão) que, ao meu feitio, farei intervir diversas leituras teóricas ou pesquisas empíricas que me parecem úteis à nossa reflexão.[9]

Como já disse, não se trata de fazer discriminações, e além das obras sociológicas, filosóficas ou antropológicas, o romance, a poesia ou o caso quotidiano terão nela sua parte. O essencial é fazer sobressair algumas *formas*, talvez "irreais", mas que possam permitir a compreensão, no sentido forte do termo, dessa multiplicidade de situações, de experiências, de ações lógicas e não lógicas que constituem a socialidade.

---

9   **N.A.:** Existe um aspecto exotérico e um aspecto esotérico em qualquer procedimento. O aparato crítico é a sua expressão. Para não tornar pesado o corpo do texto, este aparato que apoia as minhas considerações foi remetido ao fim do livro. Além da ilustração que essas referências pretendem fornecer, podem também permitir a cada um avançar em suas próprias pesquisas.

Entre as formas analisadas, está, evidentemente, a do *tribalismo*, que se encontra no centro do trabalho. Ela é precedida pelas noções da comunidade emocional, da potência e da socialidade que a fundamentam. E é seguida pelas do policulturalismo e da proxemia que são suas consequências. Proponho, *in fine* e a quem interessar possa, um "método" teórico que sirva de bússola através da selva induzida pelo tribalismo. Existe, certamente, alguma monotonia nos assuntos abordados, e também certa redundância, em função do objeto estudado. Como as "imagens obsessivas" que existem em toda obra literária, poética, cinematográfica etc., cada época repete, de maneira aguda, múltiplas variações em torno de alguns temas notórios. Por isso em cada uma das formas abordadas encontramos as mesmas preocupações, apenas o ângulo de abordagem muda. Espero, assim, dar conta do aspecto policromático do todo social. Em um ataque notável contra a parafernália causal, G. Durand fala da "teoria do recital", que seria a maneira mais adequada de traduzir a redundância do relato mítico, de suas reduplicações e das variantes que ele difunde.[10] Essa teoria convém perfeitamente ao "conhecimento" ordinário que elaboramos e que se contenta em assinalar e re-citar a eflorescência e a miscelânea repetitiva de um vitalismo que, de maneira cíclica, luta contra a angústia da morte, repetindo sempre a mesma coisa.

Mas essa teoria do recital, um tanto arrumadinha, não é feita para aqueles que acreditam ser possível esclarecer com ela a ação dos homens, muito menos para aqueles que, confundin-

---

10   G. Durand, "La beauté comme présence paraclétique: essai sur les résurgences d'un bassin sémantique". In: *Eranos*, 1984, v. 53, Frankfurt-Main, Insel Verlag, 1986, p. 128. Sobre o tema "imagens obsessivas" utilizado anteriormente, cf. Ch. Mauron, *Des méthaphores obsédantes au mythe personnel*, Paris, J. Corti, 1962.

do o erudito e o político, pensam que é possível usá-la como instrumento. Ela é antes uma forma de quietismo que se contenta em re-conhecer aquilo que é, aquilo que ocorre. De certa forma, uma valorização do *primum vivere*. Como disse antes, é seguramente para os *happy few* que estas páginas estão reservadas. Re-conhecer a nobreza das massas e das tribos exige uma certa aristocracia de espírito. Mas quero esclarecer que essa aristocracia não é apanágio de uma camada social, de um grupo profissional e menos ainda dos especialistas. Debates, colóquios, entrevistas me ensinaram que podemos encontrá-la equitativamente distribuída entre numerosos estudantes, trabalhadores sociais, executivos, jornalistas, sem esquecer, logicamente, aqueles que são simplesmente homens de cultura. É a estes que me dirijo e digo que este livro se pretende uma simples iniciação para penetrar naquilo que é. Se ele é ficção, isto é, se leva às últimas consequências uma certa lógica, ele não "inventa" senão o que existe, e isso, certamente, lhe veda propor qualquer solução ainda que para o futuro. Em contrapartida, tentando colocar questões supostamente essenciais, propõe um debate que não se presta às tergiversações, às aprovações medíocres, sem falar, naturalmente, dos silêncios dissimulados.

Épocas efervescentes necessitam de impertinências confirmatórias. Espero ter colaborado com algumas. Da mesma forma, são os períodos em que as utopias se banalizam, se realizam, e em que pululam os devaneios. Alguém disse que esses momentos sonham os seguintes? Sonham sim, mas menos como projeções do que como ficções feitas de migalhas esparsas, de construções inacabadas, de tentativas mais ou menos bem-sucedidas. Na verdade, é preciso fazer uma nova interpretação desses sonhos quotidianos. Essa é a ambição deste livro. Sociologia sonhadora!

Capítulo 1

A Comunidade Emocional

Argumentos de uma Pesquisa

1. A *aura estética*

Ainda que isso assuma uma forma aguda, será necessário voltar, regularmente, ao problema do individualismo, quanto mais não fosse porque ele obnubila, de uma maneira mais ou menos pertinente, aliás, toda a reflexão contemporânea. Como tal, ou sob forma derivada quando se fala do narcisismo, ele está no cerne de numerosos livros, artigos, teses, que o abordam do ponto de vista psicológico, é claro, mas também histórico, sociológico ou político. É de certa forma um trajeto obrigatório para quem pretende contribuir com seu tijolo para a edificação de um saber sobre a modernidade. Isso, certamente, não é inútil. Mas cria problemas quando esse individualismo se torna, por força das circunstâncias, o abre-te sésamo explicativo de numerosos artigos jornalísticos, de discursos políticos ou de proposições moralistas. Todos eles, sem dar a mínima importância à prudência ou aos matizes eruditos, difundem um conjunto de pensamentos convencionais, e um tanto catastrofistas, sobre o ensimesmamento, sobre o fim dos grandes ideais coletivos ou, compreendido no seu sentido mais amplo, sobre o fim do espaço público. A partir daí temos um confronto com uma espécie de *doxa*, que talvez não dure muito tempo, mas que é amplamente admitida e que pode vir a mascarar ou denegar as novas formas sociais elaboradas hoje em dia, já que estas podem apresentar algumas expressões bastante visíveis e outras perfeitamente subterrâneas. O aspecto espetacular das primeiras serve, além disso, para situá-las sob a rubrica das extravagâncias inconsequentes que aparecem regularmente nos períodos conturbados. O que estimula a propensão à preguiça que toda *doxa* tem.

Não tenho a intenção de abordar frontalmente o problema do individualismo. Vou falar dele, regularmente, *a contrario*, sendo o essencial apontar, descrever e analisar as configurações sociais que parecem ultrapassá-lo, a saber, a massa indefinida, o povo sem identidade ou o tribalismo como nebulosa de pequenas entidades locais. Trata-se, é claro, de metáforas que pretendem acentuar, sobretudo, o aspecto confusional da socialidade. Sempre a figura emblemática de Dionísio. A título de ficção, proponho fazer "como se" a categoria, que nos serviu durante mais de dois séculos para analisar a sociedade, estivesse completamente saturada. Costuma-se dizer que, muitas vezes, a realidade supera a ficção. Tentemos, pois, estar à altura daquela. Talvez seja necessário mostrar, como o fizeram certos romancistas, que o indivíduo não tem mais a substancialidade que, de modo geral, lhe haviam creditado os filósofos, a partir do Iluminismo. Trata-se, é claro, de um *a priori*. Em todo caso, é este o caminho que vamos seguir, elucidando-o com algumas notas, observações ou casos, que, mesmo impertinentes, não serão de todo infundados.

O teatro de Beckett nos mostra o caminho, destruindo a ilusão de um indivíduo senhor de si mesmo e de sua história. De maneira extramodo e um tanto quanto premonitória, ele aponta a contingência, o aspecto efêmero de todo individualismo, sublinhando, igualmente, a facticidade do processo de individuação e o fato de que ele conduz a um encarceramento. O individualismo é um *bunker* obsoleto, e como tal merece ser abandonado. Eis o que Beckett nos instiga a fazer. Posição a que não falta originalidade legitimadora no consenso de *prêt-à--penser* moderno. Posição que deve ter escapado a inúmeros de seus acólitos, mas que está em perfeita congruência com a antiga sabedoria, que faz de cada indivíduo o simples *punctum* de uma cadeia ininterrupta ou, ainda, que lhe atribui uma multiplicidade de facetas, que fazem de cada qual um microcosmo, *cristalização* e *expressão* do macrocosmo geral. Reconhecemos aqui a ideia da *persona*, da máscara que pode ser mutável e que se integra sobretudo numa variedade de cenas, de situações que só valem porque são representadas em conjunto.

A multiplicidade do eu e a ambiência comunitária que ela induz servirá de pano de fundo à nossa reflexão. Propus chamá-la de "paradigma estético" no sentido de vivenciar ou de sentir em comum. Com efeito, enquanto a lógica individualista se apoia numa identidade separada e fechada sobre si mesma, a pessoa (*persona*) só existe na relação com o outro. Fazendo a sociologia de alguns autores modernos (Faulkner, T. Mann), Gilbert Durand fala, a propósito, de uma "potência de impessoalidade" que não permite existir senão no "espírito dos outros".[1] Tal perspectiva nos obriga a superar a dicotomia clássica entre sujeito e objeto que fundamenta toda a filosofia burguesa. A ênfase incide, então, muito mais sobre o que

---

1   Cf. G. Durand: "Le retour des immortels". In: *Le temps de la réflexion*, Paris, Gallimard, 1982, p. 207, 219. Sobre o "paradigma estético", cf. meu livro, *Au creux des apparences* (1990), Le Livre de Poche, 1995 (Ver ed. bras.: *No fundo das aparências*, Petrópolis, Vozes.), cf., igualmente, T. Adorno, *Notes sur la littérature*, Paris, Flammarion, 1984, p. 210, sobre o *bunker* do individualismo.

une do que sobre o que separa. Não se trata mais da história que construo, contratualmente associado a outros indivíduos racionais, mas de um mito do qual participo. Podem existir heróis, santos, figuras emblemáticas, mas eles são, de certa maneira, ideal-tipos, "formas" vazias, matrizes que permitem a qualquer um reconhecer-se e comungar com os outros. Dionísio, D. Juan, o santo cristão ou o herói grego, poderíamos desfiar infinitamente as figuras míticas, os tipos sociais que permitem uma "estética" comum e que servem de receptáculo à expressão do "nós". A multiplicidade, em tal ou tal emblema, favorece infalivelmente a emergência de um forte sentimento coletivo. Foi o que percebeu P. Brown enquanto analisava o culto dos santos na Antiguidade tardia.[2] Esse culto, criando uma cadeia de intermediários, permite chegar a Deus. A *persona* resplandecente e essas nodosidades específicas, que são os santos, eis os elementos que constituem a deidade e o coletivo eclesial que lhe serve de vetor.

Essa análise pode ser aplicada aos nossos propósitos: há momentos em que o "divino" social toma corpo por intermédio de uma emoção coletiva que se reconhece em tal ou tal tipificação. O proletariado, o burguês podiam ser "sujeitos históricos" que tinham uma tarefa a realizar. Tal ou tal gênio teórico, artístico ou político podia articular uma mensagem, cujo conteúdo indicasse a direção a seguir. Uns e outros permaneciam entidades abstratas e inacessíveis, que propunham um fim a ser realizado. Em contrapartida, o tipo mítico tem uma simples função de agregação. Ele é um puro "continente". Exprime o gênio coletivo num momento determinado. Eis a diferença que se pode estabelecer entre os períodos abstrativos, racionais e os períodos "empáticos". Aqueles se apoiam

---

2   P. Brown, *Le culte des saints*, Paris, Cerf, 1984, p. 72.

no princípio de individuação, de separação, estes, pelo contrário, são dominados pela indiferenciação, pelo "perder-se" em um sujeito coletivo, o que chamarei de neotribalismo. Inúmeros exemplos da nossa vida quotidiana podem ilustrar a ambiência emocional que emana do desenvolvimento tribal. Além disso, podemos notar que esses exemplos não espantam mais, já fazem parte da paisagem urbana. As diversas aparências *punk*, *kiki*, *paninari*, que exprimem muito bem a uniformidade e a conformidade dos grupos, são como outras tantas pontuações do espetáculo permanente que as megalópoles contemporâneas oferecem. A tendência à *orientalização* da existência, que se observa nas cidades ocidentais, apresenta semelhanças com a análise que fez Augustin Berque das relações de "simpatia" entre o eu e o outro no Japão. Fragilidade da distinção, às vezes mesmo indistinção entre o eu e o outro, entre o sujeito e o objeto, eis algo que se presta à reflexão. A ideia da extensibilidade do eu ("um ego relativo e extensível") pode ser uma alavanca metodológica das mais pertinentes para a compreensão do mundo contemporâneo.[3] Não vale a pena lembrar a fascinação que o Japão exerce hoje em dia, nem mesmo fazer referência à sua performatividade econômica ou tecnológica, para sublinhar o fato de que, se a *distinção* é, talvez, uma noção que se aplica à modernidade, por outro lado, ela é totalmente inadequada para descrever as diversas formas de agregação social que vêm à luz. Estas têm contornos indefinidos: o sexo, a aparência, os modos de vida, até mesmo a ideologia são cada vez mais qualificados em termos ("trans...", "meta...") que ultrapassam a lógica identitária e/ou binária. Em resumo, e dando a

---

3   A. Berque, *Vivre l'espace au Japon*, Paris, PUF, 1982, p. 54. Para um exemplo do uniforme, F. Valente: "Les paninari". In: *Sociétés*, Paris, Masson, nº 10, set. 1986. Sobre "a orientalização", cf. P. Le Quéau, *La tentation bouddhiste*, Paris, DDB, 1998.

esses termos sua acepção mais estrita, pode-se dizer que assistimos tendencialmente à substituição de um *social* racionalizado
por uma *socialidade* com dominante empática.

Essa vai exprimir-se numa sucessão de ambiências, de
sentimentos, de emoções. É interessante notar, por exemplo,
que aquilo a que se refere a noção de *Stimmung* (atmosfera)
própria do romantismo alemão serve, cada vez mais, ora para
descrever as relações que imperam no interior dos microgrupos sociais, ora para especificar como esses grupos se situam
nos seus contornos espaciais (ecologia, *habitat*, bairro). Da
mesma forma, a utilização constante do termo inglês *feeling* no
quadro das relações interpessoais merece atenção. Servirá de
critério para medir a qualidade das trocas, para decidir sobre o
seu prosseguimento ou sobre o seu grau de aprofundamento.
Ora, se nos referimos a um modelo de organização racional, o
que existe de mais instável do que o sentimento?

De fato, parece necessário mudar nossas maneiras de
avaliar os reagrupamentos sociais. Desse ponto de vista, podemos utilizar, vantajosamente, a análise sócio-histórica que M.
Weber faz da "comunidade emocional" (*Gemeinde*). Ele esclarece que se trata de uma "categoria", quer dizer, algo que nunca existiu de verdade, mas que pode servir como revelador de
situações presentes. As grandes características atribuídas a essas comunidades emocionais são: o aspecto efêmero, a "composição cambiante", a inscrição local, "a ausência de uma organização" e a estrutura quotidiana (*Veralltäglichung*). Weber
mostra também como, sob títulos diferentes, esses reagrupamentos são encontrados em todas as religiões, e, geralmente,
à parte dos enrijecimentos institucionais.[4] A eterna história do
ovo e da galinha: é difícil estabelecer uma anterioridade, mas

---

4   M. Weber, *Économie et société*, Paris, Plon, 1971, por exemplo, p. 475-
     -478.

ressalta de sua análise que a ligação entre a emoção partilhada e a comunalização aberta é que suscita essa multiplicidade de grupos, que chegam a constituir uma forma de laço social, no fim das contas, bem sólido. Trata-se de uma modulação que, tal como um fio condutor que percorre o corpo social, é permanente. Permanência e instabilidade serão os dois polos em torno dos quais se articulará o emocional.

É conveniente esclarecer, desde o início, que a emoção da qual se trata não pode ser assimilada a um *pathos* qualquer. Parece-me equivocado interpretar os valores dionisíacos, aos quais esta temática remete, como manifestações últimas do ativismo coletivo próprio do burguesismo. Primeiro foi marcha comum para o espírito, depois o domínio orquestrado da natureza e do desenvolvimento tecnológico, finalmente, a instrumentação coordenada dos afetos sociais. Essa perspectiva é excessivamente teleológica ou dialética. Certamente, algumas realizações, como este "paradigma" que é o *Club Méditerranée*, militam nesse sentido. Mas nossa análise deve estar atenta ao fato de que aquilo que predomina, maciçamente, na atitude grupal é o dispêndio, o acaso, a desindividualização, o que não permite ver na comunidade emocional uma etapa nova da patética e linear marcha histórica da humanidade. Várias conversas com o filósofo italiano Mario Perniola chamaram minha atenção para esse ponto.[5] E, prolongando seus trabalhos, sob um ponto de vista sociológico, direi que a estética do "nós" é um misto de indiferença e de energia pontual. Paradoxalmente, encontra-se aí um singular desprezo por toda atitude projetiva e uma inegável intensidade na própria ação. É isso que caracteriza a potência impessoal da proxemia.

---

5   M. Perniola, *Transiti*, Bolonha, Cappeli, 1985.

À sua maneira, Durkheim não deixou de sublinhar esse fato. E se, como de hábito, permanece prudente, nem por isso deixa de falar da "natureza social dos sentimentos" e enfatizar sua eficácia. "Indignamo-nos em comum", escreve, e sua descrição remete à proximidade do bairro e à sua misteriosa "força de atração" que faz com que alguma coisa tome corpo. É nesse quadro que se exprime a paixão, que as crenças comuns são elaboradas, ou, simplesmente, que se procura a companhia "daqueles que pensam e *que sentem como nós*".[6] Essas notas, bastante banais, dir-se-ia, podem ser aplicadas a múltiplos objetos. Elas sublinham, principalmente, o aspecto insuperável do substrato quotidiano. Ele serve de matriz, a partir da qual se cristalizam todas as representações: trocas de sentimentos, discussões de botequim, crenças populares, visões de mundo e outras tagarelices sem consistência que constituem a solidez da comunidade de destino. Pois, ao contrário do que, até hoje, era de bom-tom admitir, podemos concordar que a razão tem muito pouco a ver com a elaboração e a divulgação das opiniões. A difusão destas, tanto entre os primeiros cristãos quanto entre os socialistas do século XIX, se deve muito mais aos mecanismos de contágio do sentimento, ou da emoção, vividos em comum. Seja no quadro das redes das pequenas células conviviais ou pela ótica do cabaré, ao gosto dos frequentadores, a emoção coletiva é algo encarnado, algo que joga com o conjunto das facetas daquilo que o sábio Montaigne chamou l'*hommerie*: esse misto de grandezas e de infâmias, de ideias generosas e de pensamentos mesquinhos, de idealismo e de arraigamento mundano, em suma, o homem.

Podemos deduzir que é isso que assegura uma forma de solidariedade, de continuidade através das histórias humanas.

---

6   E. Durkheim, *De la division du travail social*, Paris, Alcan, 1926, p. 70 (grifo meu).

Falei anteriormente em comunidade de destino. Esta pode, às vezes, exprimir-se por meio do quadro de um projeto racional e/ou político. Às vezes, pode tomar, ao contrário, o caminho mais delicado e menos definido da sensibilidade coletiva. Nesse caso, a tônica recai sobre o aspecto confusional do pequeno grupo. Este, concatenando-se com outros grupos, assegura a perdurância da espécie. No primeiro caso, produz-se o que Halbwachs chama de "visão de fora", que é a história; no segundo caso, pelo contrário, se elabora, "vista de dentro", uma memória coletiva.[7]

Prosseguindo com o paradoxo, a sensibilidade coletiva, por um lado, está ligada ao espaço próximo; por outro, transcende o próprio grupo e o situa numa "linhagem" que se pode compreender, seja *stricto sensu*, seja em uma perspectiva imaginária. De toda maneira, sob qualquer denominação que se lhe dê (emoção, sentimento, mitologia, ideologia), a sensibilidade coletiva, ultrapassando a atomização individual, suscita as condições de possibilidade para uma espécie de *aura* que vai particularizar tal ou tal época: como a *aura* teológica na Idade Média, a *aura* política no século XVIII, ou a *aura* progressista no século XIX. É possível que se assista agora à elaboração de uma *aura estética* na qual se reencontrarão, em proporções diversas, os elementos que remetem à pulsão comunitária, à propensão mística ou a uma perspectiva ecológica. O que quer que possa parecer, existe uma ligação sólida entre esses diversos termos. Cada um, à sua maneira, dá conta da organicidade das coisas, desse *glutinum mundi* que faz com que, apesar da (ou por causa da) diversidade, um conjunto constitua um corpo.

---

7   M. Halbwachs, *La mémoire collective*, Paris, PUF, 1968, p. 78, sobre a ideologia transindividual, cf., igualmente, J. Freund, *Sociologie du conflit*, Paris, PUF, 1983, p. 204.

Essa solidariedade orgânica se expressa de mil maneiras e, certamente, é nesse sentido que devemos interpretar o ressurgimento do ocultismo, dos cultos sincretistas e, mais particularmente, a importância conferida ao espiritualismo ou à astrologia. Esta última, em particular, não pode mais ser considerada um assunto de mocinhas sonhadoras. E algumas pesquisas em curso fazem ressaltar sua dupla inscrição cultural e natural. A propósito, Gilbert Durand demonstra muito bem que a astrologia, centrada no indivíduo, é de origem recente, e que a astrologia clássica teve "como objetivo primeiro o *destino do grupo*, da cidade terrestre".[8] A astrologia se inscreve em uma perspectiva ecológica representada pelas "casas" que predispõem cada um a viver num ambiente natural e social. Sem entrar a fundo nessa questão, podemos enfatizar que ela participa da aura estética (*aisthésis*), que se apoia na união, ainda que pontilhada, do macrocosmo e dos microcosmos, e dos microcosmos entre si. O que se pode extrair desse exemplo, bem como dos que lhe são próximos, é que servem de reveladores do clima "holista" que sustenta o ressurgimento do solidarismo ou da organicidade de todas as coisas.

Dessa maneira, ao contrário da conotação que se lhe atribui frequentemente, a emoção ou a sensibilidade devem, de algum modo, ser consideradas como um misto de objetividade e de subjetividade. Na minha reflexão sobre "a questão

---

8   G. Durand, *La foi du cordonnier*, Paris, Denoël, 1983, p. 222, cf., igualmente, as teses em execução sobre a astrologia de E. Teissier (Paris V – CEAQ*).Poderíamos também falar da "transmigração" das almas na cabala, que se inscreve na perspectiva holista desenvolvida aqui. Sobre esse assunto ver G. Scholem, *La mystique juive*, Paris, Cerf, 1985, p. 215, 253 e segs.

*   **N.A.:** As pesquisas do CEAQ (Centre d'Études sur l'Actuel et le Quotidien, Paris V) podem ser consultadas em: http://www.univ--paris5.fr/ceaq ou ceaq@univ-paris5.fr.

da proxemia" (cf. Capítulo VI), propus chamá-la de espiritualidade materialista. Expressão meio gótica que se confunde
com aquilo que A. Berque, a propósito da eficácia do meio,
chama de relação "trajetiva" (subjetiva e objetiva). Com efeito,
está na hora de observar que a *lógica binária da separação* que
prevaleceu em todos os domínios não pode mais ser aplicada
de maneira estrita. A alma e o corpo, o espírito e a matéria,
o imaginário e a economia, a ideologia e a produção – a lista poderia ser muito longa – não se opõem de maneira radical. Na verdade, essas entidades, e as minúsculas situações
concretas que elas representam, se conjugam para produzir
uma vida quotidiana que, cada vez mais, escapa à taxinomia
simplificadora à qual havíamos sido habituados por um certo
positivismo reducionista. Sua sinergia produz essa sociedade
complexa que, por sua vez, merece uma análise complexa. "O
multidimensional e o inseparável", para retomar uma expressão de Morin,[9] nos introduzem em uma "espiral" sem fim
que tornará obsoleta a tranquila e bastante enjoada contabili-
dade dos burocratas do saber.

Em função de precauções e de elucidações, podemos atribuir à metáfora da sensibilidade ou da emoção coletiva uma
função de conhecimento. Trata-se de uma alavanca metodológica que nos introduz no cerne da organicidade característica
das cidades contemporâneas. Daí este apólogo: "Imaginai, por
um instante, que o Pai Eterno queira levar com ele para o céu

---

9   A. Berque, "Expressing Korean mediance", colóquio *The conditions
    and visions of Korea's becoming an advanced country*, Seul, set. 1986. É
    necessário remeter, mais uma vez, à notável análise de E. Morin, que
    deveria deixar inquietos os mais honestos dos seus detratores: *La mé-
    thode*, 3, *La connaissance de la connaissance/*1, Paris, Seuil, 1986; sobre
    "a noção de meio", cf. J.-F. Bernard-Becharies. In: *Revue française du
    marketing*, 1980/1, caderno 80.

uma casa de Nápoles. Para seu deslumbramento ele perceberia, pouco a pouco, que todas as casas de Nápoles, como uma grande gambiarra, viriam atrás da primeira, uma após outra, casas, varais de roupa, canções de mulheres e gritos de crianças."[10] É essa a emoção que cimenta um conjunto. Este pode ser composto por uma pluralidade de elementos, mas tem sempre uma ambiência específica que os torna solidários uns com os outros. Essa experiência é vivida, inicialmente, como tal, e é conveniente que o erudito saiba dar conta disso. Resumindo, podemos dizer que aquilo que caracteriza a estética do sentimento não é de modo algum uma experiência individualista ou "interior", antes, pelo contrário, é uma outra coisa que, na sua essência, é abertura para os outros, para o Outro. Essa abertura conota o espaço, o local, a proxemia na qual se representa o destino comum. É o que permite estabelecer um laço estreito entre a matriz ou aura estética e a experiência ética.

2. A experiência ética

Já disse, falando do imoralismo ético, que esse termo nada tem a ver com um moralismo qualquer, tão em voga nos tempos que correm. Depois voltarei a essa questão. Entretanto, em uma palavra, quero esclarecer que a uma moral imposta e abstrata pretendo opor uma ética que se origina num grupo determinado, que é, fundamentalmente, empática (Einfühlung), proxêmica. A história pode dignificar uma moral (uma política); o espaço, por sua vez, vai favorecer uma estética e produzir uma ética.

Vimos que a comunidade emocional é instável, aberta, o que pode torná-la, sob muitos aspectos, anômica com relação

---

10   Citado por A. Medam, *Arcanes de Naples*, Paris, Ed. des Autres, 1979, p. 202.

à moral estabelecida. Ao mesmo tempo, ela não deixa de suscitar um conformismo estrito entre seus membros. Existe uma
"lei do meio", à qual é muito difícil escapar. Conhecemos
os aspectos extremos dela: a máfia, as associações de ladrões.
Mas, com frequência, esquecemos que no meio dos negó-
cios impera uma conformidade semelhante; da mesma forma
no meio intelectual, e poderíamos multiplicar os exemplos à
vontade. É verdade que, sendo diferenciado o grau de vincu-
lação, nesses diferentes meios, a fidelidade às regras do grupo,
frequentemente não ditas, está sujeita a múltiplas variações.
É, no entanto, difícil ignorá-la por completo. Seja como for,
de maneira não normativa, é importante avaliar seus efeitos,
seu caráter marcante e, talvez, sua dimensão prospectiva. Com
efeito, a partir da *doxa* individualista, de que já falei, a persistência de um *ethos* de grupo é, muitas vezes, considerada um
arcaísmo em vias de extinção. Mas parece que, na verdade, está
ocorrendo uma evolução. Assim, tanto no que diz respeito
aos pequenos grupos produtivos, dos quais permanece como
símbolo a Silicon Valley, quanto ao que se chama "grupismo"
dentro da empresa nipônica, percebemos que a tendência
comunitária pode caminhar lado a lado com o desempenho
tecnológico ou econômico. Fazendo o balanço dos diversos
estudos a esse respeito, A. Berque constata que "o grupismo
difere do gregarismo no fato de que cada membro do grupo,
conscientemente ou não, se esforça, sobretudo, para servir ao
interesse do grupo em vez de, simplesmente, procurar refúgio
nele".[11] O termo "grupismo", ainda que não seja especialmente eufônico, tem o mérito de sublinhar a força desse processo
de identificação, que possibilita o devotamento graças ao qual
se reforça aquilo que é comum a todos.

---

11   A. Berque, *Vivre l'espace au Japon*, Paris, PUF, 1982, p. 167 e 169.

Talvez seja prematuro extrapolar o significado de alguns exemplos ainda isolados, ou de uma situação particular, como a do Japão. Se esses exemplos não valem mais, tampouco valem menos do que os que privilegiam o narcisismo contemporâneo. Que mais não seja, eles se referem à esfera econômica, fetiche por excelência da ideologia dominante, ao menos agora. Vejo aí uma ilustração a mais do holismo que se esboça sob nossos olhos. Forçando as portas da *privacy*, o sentimento ganha espaço, ou, em certos países, reforça sua presença no espaço público e produz uma forma de solidariedade que não se pode mais ignorar. É necessário notar que, além do desenvolvimento tecnológico, essa solidariedade reinvestiu a forma comunitária que acreditávamos haver ultrapassado.

Podemos nos interrogar sobre a comunidade, sobre a nostalgia que lhe serve de fundamento, ou sobre as utilizações políticas que dela foram feitas. De minha parte, repito, trata-se de uma "forma" no sentido que dei a esse termo,[12] que ela tenha existido ou não, tanto faz. Basta que essa ideia, como um pano de fundo, permita ressaltar tal ou tal realização social, que pode ser imperfeita, até mesmo pontual, mas que nem por isso deixa de exprimir a cristalização particular de sentimentos comuns. Nessa perspectiva "formista", a comunidade vai se caracterizar menos por um projeto (*pro-jectum*) voltado para o futuro do que pela efetuação *in actu* da pulsão de estar-junto. Observando expressões da vida quotidiana, tais como dar calor humano, cerrar fileiras, fazer uma corrente

---

12   No momento em que concluo estas páginas, acaba de surgir uma análise aguda e um tanto depurada: J.-L. Nancy, *La communauté désoeuvrée*, Paris, C. Bourgois, 1986; sobre o "formismo", ver meu livro, M. Maffesoli, *La connaissance ordinaire*, Paris, Klincksieck, 1985. Sobre o tribalismo e a tecnologia, cf. a tese de F. Casalegno, *Cybersocialités*, Paris V, jun. 2000.

para a frente, podemos pensar que talvez esteja aí o fundamento mais simples da ética comunitária. Alguns psicólogos
destacaram que existe uma tendência *glicomorfa* nas relações
humanas. Sem entrar no mérito da questão, parece-me que
essa é a viscosidade que se exprime no estar-junto comunitário. Assim, insisto, para evitar qualquer desvio moralizante,
que é, por força das circunstâncias, porque existe proximidade (promiscuidade), porque existe a partilha de um mesmo
território (seja ele real ou simbólico), que vemos nascer a ideia
comunitária e a ética que é o seu corolário.

Podemos lembrar que esse ideal comunitário é encontrado também na ideologia populista e, mais tarde, anarquista, cuja base é exatamente o ajuntamento proxêmico. Para
os anarquistas, em particular os russos Bakúnin e Herzen, a
comunidade aldeã (*obscina* ou *mir*) é a própria base do socialismo em marcha. Complementada pelas associações de artesãos
(*artels*), ela prepara uma civilização fundamentada no solidarismo.[13] O interesse dessa visão romântica ultrapassa a habitual dicotomia própria do burguesismo da época, tanto na sua
versão capitalista quanto na sua versão marxista. Com efeito,
o devir humano é considerado como um todo. É isso que dá
à *obscina* seu aspecto prospectivo. Notamos ainda que essa forma social pôde, com razão, ser comparada com o fourierismo
e, em particular, com o falanstério. F. Venturi, em seu livro,
agora clássico, sobre o populismo russo no século XIX, faz
essa aproximação. E, o que serve muito bem a nosso propósito, repara na ligação que existe entre essas formas sociais e a
busca "de uma moralidade diferente". Ele o faz com alguma
reticência. Para ele, sobretudo no que concerne ao falanstério,

---

13   Nesse sentido ver a notável e erudita análise de B. Souvarine, *Staline,*
     aperçu historique du bolchevisme, Paris, G. Lebovici, 1985, p. 44.

essa busca faz parte do reino das "extravagâncias".[14] O que o digno historiador italiano não viu é que, para além de sua aparente funcionalidade, todo conjunto social apresenta um forte componente de sentimentos vividos em comum. São esses que suscitam essa procura de uma "moralidade diferente", que prefiro chamar de uma experiência ética.

Para retomar a oposição clássica, pode-se dizer que a sociedade está voltada para a história futura. A comunidade, por sua vez, esgota sua energia na própria criação (ou, eventualmente, recreação).[15] Isso é o que permite estabelecer um laço entre a ética comunitária e a solidariedade. Um dos aspectos particularmente marcantes dessa ligação é o desenvolvimento do ritual. Como sabemos, este não é, propriamente, teleológico, isto é, orientado para um fim, pelo contrário, ele é repetitivo e, por isso mesmo, dá segurança. Sua única função é reafirmar o sentimento que um dado grupo tem de si mesmo. O exemplo das festas *corrobori*, mencionado por Durkheim, é muito esclarecedor nesse sentido. O ritual exprime o retorno do mesmo. No caso, por meio da multiplicidade dos gestos rotineiros ou quotidianos, o ritual lembra à comunidade que ela "é um corpo". Sem a necessidade de verbalizar isso, o ritual serve de anamnese à solidariedade e, como indica L.-V. Thomas, "implica a mobilização da comunidade". Como dizia há pouco, a comunidade "esgota" sua energia na sua própria criação. O ritual, na sua repetitividade, é o indício mais seguro desse esgotamento. Mas, fazendo isso, assegura a perdurância do grupo. Foi esse paradoxo que o antropólogo da morte viu

---

14   F. Venturi, *Les intellectuels, le peuple et la révolution*, Paris, Gallimard, 1972, p. 230. Cf. também o notável livro de P. Tacussel, *Charles Fourier, le jeu des passions*, Paris, DDB, 2000.

15   **N.T.:** O autor faz um jogo de palavras: *création/recréation*, quer dizer, criação-recriação/recreação.

muito bem a propósito do ritual funerário que restaura "o ideal comunitário que reconcilia(ria) o homem com a morte, e com a vida".[16] Como vou explicar adiante, há momentos em que a comunidade de destino é sentida com maior acuidade. Nessas ocasiões, por condensação progressiva, a atenção se volta para aquilo que une. União de certo modo pura, sem conteúdo preciso. União para enfrentar em conjunto, de maneira quase animal, a presença da morte, a presença em face da morte. A história, a política e a moral *superam-na no drama* (*dramein*) que evolui em função dos problemas que se colocam e os resolve, ou tenta fazê-lo. O Destino, a estética e a ética, pelo contrário, *esgotam-na num trágico* que se apoia no instante eterno e faz brotar, graças a isso, uma solidariedade que lhe é própria.

Viver sua morte quotidiana poderá ser o resultado de um sentimento coletivo que ocupa um lugar privilegiado na vida social. É essa sensibilidade comum que favorece um *ethos* centrado na proximidade. Isso significa, singelamente, uma maneira de ser alternativa, tanto no que diz respeito à produção quanto à repartição dos bens (econômicos ou simbólicos). Em sua análise das multidões, por vezes sumária, mas sempre rica em lampejos de lucidez, G. Le Bon observa que "as regras derivadas da equidade teórica pura não poderiam conduzir" as multidões, e que, em geral, a impressão desempenha nesse processo um papel importante.[17] Isso significa que a própria justiça está subordinada à experiência próxima, que a justiça abstrata e terna

---

16 L.-V. Thomas, *Rites de mort*, Paris, Fayard, 1985, p. 16 e 277. Podemos também notar que J.-L. Nancy, *op. cit.*, p. 42 e segs., faz a aproximação entre comunidade e morte. Sobre o aspecto cíclico e trágico do ritual, remeto a meu livro, M. Maffesoli, *La conquête du présent*, Paris, DDB, 1998.

17 G. Le Bon. *Psychologie des foules*, Paris, Retz, Pref. de A. Akoun, 1975, p. 42.

é relativizada pelo sentimento (seja ele de ódio ou de amor)
vivido num território dado. Numerosos relatos, quer falem
de carnificinas, quer falem de atos de generosidade, ilustram
essa afirmação geral. O comerciante doutrinariamente racista
protegerá o árabe da esquina, assim como o pequeno-burguês
"securitário" não denunciará o pequeno vigarista do bairro, e
assim por diante. Não é só a máfia que tem a lei do silêncio. Os
policiais que fazem investigações numa aldeia, ou num bairro,
sabem muito bem disso. Ora, o denominador comum dessas
atitudes (que mereceriam um tratamento específico) é a solidariedade oriunda de um sentimento partilhado.

Ampliando um pouco o território, encontramos, ajudados
pela mídia, reações similares no nível da "aldeia global". Não
é uma lei de justiça abstrata que favorece o desenvolvimento
dos *resto du coeur*, dos grupos de amigos que se encarregam de
desempregados, ou outras manifestações caritativas. Podemos
mesmo dizer que, numa perspectiva linear e racional de justiça,
essas manifestações são um pouco anacrônicas, para não dizer
reacionárias. Artesanais e pontuais, elas não se prendem ao cerne de tal ou tal problema. Podem servir de álibi e representar o
papel de curativo numa perna de pau. E devemos admitir que
isso funciona e mobiliza as emoções coletivas. Podemos inter-
rogar-nos sobre o significado, ou sobre a recuperação política,
dessas manifestações. Podemos, igualmente, e é este o objetivo
dessas notas, sublinhar, por um lado, que não se espera mais,
apenas, do Estado avassalador que se encarregue de certos problemas, cujos efeitos são visíveis e próximos, e, por outro, que
a sinergia dessas ações, pelo viés da imagem televisiva, pode ter
um resultado não negligenciável. Em um e outro caso, aquilo
que está mais perto, ou a realidade longínqua, aproximada pela
imagem, repercute fortemente em cada um, constituindo, assim, uma emoção coletiva. Trata-se de um mecanismo que está
longe de ser secundário. Reencontra-se aqui a ideia holística

(global) que orienta nossas afirmações: a sensibilidade comum que fundamenta os exemplos dados vem do fato de se *participar* de, ou *corresponder* a, no sentido estrito ou talvez místico desses termos, um *ethos* comum. Para formular uma "lei" sociológica, direi, como um *leitmotiv*, que se privilegia menos aquilo a que cada um *vai aderir voluntariamente* (perspectiva contratual e mecânica) do que aquilo que é *emocionalmente comum a todos* (perspectiva sensível e orgânica).

Essa é a experiência ética que a racionalização da existência havia banido. É isso, também, que a renovação da ordem moral traduz de modo bastante equivocado, pois pretende racionalizar e universalizar reações ou situações pontuais, apresentando-as como novos *a priori*, quando sua força provém do fato de estarem ligadas a uma sensibilidade local. E não é senão *a posteriori* que elas se encadeiam num efeito de estrutura global. O ideal comunitário de bairro ou aldeia age mais por contaminação do imaginário coletivo do que por persuasão de uma razão social. Para retomar um termo que foi empregado por W. Benjamin em sua reflexão sobre a obra de arte, direi que estamos na presença de uma *aura* específica, que num movimento de *feedback* provém do corpo social e de retorno o determina. O que resumirei da seguinte maneira: *a sensibilidade coletiva originária da forma estética acaba por constituir uma relação ética.*

É conveniente insistir nesse ponto, mesmo que seja apenas para relativizar os *ukasses* positivistas que só querem ver no imaginário coletivo um figurante supérfluo que se pode dispensar em tempos de crise. Com efeito, podemos dizer que ele toma as formas mais diversas. Às vezes se manifesta de maneira macroscópica e informa os grandes movimentos de massa, as diversas cruzadas, revoltas pontuais, ou revoluções políticas e econômicas. Às vezes, pelo contrário, ele se cristaliza de maneira microscópica e vai irrigar em profundidade a vida de uma multiplicidade de grupos sociais. Às vezes, finalmente, ocorre uma continuidade entre este último processo (esotérico) e as manifestações gerais (exotéricas) antes indicadas. Seja como for, trata-se realmente de uma *aura*, de órbita mais ou menos extensa, que serve de matriz a essa realidade, sempre e novamente admirável, que é a sociedade.

É dessa perspectiva que devemos apreciar o *ethos* da comunidade. Aquilo que chamo *aura* evita que nos pronunciemos sobre a sua existência ou não existência. Parece que tudo funciona "como se" ela existisse. Nesse sentido podemos compreender o tipo-ideal da "comunidade emocional" (M. Weber), a categoria "orgiástico-extática" (K. Mannheim), ou aquilo que chamei de forma dionisíaca. Cada um desses exemplos é uma caricatura, no sentido simples do termo, do sair de si, *ex-stase*, que está na lógica do ato social.[18] Parece que esse "êxtase" é muito mais eficaz na medida em que diz respeito aos pequenos grupos, e por isso se torna mais perceptível para o observador social. É para dar conta desse conjunto complexo que proponho usar, como metáfora, os termos de "tribo" ou de "tribalismo". Sem adorná-los, cada vez, de aspas, pretendo insistir no aspecto "coesivo" da partilha sentimental de valores, de lugares ou de ideais que estão, ao mesmo tempo, absolutamente circunscritos (localismo) e que são encontrados, sob diversas modulações, em numerosas experiências sociais. É esse vaivém constante entre o estático (espacial) e o

---

18   O que quer que possa parecer a certos espíritos apressados, a temática orgiástico-extática é uma constante na tradição sociológica. Podemos assinalar M. Weber, *Économie et société, op. cit.*, p. 565; K. Mannheim, *Idéologie et utopie*, Paris, Rivière, 1956, p. 154; certamente, é necessário fazer referência a E. Durkheim, *Les formes élémentaires de la vie religieuse*, Paris, PUF, 1968, reed. Le Livre de Poche, 1991. Remeto também ao meu ensaio, *L'ombre de Dionysos, contribution à une sociologie de l'orgie* (1982), reed. Le Livre de Poche, 1991 (Trad. bras. pela Ed. Graal, Rio de Janeiro).

dinâmico (devir), o anedótico e o ontológico, o ordinário e o antropológico, que faz da análise da sensibilidade coletiva um instrumento de primeira ordem. Para ilustrar essa observação epistemológica darei apenas um exemplo, o do povo judeu.

Sem poder, nem querer fazer dele uma análise específica, e contentando-nos de indicá-lo como uma direção de pesquisa, podemos enfatizar que esse povo é particularmente representativo da antinomia que acabo de apontar. Por um lado, ele viveu intensamente o sentimento coletivo da tribo, o que não o impediu, ao longo dos séculos, de assegurar a permanência de valores gerais e (sem dar a este termo um sentido pejorativo) cosmopolitas. Religião tribal, que lhe permite resistir à assimilação, modos de vida tribais, que, verdadeiramente, fundamentam a comunidade de destino, e, também, sexualidade tribal que assegura a permanência, por meio das múltiplas carnificinas e vicissitudes de que foi objeto. Circulação da palavra, circulação dos bens, circulação do sexo, temos aí três eixos antropológicos em torno dos quais se articula, geralmente, a vida social. No caso, eles têm um forte componente tribal. Vários historiadores e sociólogos assinalaram a vitalidade, em inúmeros países, do *ghetto*, do *shetl*, da sinagoga, sua ambiência e sua forte coesão. E, como num reservatório de energia, é a partir desses lugares que se elabora uma boa parte daquilo que será a civilização da cidade na Idade Média, da metrópole da Idade Moderna e, talvez, da megalópole de nossos dias. Dessa maneira *ethos* da *Gemeinschaft*, da tribo, pontua regularmente o devir civilizacional do Ocidente.[19] Como já

---

19   Certamente é necessário fazer referência ao livro clássico de L. Wirth, *Le ghetto*, Paris, Champ Urbain, 1980. Para a metrópole do império austro-húngaro, W. M. Johnston, *L'esprit viennois*, Paris, PUF, 1985, p. 25-28. Sobre os trabalhos da Escola de Chicago, ver U. Hannerz, *Explorer la ville*, Paris, Minuit, p. 62-67 e 91.

disse, isto é uma indicação para a pesquisa. De fato, numerosos domínios, intelectual, econômico, espiritual, foram in-
fluenciados, de um modo prospectivo, por aquilo que saiu do
caldo de cultura emocional das comunidades judias.

Não podemos exprimir de maneira melhor a realização
desse "universal concreto" que foi um dos principais problemas da filosofia do século XIX. Extrapolando, de maneira
heurística, o exemplo que acaba de ser apresentado, é possível dizer que, paradoxalmente, são os valores tribais que, em
certos momentos, caracterizam uma época. Com efeito, esses
valores podem cristalizar por atacado o que em seguida vai
difractar-se no conjunto do corpo social. O momento tribal
pode ser comparado ao período de gestação: alguma coisa é
aperfeiçoada, provada, experimentada, antes de decolar para
uma expansão maior. Nesse sentido, a vida quotidiana poderia ser, segundo a expressão de W. Benjamin, o "concreto
mais extremo". Esta síntese permite compreender que o vivido e a experiência partilhados podem ser o fogo depurador do
processo alquímico que permite a transmutação. O nada ou
o quase nada se torna uma totalidade. Os rituais minúsculos
se invertem até se tornarem base da socialidade. *Multum in
parvo*. Na verdade, o resíduo é tão importante que é difícil
prever o que de minúsculo se tornará macroscópico. Mas não
se trata disto, basta, como eu disse, indicar a "forma" com que
nascem e crescem os valores sociais.

Podemos, então, dizer que a ética é, de certa forma, o cimento que fará com que diversos elementos de um conjunto
dado formem um todo. Mas, se foi bem compreendido o que
acabo de explicar, é preciso dar a este termo seu sentido mais
simples. Não o sentido de uma teorização qualquer *a priori*,
mas daquilo que, no dia a dia, serve de cadinho às emoções
e aos sentimentos coletivos. Aquilo que faz com que, bem ou
mal, uns se ajustem aos outros num território determinado,

e que uns e outros se ajustem ao meio natural. Essa acomodação é, certamente, relativa. Elaborada na felicidade e no
infortúnio, originária de relações frequentemente conflituais,
ela é flexível, mas nem por isso deixa de apresentar uma lon-
gevidade espantosa. Ela é, na verdade, a expressão mais característica do querer-viver social. Torna-se necessário, portanto,
falar um pouco mais sobre algumas manifestações dessa ética
corriqueira, porque, como expressão da sensibilidade coletiva,
ela nos introduz, a pleno vapor, na vida dessas tribos que, na
massa, constituem a sociedade contemporânea.

3. O costume

De Aristóteles a Mauss, passando por Tomás de Aquino,
é longa a lista dos que se interrogaram sobre a importância do
habitus (exis). Trata-se de um termo que, atualmente, está trans-
posto para a *doxa* sociológica.[20] Isto é ótimo, pois configura uma
temática de importância fundamental. Remete ao banal, à vida
de todos os dias, em uma palavra, ao costume, que segundo G.
Simmel é "uma das formas mais típicas da vida social". Quando sabemos a importância que este último dá à "forma", que
eficácia ele lhe confere, podemos imaginar que não se trata de
uma palavra vã. Um pouco mais adiante ele esclarece: "O costume determina a vida social como o faria uma potência ideal."[21]
Somos remetidos a uma ação pertinaz que inscreve profundamente nos seres e nas coisas a maneira pela qual eles aparecem.

---

20   Cf., por exemplo, o artigo de G. Rist, "La notion médiévale d'*habitus*
      dans la sociologie de P. Bourdieu". In: *Revue européenne des sciences
      sociales*, XXII, 1984, p. 67, 201-212; e M. Maffesoli, *La connaissance
      ordinaire, op. cit.*, p. 224 e notas 60 e 61.

21   G. Simmel, "Problèmes de la sociologie des religions". In: *Archives des
      sciences sociales des religions*, Paris, CNRS, 1974, nº17, p. 17 e 21; e P.
      Watier, *G. Simmel, la sociologie et l'expérience*, Paris, Klincksieck, 1986.

Trata-se quase de um código genético que limita e delimita a maneira de estar com os outros muito mais do que poderia fazê-lo a situação econômica ou política. É nesse sentido que, depois da *estética* (o sentir em comum) e da *ética* (o laço coletivo), o *costume* é, seguramente, uma boa maneira de caracterizar a vida quotidiana dos grupos contemporâneos.

"Dar um sentido mais puro às palavras da tribo." Faço minha esta preocupação de Mallarmé e, como os outros "miniconceitos" empregados antes, pretendo dar à palavra costume sua acepção mais ampla, a mais próxima também de sua etimologia (*consuetudo*): o conjunto dos usos comuns que permite a um conjunto social reconhecer-se como aquilo que é. Trata-se de um laço misterioso, que não é formalizado e verbalizado, como tal, senão acessória e raramente (os tratados de etiqueta ou de boas maneiras, por exemplo). Não é menos certo que ele trabalha, que ele "agita" profundamente toda a sociedade. O costume, nesse sentido, é o não dito, o "resíduo" que fundamenta o estar-junto. Propus chamar isto de *centralidade subterrânea* ou "potência" social, em oposição a poder. Esta ideia reencontra-se em Goffman (*A vida subterrânea*) e, mais adiante, em Halbwachs (a *Sociedade silenciosa*).[22] O que essas expressões pretendem sublinhar é que uma boa parte da existência social escapa à ordem da racionalidade instrumental, não se deixa finalizar e não pode se reduzir a uma simples lógica da dominação. A duplicidade, o ardil, o querer-viver se exprimem por meio de uma multiplicidade de rituais, de situações, de gestuais, de experiências, que delimitam um espaço de liberdade. Por notar demais a vida alienada, por querer

---

22   Desenvolvi essa ideia de "centralidade subterrânea" em meus livros já citados, para M. Halbwachs, *La mémoire collective*, op. cit., p. 130-138, sobre a análise nesse sentido dos livros de Goffman, cf. U. Hannerz, *Explorer la ville*, op. cit., p. 271 e segs.

demais uma existência perfeita ou autêntica, costuma-se esquecer, de maneira obstinada, que a quotidianidade se fundamenta em uma série de liberdades intersticiais e relativas. Da mesma maneira como se reconheceu para a economia, pode-se concordar com o fato de que existe uma *sociedade em negativo*, da qual é fácil seguir as pegadas nas suas diversas e minúsculas manifestações.

Faço minha a colocação de Durkheim e de sua escola, que sempre privilegiaram a sacralização das relações sociais. De minha parte, tenho dito em várias ocasiões, e vou repeti-lo sempre: considero todo conjunto dado, desde o microgrupo até a estruturação estatal, como uma expressão do divino social, de uma transcendência específica, ainda que imanente. Sabemos, no entanto, e numerosos historiadores das religiões o mostraram bem, que o sagrado é misterioso, assustador, inquietante, e que é necessário cativá-lo e negociar com ele. Os costumes têm essa função. Eles são para a vida quotidiana aquilo que o ritual é para a vida religiosa *stricto sensu*.[23] Além disso, é importante observar que, particularmente, na religião popular é muito difícil fazer uma separação entre costumes e rituais canonicamente estabelecidos, o que, aliás, tem sido a tarefa constante da hierarquia eclesiástica. Podemos dizer, então, que da mesma maneira que o ritual litúrgico torna a Igreja visível, o costume faz uma comunidade existir como tal. Por outro lado, em um momento em que a separação não está totalmente nítida, se podemos acreditar em P. Brown, é trocando as relíquias, na forma do costume, que as diversas igrejas locais irão constituir-se como rede. Essas relíquias servem de cimento no interior de uma pequena

---

23   Sobre o *tremendum* cf. R. Otto, *Le sacré*, Paris, Payot, 1921, no que se refere à religião popular, M. Meslin, "Le phénomène religieux populaire". In: *Les religions populaires*, Quebec, Presses Université Laval, 1972.

comunidade. Elas permitem que as comunidades se unam e assim transformem "a distância com relação ao sagrado em profunda alegria de proximidade".[24]

Toda organização *in statu nascendi* é algo de fascinante para o sociólogo. As relações interindividuais ainda não estão fixadas, e as estruturas sociais ainda têm a flexibilidade da juventude. Ao mesmo tempo, é importante encontrar pontos de comparação para poder formalizar aquilo que se observa. Nesse sentido, a análise do historiador da civilização cristã a partir dos microgrupos locais é das mais pertinentes. Ainda que a título de hipótese de trabalho, certamente é possível aplicar o processo duplo de *religação* social e de negociação com o sagrado, que ocorria nas primeiras comunidades cristãs, às diversas tribos: que se fazem e se desfazem *in praesenti*. Sob mais de um aspecto a semelhança é esclarecedora: organização, reunião em torno de um herói epônimo, papel da imagem, sensibilidade comum etc., mas o que fundamenta o conjunto é a inscrição local, a espacialização e os mecanismos de solidariedade que são seu corolário. Isso, aliás, é o que chamei anteriormente de sacralização das relações sociais: o mecanismo complexo das dádivas e contradádivas que se estabelece entre as diversas pessoas, por um lado, e entre o conjunto assim constituído e um meio dado, por outro. Se as trocas são "reais" ou são trocas simbólicas tem pouca importância; na

---

24   P. Brown, *Le culte des saints*, trad. A. Rousselle, Paris, Cerf, 1984, p. 118. Sobre a "reliança" contemporânea, sem compartilhar de suas numerosas análises pessimistas ou de suas esperanças, remeto ao livro bem informado de M. Bolle de Bal, *La tentation communautaire, les paradoxes de la reliance et de la contre-culture*, Bruxelas, Université de Bruxelles, 1985, e *Voyages au coeur des sciences humaines. De la reliance*, L'Harmattan, 1996.

verdade, a comunicação, no seu sentido mais amplo, utiliza caminhos os mais diversos.

O termo "proxemia", proposto pela Escola de Palo Alto, parece dar conta, perfeitamente, dos dois elementos, o natural e o cultural, dessa comunicação. A. Berque, por sua vez, salienta o aspecto "trajetivo" (objetivo e subjetivo) de tal relação. Talvez fosse necessário, simplesmente, recorrer à antiga noção espacial de bairro e à sua conotação afetiva.[25] Termo em desuso, mas que ressurge hoje em dia, sob a pena de diversos observadores sociais, sinal de que ele já existe em várias cabeças. Esse "bairro" pode assumir matizes bem diversos. Ele pode, delimitado por um conjunto de ruas, designar uma área libidinalmente investida (bairro "quente", do "vício" etc.), fazer referência a um conjunto comercial ou a um ponto nodal dos transportes coletivos, isso pouco importa. Na verdade, trata-se de um espaço público que conjuga uma certa funcionalidade com uma inegável carga simbólica. Inscrevendo-se profundamente no imaginário coletivo, ele é, entretanto, constituído pelo entrecruzamento de situações de momentos, de espaços e de gente comum; e, por outro lado, na maior parte das vezes, ele é falado por meio dos estereótipos mais banais. O *square*, a rua, a tabacaria da esquina, o jornaleiro etc. Aí estão, conforme os centros de interesse ou de necessidade, outras tantas pontuações triviais da socialidade. Entretanto, é essa

---

25   A Escola de Palo Alto é agora bastante conhecida na França, encontramos geralmente as obras de Bateson, Watzlawick, traduzidas nas Éditions du Seuil, cf. o "digest" proposto por Y. Winkin: *La nouvelle communication*, Paris, Seuil, 1982; o termo "trajetivo" é utilizado por A. Berque em seu artigo "Expressing Korean mediance", *op. cit*. Sobre o bairro cf. K. Noschis, *La signification affective du quartier*, Paris, Librairie des Méridiens, 1983, e F. Pelletier, "Lecture anthropologique du quartier". In: *Espace et société*, Paris, Anthropos, 1975, n° 15.

pontuação que suscita a *aura* específica de tal ou tal bairro. E é de propósito que emprego esse termo, na medida em que ele traduz muito bem o movimento complexo da atmosfera que emana dos lugares, das atividades, e que lhes confere em retorno uma colaboração e um odor particulares. Talvez seja essa espiritualidade materialista, de que E. Morin fala poeticamente a propósito de certo bairro de Nova Iorque, que desfila talento, ainda que apoiado na "ausência de talento dos indivíduos". E estende esse talento à cidade inteira, que se torna obra-prima, ao passo que "as vidas são lamentáveis". Porém, prossegue ele, "... se você se deixa possuir pela cidade, se você se agarra aos fluxos de energia, se as forças da morte que estão aí para triturar você lhe despertam a vontade de viver, então Nova Iorque psicodeliza você".[26]

Essa metáfora exprime perfeitamente o vaivém constante entre o estereótipo consuetudinário e o arquétipo fundador. A meu ver, é esse processo de constante reversibilidade que Gilbert Durand chama de "trajeto antropológico". No caso, a estreita conexão que existe entre as grandes obras da cultura e aquela "cultura" vivida no dia a dia constitui o cimento essencial de toda vida societal. Essa "cultura", causa de grande admiração para muitos, é feita do conjunto desses pequenos "nadas" que, por sedimentação, constituem um sistema significante. É impossível apresentar uma lista exaustiva deles, que, como tal, constituiria um programa de pesquisa dos mais pertinentes para a atualidade. Ela pode ir do fato culinário ao imaginário do eletrodoméstico, sem esquecer a publicidade, o turismo de massa,

---

26   E. Morin e K. Appel, *New York*, Paris, Galilée, 1984, p. 64. Sobre o "trajeto antropológico" penso naturalmente no livro clássico de G. Durand, *Les structures anthropologiques de l'imaginaire*, Paris, Bordas, 1969.

o ressurgimento e a multiplicação das ocasiões festivas.[27] Bem se vê que são coisas que dão conta de uma sensibilidade coletiva, sem muito que ver com a dominância econômico-política que caracterizou a Modernidade. Essa sensibilidade não mais se inscreve em uma racionalidade orientada e teleológica (a *Zweckrationalität* weberiana), mas é vivida no presente, e se inscreve em um espaço dado, *hic et nunc*. E, assim sendo, faz "cultura" no quotidiano. Permite a emergência de valores verdadeiros, às vezes surpreendentes ou chocantes, mas que expressam uma dinâmica inegável (que talvez seja necessário aproximar do que M. Weber chama *Wertrationalität*).

É a compreensão do costume como fato cultural que pode permitir uma apreciação da vitalidade das tribos metropolitanas. É delas que emana essa *aura* (a cultura informal) na qual, *volens nolens*, estamos todos imersos. Numerosos são os exemplos que poderíamos dar nesse sentido. E todos têm como denominador comum o fato de remeter à proxemia. Como, no sentido mais simples do termo, essas redes de amizade, que não têm outra finalidade senão se reunir sem objetivo, sem projeto específico, e que cada vez mais compõem a vida quotidiana dos grandes conjuntos. Algumas pesquisas mostram muito bem que elas tornam a estrutura associativa obsoleta.[28] Esta última se pretendia flexível, próxima dos usuários, em contato direto com seus problemas. No entanto, ela era demasiado teleológica,

---

27   O Centre d'Études sur l'Actuel et le Quotidien da Sorbonne (Paris V) se especializa nesse gênero de pesquisas. Para exemplificar, remeto aos números da revista *Sociétés*, Paris, Masson, nº 8 (Turismo), nº 7 (Cozinha), bem como ao artigo de H. Strohl, "L'électroménager". In: *Sociétés*, nº 9.

28   Ver J. C. Kaufmann, *Le repli domestique*, Paris, Méridiens Klincksieck, 1988. Sobre as redes e sua formalização: U. Hannerz, *Explorer la ville*, *op. cit.*, p. 210-252. Sobre o quotidiano em geral, cf. M. Maffesoli, *La conquête du présent* (1979), reed. DDB, 1998.

organizada, apoiando-se, na maior parte do tempo, em uma ideologia política ou religiosa no sentido abstrato (longínquo) do termo. Nas redes de amizade, a *religação* é vivida *por ela mesma*, sem qualquer projeção, seja qual for. Além disso, as redes de amizade podem ser das mais pontuais. Com o auxílio da tecnologia, como, por exemplo, nos reagrupamentos favorecidos pelo minitel, é no quadro efêmero de tal ou tal ocasião específica que um certo número de pessoas vai se (re)encontrar. Essa ocasião pode suscitar relações contínuas, ou não. O que ela não deixa de fazer, em todo caso, é criar "cadeias" de amizade que, segundo o modelo formal das redes analisadas pela sociologia americana, permitem uma multiplicação das relações por meio, apenas, do jogo da proxemia: alguém me apresenta a alguém que conhece outro alguém etc.

Tal encadeamento proxêmico, sem projeto, não deixa de apresentar efeitos secundários. Como o da ajuda mútua. Trata-se do resultado de uma antiga sabedoria. Essa sabedoria popular, na qual é de bom-tom não acreditar, e que sabe que, em todos os sentidos do termo, a "vida é dura para os pobres... o dinheiro, difícil de ganhar, e que, por isso, entre próximos, se devem ajuda e assistência".[29] E. Poulat resume assim o substrato popular da ideologia "democristã". É um modelo que merece atenção sob mais de um aspecto, pois, para além da democracia cristã *stricto sensu*, pode-se escutar o eco daquilo que tem sido a doutrina social tomista há séculos, e que teve bastante efeito na formação de uma simbólica comum. Dessa maneira, ao lado de uma análise sócio-histórica, podemos igualmente enfatizar a dimensão socioantropológica, e sublinhar a ligação íntima que existe entre a proxemia e a

---

29   E. Poulat, *Catholicisme, démocratie et socialisme* (le mouvement catholique et Mgr Benigni, de la naissance du socialisme à la victoire du fascisme), Paris, Casterman, 1977, p. 58.

solidariedade. De alguma forma, existe ajuda mútua por força das circunstâncias. Não se trata de um puro desinteresse: a ajuda dada pode sempre ser ressarcida no dia em que se tiver necessidade dela. Mas, agindo assim, cada um está inserido em um processo de correspondência, de participação, que privilegia o corpo coletivo.

Essa estreita conexão é também discreta. Com efeito, não é apenas por meias palavras que se fala dos percalços e peripécias pessoais, familiares e profissionais. Essa oralidade funciona como um rumor que, neste caso, tem uma função intrínseca: ela delimita o território onde se efetua a separação. Ali o estrangeiro não participa, e, se necessário for, diante da imprensa, da autoridade pública, dos curiosos, será sempre lembrado que "roupa suja se lava em casa". Reflexo de sobrevivência quanto à ação delinquente, mas que pode, também, aplicar-se às ações e aos momentos felizes. De fato, sob suas diversas modulações, a palavra consuetudinária, o segredo partilhado, é o cimento primordial de toda socialidade. G. Simmel demonstrou isso muito bem, de uma maneira paroxística, no caso extremo das sociedades secretas, mas podemos encontrar a mesma coisa referida a pesquisas sobre a medicina tradicional, as quais demonstram que o corpo individual só pode ser curado mediante o corpo coletivo.[30] Trata-se de uma metáfora interessante. Sabemos que essa medicina considera cada corpo como um todo que é necessário tratar como tal, mas é igualmente necessário observar que essa visão global é frequentemente reduplicada pelo fato de o corpo individual total ser tributário do todo que é a comunidade.

---

30 Cf., nesse sentido, o exemplo africano. In: E. de Rosny, *Les yeux de ma chèvre*, Paris, Plon, 1981, p. 81 e 111. Sobre o boato e sua função, cf. J.-B. Renard e V. Campion, *Légendes urbaines*, Payot, 1992. O artigo de G. Simmel, "Les sociétés secrètes". In: *Nouvelle Revue de Psychanalyse*, Paris, Gallimard, 1977.

Essa observação permite dar sentido pleno ao termo "ajuda mútua". Ele não remete, apenas, às ações mecânicas, que são as relações de boa vizinhança. Na verdade, a ajuda mútua, tal como aqui a entendemos, se inscreve em uma perspectiva orgânica em que todos os elementos, por sua sinergia, fortificam o conjunto da vida. Desse modo, a ajuda mútua seria a resposta animal, "não consciente", do querer viver social. Espécie de vitalismo que "sabe", por meio do saber incorporado, que a *unicidade* é a melhor resposta ao domínio da morte, que é de alguma forma um desafio a este. Sobre esse assunto, deixemos a palavra ao poeta:

> "Não ser senão um com todas as coisas vivas! A estas palavras... a dura Fatalidade renuncia, a morte abandona o círculo das criaturas, e o mundo, curado da separação e do envelhecimento, resplandece com maior beleza" (Hölderlin, Hypérion).

Esse sentimento coletivo de força comum, essa sensibilidade mística que fundamenta a perdurância utilizam vetores bem triviais. Sem que seja possível analisá-los aqui, trata-se de todos esses lugares da conversação, ou, de maneira mais ampla, da convivialidade. Cabarés, cafés e outros espaços públicos que são "regiões abertas", quer dizer, lugares onde é possível dirigir-se aos outros e, por isso mesmo, dirigir-se à alteridade em geral. Partimos da ideia de sacralidade das relações sociais. Esta se exprime, principalmente, na circulação da palavra que, em geral, acompanha a circulação do alimento e da bebida. Não esqueçamos que a eucaristia cristã, que enfatiza a união dos fiéis e a união com Deus, é uma das formas acabadas da comensalidade, que se encontra em todas as religiões do mundo. Assim configura-se o fato de que, no café, no decorrer de uma refeição, dirigindo-me a outrem, é à divindade que me dirijo. Voltamos, por aí, à constatação, muitas vezes expressa, que liga o divino, o conjunto social e a proximidade.[31] A comensalidade, em suas diversas formas, é apenas a visibilização dessa complexa ligação. Entretanto, é bom lembrar que o divino é oriundo das realidades quotidianas, que ele se elabora, pouco a pouco, na partilha dos gestos simples e rotineiros. É nesse sentido que o *habitus* ou o costume servem para concretizar, para *atualizar* a dimensão ética de toda socialidade.

Basta lembrar que o costume, como expressão da sensibilidade coletiva, permite, *stricto sensu*, um *ex-tase* no quotidiano. Beber junto, jogar conversa fora, falar dos assuntos banais que pontuam a vida de todo dia provocam o "sair de si" e, por intermédio disso, criam a *aura* específica que serve de cimento para o tribalismo. Como se vê, não é necessário reduzir o êxtase a algumas situações extremas particularmente tifipicadas. O dionisíaco remete, seguramente, à promiscuidade sexual e a outras efervescências afetuais ou festivas, mas também permite compreender a elaboração das opiniões comuns, das crenças coletivas ou da *doxa* comum. Em resumo, são esses "quadros coletivos da memória", para retomar a expressão de M. Halbwachs, que permitem ressaltar o que é vivido, as "correntes de experiência".[32] Ao lado de um saber puramente intelectual, existe um conhecimento que integra também uma dimensão sensível, um conhecimento que, mais de acordo com a sua etimologia, permite "nascer junto". Esse conheci-

---

31 Um estudo dos lugares públicos nesse sentido fica em grande parte por fazer. Pesquisas sobre os "bares" estão sendo feitas sob a direção de S. Hugon no CEAQ. Enquanto isso podemos remeter a C. Bouglé, *Essais sur le régime des castes*, Paris, PUF, 1969, p. 47; cf. também U. Hannerz, *Explorer la ville, op. cit.*, p. 249 e segs.; igualmente J. M. Lacrosse *et al.*, "Normes spatiales et interactions". In: *Recherches sociologiques*, Louvain, v. VI, nº 3, 1975, p. 336, particularmente sobre os bares como "regiões abertas".

32 M. Halbwachs, *La mémoire collective, op. cit.*, p. 51 e segs.

mento encarnado tem suas raízes em um *corpus* de costumes
que merecem, como tais, uma análise específica. Isso permiti-
ria apreciar qual é a modulação contemporânea da "*palabre*",
cujos diversos rituais representaram um papel de importância
no equilíbrio social da aldeia e da comunidade tradicionais. É
possível imaginar que, correlativamente ao desenvolvimento
tecnológico, o crescimento das tribos urbanas favoreça uma
"*palabre* informatizada" que retome os rituais da antiga Ágora. Não seríamos mais confrontados, então, como ocorreu no
início, com os perigos do computador macroscópico e desconectado das realidades próximas, mas, pelo contrário, graças
ao "micro" ou à televisão por cabo, seríamos remetidos à di-
fractação infinita de uma oralidade que se dissemina cada vez
mais. O sucesso do Minitel, na França, deve ser interpretado
nesse sentido. E, em inúmeros domínios, como a educação,
o tempo livre, o trabalho em equipe e a cultura, a comunicação próxima, induzida por esse processo, se estrutura em rede
com todos os efeitos sociais que podemos imaginar.[33]

Em um primeiro momento, a ampliação e a multiplicação dos meios da comunicação de massa puderam provocar
a desintegração da cultura burguesa, fundamentada na universalidade e na valorização de alguns objetos e atitudes privi-
legiados. Podemos, entretanto, perguntar-nos se o prosseguimento dessa ampliação, e a banalização induzida por ela, não
conduz esses mesmos meios de comunicação de massa para

---

33   Podemos remeter aqui a um relatório de M. de Certeau e L. Giard,
      L'ordinaire de la communication, Paris, 1984 (Relatório do Ministério
      da Cultura); cf. da mesma forma, para um domínio mais especiali-
      zado, a tese de P. Delmas, *L'élève terminal, enjeux sociaux et finalité des
      nouvelles technologies éducatives*, Université Paris VIII, 1986, e a tese
      de F. Casalegno, *Cybersocialités*, Paris V, jun. 2000, e a de S. G. Lee,
      Médias et expérience de l'espace public, Paris V, 1999.

mais perto da vida comum. Nesse sentido, eles reinvestiriam em uma certa cultura tradicional da qual a oralidade é um vetor essencial. Isto posto, as mídias contemporâneas, não visualizando apenas as grandes obras da cultura, mas imaginando a vida de todos os dias, representariam o papel destinado às diversas formas da palavra pública: assegurar por meio do mito a coesão de um conjunto social dado. Esse mito, como sabemos, pode existir de diversas maneiras. Eu considero que existe uma função mítica que percorre transversalmente o conjunto da vida social. Um acontecimento político ou um fato corriqueiro, a vida de uma atriz, bem como a de um guru local, podem, em um dado momento, assumir uma dimensão mítica. Interrogando-se, justamente, sobre os meios de comunicação de massa, F. Dumont não deixa de sublinhar, com matizes, que estes, qualquer que seja seu conteúdo, servem principalmente para "alimentar, como nos tempos antigos, mexericos e conversações correntes... e o que antigamente se dizia do cura ou do notário, diz-se hoje de tal ou tal vedete do cinema ou da política".[34] O aspecto judicioso dessa observação não pode deixar de nos impressionar, por menos que saibamos escutar as conversas de escritório, de fábrica, de escola ou ainda essas famosas conversas de botequim, de pátio de colégio, tão instrutivas para o observador social. Eu teria mesmo uma certa tendência a ser um pouco mais radical, dizendo que está na lógica da mídia ser um *simples pretexto* para a comunicação, como podem ter sido a diatribe filosófica na Antiguidade, o sermão religioso na Idade Média ou o discurso político na Era Moderna.

---

34   F. Dumont, sobre a gênese da noção de cultura popular in: *Cultures populaires et sociétés contemporaines*, Quebec, Presses de l'Université du Québec, 1982, p. 39. Pode-se ler com proveito, do mesmo autor, *L'anthropologie en l'absence de l'homme*, Paris, PUF, 1981.

Nessas diversas formas, o conteúdo não é negligenciável para uns poucos. Mas para a maioria ele é importante porque confirma o sentimento de participar de um grupo mais amplo, de sair de si. Nesse sentido, estamos mais atentos ao continente, que serve de pano de fundo, que cria a ambiência e que, por isso, une. Em todos os casos, trata-se, antes de tudo, daquilo que permite a expressão de uma emoção comum, daquilo que faz com que nos reconheçamos em comunhão com os outros. É preciso observar se a multiplicação das televisões ou das rádios locais não irá favorecer essa sensibilidade. De qualquer modo, é uma hipótese considerável que não diminui a importância concedida ao costume. Visibilizando o próximo, esse costume produz "sociabilidade" para uma comunidade dada. Os bairros, ou mesmo os imóveis *câblés*, viverão, talvez, valores muito pouco distantes dos que animavam as tribos ou os clãs que constituíam sociedades tradicionais.

A partir daí, dando ao termo comunicação seu sentido mais forte, isto é, aquilo que estrutura a realidade social e não o que é acessório, podemos ver no costume uma de suas modulações particulares. Modulação que assume importância na medida em que, em virtude da saturação das organizações e das representações sociais formais, são os valores proxêmicos que (re)tornam à ribalta. Podemos mesmo dizer que, a essa altura dos acontecimentos, ressalta especialmente o aspecto comunicacional, já que, sem usar o pretexto de uma teleologia qualquer, ele é vivido por ele mesmo. Podemos até dizer que existe uma relação direta entre uma enfatização da comunicação sem outro objetivo senão a própria comunicação e a superação da atitude *crítica* que está ligada a uma orientação mais instrumental, mais mecanista, mais operacional da sociedade. Com a predominância da atividade comunicacional, o mundo é aceito tal como é. Isso remete ao que propus chamar de "dado social".

Daí a ligação que se pode estabelecer entre o costume e a comunicação. O mundo aceito tal e qual é, certamente, o "dado" natural com o qual se vai lidar. Esse "dado" natural se inscreve em um processo de reversibilidade, tal como a perspectiva ecológica, mas é, igualmente, o "dado" social com o qual cada um irá, estruturalmente, contar, daí o envolvimento orgânico de uns com os outros. É o que chamo aqui de tribalismo. E é a isso que nos remete a temática geral do costume. O *indivíduo* importa menos do que a *pessoa*, e esta deve representar seu papel em uma cena global, em função de regras bem precisas. Tratar-se-ia de uma regressão? Pode ser, se considerarmos a autonomia individual como o horizonte intransponível de toda a vida em sociedade. Mas, além de a antropologia nos mostrar que se trata de um valor que não é geral, nem no tempo nem no espaço, podemos concordar quanto ao fato de que o *principium individuationis* é cada vez mais contestado no próprio mundo ocidental. O que se percebe por intermédio desse barômetro que é a sensibilidade dos poetas ou dos romancistas (cf., por exemplo, o teatro de S. Beckett), ou, mais empiricamente, mediante a multiplicação das atitudes grupais que salpicam a vida de nossas sociedades. Finalmente, e isso merece ser assinalado, ocorre que certos países, que não fizeram do individualismo o fundamento de seu desenvolvimento, conhecem, atualmente, uma inegável *vitalidade*. Além do mais, exercem uma fascinação que parece duradoura. O Japão é um deles e, ainda que isso possa parecer paradoxal, a ele podemos juntar o Brasil. Tomemos um e outro desses países como protótipos, cuja *aura* é essencialmente marcada pelo ritual, cuja estrutura de base é a "tribo" (ou, se não quisermos chocar, o agrupamento orgânico), e que são, efetivamente para um e potencialmente para o outro, polos de atração do imaginário coletivo, tanto do ponto de vista existencial quanto econômico, cultural ou cultual.

Não se trata de apresentá-los como modelos acabados, mas de indicar que, alternativamente ao *princípio de autonomia*, quaisquer que sejam os nomes que se lhes queira atribuir (autogestão, autopoiesis etc.), existe um *princípio de alonomia*[35] que se apoia no ajustamento, na acomodação, na articulação orgânica com a alteridade social e natural.[36] Esse princípio se contrapõe ao modelo ativista que conforma a Modernidade. Na hipótese apresentada aqui, ele é essencialmente consuetudinário e reinveste, de maneira prospectiva, os valores tradicionais que acreditávamos ultrapassados. Com efeito, após o período do "desencantamento do mundo" (*Entzauberung*, em Weber), postulo que se assiste, agora, a um verdadeiro *reencantamento do mundo* cuja lógica tentarei traçar. Para resumir, digamos que nas massas que se difractam em tribos, ou nas tribos que se agregam em massas, esse reencantamento tem como cimento principal uma emoção ou uma sensibilidade vivida em comum. Penso, ao começar este empreendimento, nas meditações proféticas de Hölderlin, às margens aprazíveis do Neckar. Ele ligava o sentimento do que é comum, do "nacional",[37] que serve de cimento à comunidade, às "sombras dos deuses antigos, (que) tal como eram, visitavam novamente a terra...". Quando deu acordo de si nesse caminho tranquilo, havia sido submergido pelos deuses. É também na solidão do atalho de Eze que esse outro "louco", que é Nietzsche, sofreu a irrupção dionisíaca. E sua visão dela não é menos premonitória:

---

35 **N.A.:** A lei vem do exterior.

36 A. Berque analisa esse princípio de alonomia no Japão. In: *Vivre l'espace au Japon*, Paris, PUF, 1982, p. 52. Sobre o caráter marcante do ritual ordinário no Brasil, R. da Matta, *Carnavais, malandros e heróis*, Rio de Janeiro, Jorge Zahar. Sobre o Brasil em geral, cf. J. Machado, *Le Brésil, pays du présent*, Paris, DDB, 1999.

37 **N.A.:** Que designa o substrato popular.

"Hoje solitários, vós que viveis separados, um dia sereis um povo. Aqueles que se assinalaram a si mesmos um dia formarão um povo assinalado, e é desse povo que nascerá a existência que supera o homem."

Nosso *Philosophenweg*, por sua vez, passará pelas praias superpovoadas das "férias coletivas", pelas grandes lojas agitadas pela fúria consumista, pelas reuniões esportivas, com seus frenesis inquietantes, e pela multidão insignificante que se ocupa com ninharias sem finalidade determinada. Sob diversos aspectos poderia parecer que Dionísio os submergira a todos. As tribos que ele impulsiona apresentam uma perturbadora ambiguidade. Sem desprezar uma tecnologia das mais sofisticadas, elas são meio bárbaras. Talvez seja esse o signo da pós-modernidade que se anuncia. Mas, qualquer que seja ele, o princípio da realidade nos convida a levá-las em consideração, já que estão aí, e também nos lembra que, em muitos períodos, foi exatamente a barbárie que regenerou uma porção de civilizações moribundas.

CAPÍTULO 2

A Potência Subterrânea

Argumentos de uma Pesquisa

1. Aspectos do vitalismo

Há uma observação de bom senso de Emile Durkheim que, na sua própria banalidade, merece atenção: "Se a existência perdura, é que, em geral, os homens preferem-na à morte."[1]

Não vale a pena insistir na impossibilidade que numerosos intelectuais têm de compreender esse poderoso querer viver (a potência) que, apesar das diversas limitações, ou talvez graças a elas, continua a irrigar o corpo social. Em vez disso, podemos perguntar, senão por que, pelo menos o que faz essa questão impossível de ser ignorada. Vamos permanecer na ordem das banalidades, ainda que seja só para chatear esses acacianos da universidade que brincam de cientistas para fazer esquecer a inacreditável sensaboria de seu pensamento. Certos historiadores da arte assinalaram a existência de períodos em que predominam as "artes tácteis" e de outros

---

1   E. Durkheim, *Les formes élémentaires de la vie religieuse*, reed. Le Livre de Poche, 1991.

em que prevalecem as "artes ópticas"; ou ainda uma arte que deve ser "vista de perto" e outra que necessita de "distanciamento" para ser apreciada. Apoiando-se nessa dicotomia, W. Worringer elabora sua célebre oposição entre a abstração e a empatia (*Einfühlung*). Em suma, tudo o que diz respeito à empatia remete à intuição no que se refere às representações, e ao orgânico no que é da ordem da estruturação. Ou ainda, a partir da ideia de *Kunstwollen*, faz-se referência ao povo, à força coletiva que o anima, em resumo, a esse *vitalismo* que merece uma atenção particular.[2]

Evidentemente, é necessário considerar essa classificação de maneira arquetípica. Isto é, algo que não existe como forma pura, uma "irrealidade" cuja única função é servir de revelador para situações corriqueiras que, elas sim, são bem "reais".

Assim, para responder à questão que acaba de ser proposta, é possível que após um período em que prevaleceu o distanciamento, um "período óptico", que se poderia chamar, com referência à sua etimologia, de período *teórico* (*theorein*: ver), estar-se-ia entrando em um período "táctil", no qual apenas a proxemia importa. Em termos mais sociológicos, podemos dizer que aí se encontra o deslocamento do global para o local, a passagem do proletariado, como sujeito histórico ativo, para o povo, totalmente irresponsável pelo futuro. Isso nos obriga a encarar a saturação da questão do poder (isto é, do político) em sua função projetiva, e o surgimento da questão da *potência* que move, no fundo, a multiplicidade das comunidades esparsas, fracionadas e, no entanto, ligadas umas às outras em uma arquitetônica diferenciada expressa naquilo

---

2   Cf. as ocorrências no campo da história da arte. In: W. Worringer, *Abstraction et Einfühlung*, trad. fr. Klincksieck, Paris, 1978, p. 13-14.

que chamei de "harmonia conflitual".[3] É nessa perspectiva esquemática que convém apreciar a apreensão do vitalismo: o fato de que nele a vida se faz muito mais presente do que o nada. Ao invés da "separação", da alienação e da atitude crítica que a exprimem, importa agora analisar a "afirmação" da vida, o querer viver societal, que mesmo de maneira relativista serve de suporte à vida quotidiana "vista de perto".

Retomando o esquema que desenvolvi para a imagem emblemática de Dionísio, parece-me que a "potência" não deixa nunca de desempenhar um papel. Sua ação, no entanto, é ora secreta, ora discreta, ora notória. Quando não se exprime nessas formas de efervescência que são as revoltas, as festas, os levantes e outros momentos quentes das histórias humanas, ela se hiperconcentra no segredo das seitas e das vanguardas, sejam elas quais forem, e se hipoconcentra nas comunidades, nas redes, nas tribos, em suma, nos fatos menores da vida quotidiana, que são vividos por eles mesmos e não em função de uma finalidade qualquer.[4] Trata-se de uma tradição mística ou gnóstica, que se opõe à linhagem crítica ou racionalista. Mas da gnose antiga à gnose de Princeton, passando pela mística de Böhme e de Loisy,[5] da liberação dos sentidos e dos costumes aos remédios doces e às explorações

3 Cf. M. Maffesoli, *Essais sur la violence banale et fondatrice*, 2. ed., Paris, Librairie des Méridiens, 1984.

4 Utilizei essa alternação entre "hiper" e "hipo" por empréstimo à endocrinologia de Brown Sequart, em meu livro *L'ombre de Dionysos*, Paris (1982), reed. Le Livre de Poche, 1991, eu a devo a G. Durand, cf. particularmente seu artigo "La notion de limite". In: *Eranos*, 1980, Frankfurt am Main, Jahrbuch ed Insel, 1981, p. 35-79.

5 Cf., por exemplo, A. Faivre, *Eckartshausen et la théosophie chrétienne*, Paris, Klincksieck, 1969, p. 14; ou a investigação de E. Poulat sobre Loisy, *Critique et mystique*, Paris, Le Centurion, 1984, e E. Teissier e H. Laborit, *Étoile et molécules*, Paris, Grasset, 1992.

astrológicas contemporâneas, existe um mesmo fio condutor que não se rompe: o da potência. Ainda que só se possa chamar a atitude espiritual de "dionisiana", enquanto a perspectiva mais sensual remeteria ao "dionisíaco". Sabemos que uma e outra, entretanto, apoiam-se no primado da experiência, em um vitalismo profundo e em uma visão mais ou menos explícita da organicidade dos diversos elementos do cosmos. As numerosas questões que dizem respeito à saturação do político, à mudança de valores, ao fracasso do mito progressista, ao ressurgimento do qualitativo, à importância conferida ao hedonismo, à perdurância do sentimento religioso, à pregnância da imagem, que se acreditava totalmente afastada e que cada vez mais invade a nossa vida quotidiana (publicidade, televisão), têm todas elas como pano de fundo aquilo que se pode chamar de *potência* irreprimível. Trata-se de uma força bem difícil de explicar, mas da qual se podem constatar os efeitos nas diversas manifestações da socialidade: a astúcia, a autorreferência, o ceticismo, a ironia e o humor negro dentro de um mundo que é considerado em crise. Já que a crise é a crise dos poderes, naquilo que eles têm de formal, de abstrato, é essa oposição entre o *poder extrínseco* e a *potência intrínseca* que precisamos pensar com rigor, e que é a tradução sociológica da dicotomia estética (óptica-táctil) apresentada anteriormente.

A respeito desse movimento pendular, que permite compreender o (re)surgimento e o desgaste das questões na espiral do retorno do mesmo, podemos remeter a um autor canônico, Célestin Bouglé, que, mesmo sendo homem de sua época (o início do século racionalista) e de seu meio (a Escola francesa positivista), não deixa de assinalar as qualidades que existem naquilo que não é a estrita tradição ocidental. Dessa maneira, na análise, cheia de matizes, que ele faz do regime de castas, ao qual seria preciso voltar, depois de ter observado que "a terra das castas" bem poderia ser o berço do mito de Dionísio

(p. 156), Bouglé mostra que existe um balanceamento entre "a existência cheia de realidade" do mundo grego (e de seus herdeiros, poderíamos dizer) e o fato de que essa existência não é "senão uma ilusão enganosa" para o hindu (p. 154). Mas essa concepção cética se exprime também em um "sopro de sensualidade", às vezes mesmo de "brutalidade" (p. 155). Assim, para além das observações convencionais, ele não pode deixar de enfatizar que um não ativismo (diferente de passividade) pode ser dinâmico. Impossível demorar-se nessa questão. Reconheçamos ainda, com Bouglé, que à "razão ordenadora" pode se opor "a imaginação amplificadora" (p. 191), e que cada uma dessas especificidades pode ter sua própria fecundidade.[6]

Podemos, certamente, extrapolar essa ideia e ultrapassar o quadro estrito das "raças" para lhe dar a dimensão socioantropológica que nos interessa aqui. É possível que a *potência* que atua hoje tenha algo a ver com a fascinação que o pensamento e os modos de vida orientais estão exercendo. Não que eles sejam chamados a representar o papel monopolístico que teve o modelo europeu, ou que será, por algum tempo ainda, o do *american way of life*. Sob modalidades diferentes, entretanto, poderão entrar (na verdade, já entram) em uma composição intercultural que vai reativar o debate entre tradição e modernidade. Desse ponto de vista, o lugar que o Japão ocupa no imaginário contemporâneo é um indício esclarecedor. Na minha opinião, seu desempenho industrial e seu dinamismo conquistador são incompreensíveis se não tivermos em mente a forte carga tradicional e a dimensão ritual que perpassam as diferentes modulações de sua vida coletiva, cuja importância conhecemos bem. O terno com colete combina

---

6   Cf. C. Bouglé, *Essais sur le régime des castes*, 4. ed., Prefácio de L. Dumont, Paris, PUF, 1969. Remeto também a A. Daniélou, *Shiva et Dionysos*.

muito bem com o quimono no guarda-roupa da eficácia gerencial. Aí também podemos repetir que se está em presença de um "enraizamento dinâmico".[7]

Assim, no momento em que é de bom-tom lamentar (ou rejubilar-se, o que vem a dar no mesmo) o fim do social, é preciso recordar, com bom senso e lucidez, que o fim de um certo aspecto do social, a saturação evidente do político, pode, sobretudo, ressaltar um *instinto vital* que está longe de se extinguir. O catastrofismo vigente permanece, de fato, muito dialético (hegeliano), muito linear (positivista), e, ainda por cima, cristão (parusia), para conseguir apreciar as múltiplas explosões de vitalismo que caracterizam todos esses grupos ou "tribos" em fermentação constante, que se encarregam, de um modo o mais imediato, dos múltiplos aspectos de sua existência coletiva. Trata-se de politeísmo. Mas isso, como frequentemente ocorre, os intelectuais, e mais precisamente os sociólogos, só compreenderão *post festum*!

Vamos arriscar algumas metáforas. Com a fênix antiga, uma forma em declínio chama sempre outra à eclosão. E a "imaginação amplificadora" de que falamos pode nos permitir apreender que a morte da monovalência histórica ou política pode ser uma boa ocasião para recuperar novamente a matriz natural. Já indiquei esse processo: deslocamento da economia onipresente para a ecologia generalizada, ou, ainda, nos termos da Escola de Frankfurt, passagem da natureza como objeto (*Gegenstand*) à natureza como parceira (*Gegenspieler*). E os movimentos ecologistas (estruturando-se ou não em partidos), a onda dos alimentos biológicos, macrobióticos, a moda dos diversos naturalismos são, nesse sentido, indícios instrutivos. Não se

---

7   Foi o título que dei à minha tese de 3º ciclo, Grenoble, 1973, retomada no essencial in: M. Maffesoli, *Logique de la domination*, Paris, PUF, 1976.

trata de um desvio inútil no quadro de nossa reflexão, mas de um parâmetro importante, que, frequentemente, escapa aos defensores do catastrofismo, a menos que eles o reduzam ao seu componente político. Podemos pensar em E. Jünger e em sua fascinação pelos minerais. Podemos, igualmente, fazer referência a esse poeta que é J. Lacarrière, sublinhando, com força e beleza, o ressurgimento da Grande Deusa Terra:

> "Sempre encontrei uma certa semelhança entre os mitos e os corais: sobre um tronco comum e vivo que... se mineraliza com os séculos... germinam florações vivas, ramificações de tentáculos... em suma, capilares orais e efêmeros que, sem cessar, prolongam o *élan abissal do phylum*" (J. Lacarrière, *L'été grec*, Paris, Plon, 1976, p. 148).

O conjunto desse belo livro, que se poderia comparar a *O colosso de Marusia*, de H. Miller, é da mesma jaça. Ele fala de um reencantamento do mundo, mostrando a estreita conexão que existe entre a arborescência, ainda que mineral, da natureza e a explosão da vida da qual é indício o mito. O *phylum* mencionado lembra, se bem nos parece, que, se as civilizações são mortais, ou, ainda, efêmeras, o substrato no qual deitam suas raízes é, ele mesmo, invariante, pelo menos do ponto de vista do sociólogo. É bom recordar essa banalidade, que nosso "umbiguismo" tende a nos fazer esquecer.

Dessa maneira é, então, possível compreender o que chamei de "perdurância societal", termo um tanto rude que indica a capacidade de resistência das massas. Essa capacidade, decerto, não é consciente. Existe incorporada. De forma algo mineral, ela sobrevive às peripécias políticas. Eu arriscaria dizer que existe no povo um "saber de fonte segura", uma "direção certa", à maneira heideggeriana, que faz dele uma *entidade natural*. Esta ultrapassa de muito suas diversas modulações históricas ou sociais. Visão meio mística, mas a única que permite explicar que, por meio das carnificinas e das guerras, das migrações e das desaparições, dos esplendores e das decadências, o animal humano continue a prosperar. Agora que não temos mais medo das invectivas e das declarações de intenção, agora que os terrorismos teóricos não paralisam mais as aventuras do pensamento (ou até mesmo os nossos pensamentos aventurosos), é bom que os sociólogos analisem com rigor essa perspectiva global, holista, afirmada no ato de fundação de nossa disciplina. O reconhecimento de um vitalismo irreprimível pode fazer parte disso. Não se trata de fazer aqui um levantamento exaustivo das pesquisas nesse sentido,[8] basta indicar que, no prosseguimento do tema goethiano do *Natur-Gott*, do Deus-Natureza, esse vitalismo não esteve ausente da psicologia profunda, cuja importância foi capital para o nosso século XX.

Trata-se de uma coisa patente nos trabalhos de C. G. Jung, cuja fecundidade (re)começa, hoje, a ser reconhecida. Mas também à margem do movimento freudiano, o "princípio organizador da vida" está no centro da obra de Groddeck. Este, segundo um de seus comentadores, sempre manifestou "um grande interesse pela *physis*, quer dizer, o crescimento espontâneo, a realização de um devir tanto na natureza quanto no ser humano".[9] Se na tradição psicanalítica cito Groddeck, é não só porque ele se baseia em Nietzsche, cuja atualidade ainda não foi totalmente explorada, mas também porque o adágio que o inspira: *Natura sanat, medicus curat*, é a base dos movimentos alternativos que, nos quatro cantos do mundo, estão transformando a configuração social.

E temos de estar atentos a isso também, para julgar a pertinência do que chamo de *potência*. Podemos imaginar que

---

8   Sobre o vitalismo, cf. M. Maffesoli, *L'instant éternel*, Paris, Denoël, 2000.
9   Cf. M. Lalive d'Épinay, *Groddeck*, Paris, Éd. Universitaires, 1984, p. 24. Cf. p. 125-134, a excelente bibliografia fornecida.

essa "realização" no dado natural, a arborescência ou o crescimento constante não deixem de ter efeito sobre o dado social.
Ao se redescobrir as virtudes de uma natureza-mãe, o próprio
sentido da globalidade é recuperado. Existe reversibilidade,
e não dominação unilateral. Isso é o que permite dizer que
todos os grupos para os quais a natureza é considerada como
uma parceira são forças alternativas que, a um tempo, assina-
lam o declínio de um certo tipo de sociedade, mas, ao mesmo
tempo, convocam a um irresistível renascimento.

Esse renascimento, que vemos *in statu nascendi*, é, na verdade, caótico, desordenado, efervescente. Mas já sabemos,
desde Durkheim, que a efervescência é o indício mais seguro daquilo que é prospectivo, daquilo que é chamado a durar, talvez mesmo a se institucionalizar. A pululação é, para
Bachelard, uma "imagem primeira". Ele lembra, além disso,
que no século XVII "a palavra *chaos* (é) ortografada *cahot*".[10]
Aproximação esclarecedora quando se sabe que é sobre o caos
mesmo que se erige o cosmos e, por conseguinte, esse microcosmo que é o dado social. O fervilhamento é signo de ani-
malização, mas também de animação.[11] G. Durand o ilustra
fartamente. O fervilhamento que se pode observar atualmente e que tem uma forte conotação natural pode ser compreendido como expressão da potência ou do querer viver que são
causa e efeito do *phylum* vital. Assim, como diz o psicanalista
alemão: "*Kot ist nicht Tot, es ist Anfang von allem.*"

Sejamos ainda mais explícitos. Se há um declínio das
grandes estruturas institucionais e ativistas – dos partidos polí-

---

10   **N.T.:** Jogo de palavras, aproveitando a homofonia de *chaos* (caos) e
      cahot (percalço, ressalto, irregularidade de terreno etc.).
11   Cf. a análise de G. Durand, *Les structures anthroplogiques de l'imaginaire*,
      Paris, Bordas, 1969, p. 76 e segs., e as citações que ele faz de G. Bache-
      lard, *La terre et les rêveries du repos*, Paris, Corti, 1948, p. 56, 60, 270.

ticos, como mediação necessária, ao proletariado, como sujeito histórico –, existe, por outro lado, o desenvolvimento daquilo que se pode chamar, de maneira bastante genérica, as comunidades de base. Ora, estas se apoiam, essencialmente, em uma realidade proxêmica da qual a natureza é a forma acabada. G. Simmel mostra, com bastante acuidade, que "a ligação sentimental com a natureza", "a fascinação da potência" não deixa de transformar-se em religião. Existe, *stricto sensu*, uma *comunhão* na beleza e na grandeza.[12] A religião, aqui, é aquilo que liga. E ela liga porque existe o ombro a ombro, porque há proximidade física. Desse modo, em oposição à "extensão" da história, que se apoia em conjuntos vastos e cada vez mais impessoais, a natureza favorece a "in-tensão" (*in-tendere*), com o investimento, o entusiasmo, o calor que tal coisa pressupõe. A referência, ainda que por alto, à natureza e à "religião" que dela emana tem por única ambição indicar que, para além do corte arbitrário entre a vida física e a vida psíquica, e, por conseguinte, entre as ciências da natureza e as ciências do espírito, cortes impostos pelo século XIX, estamos em vias de reencontrar uma perspectiva global que é prospectiva.

São numerosos os cientistas (físicos, astrofísicos, biólogos) que trabalham ativamente nessa revisão. Alguns deles, como o Prêmio Nobel F. Capra ou o biólogo R. Sheldrake, fazem referência ao Tao ou ao pensamento hindu para apoiar suas hipóteses. Por sua vez, o físico J. E. Charron pretende mostrar que "o espírito é inseparável das pesquisas em física". Por falta de competência, naturalmente, não é possível entrar nesse debate. Em contrapartida, podemos utilizar, metafori-

---

12   Cf. G. Simmel, "Problèmes de la sociologie des religions", trad. fr. in: *Archives de sociologie des religions*, Paris, CNRS, n° 17, 1964, p. 15; cf. também P. Watier, G. *Simmel et les sciences humaines*, Paris, Klincksieck, 1992.

camente, suas análises para melhor ilustrar essa indicação do vitalismo ou da potência existente no dado social. Em particular no que se refere aos "buracos negros", essas estrelas que por densificação vertiginosa morrem em nosso espaço-tempo para nascer "em um novo espaço-tempo", aquilo que ele chama "um espaço-tempo complexo".[13] Para usar uma imagem, em resposta àqueles que se interrogam sobre o declínio dos modos clássicos de estruturações sociais, poder-se-ia sugerir que é a densidade da socialidade, o que há pouco chamei de sua "in-tensão" (*in-tendere*), que a faz alcançar um outro espaço-tempo, onde se põe à vontade. Uma tal densidade sempre existe. É a experiência, em suas diversas dimensões, o vivido, em toda a sua concretude, o sentimento ou a paixão que, ao contrário do que se costuma admitir, constituem o essencial de todas as agregações sociais. Em geral, essa densidade consegue se exprimir mediante as delegações, as representações que pontuam as histórias humanas (assembleias gerais, conselhos, democracias diretas, parlamentos em seus inícios etc.), mas, com o tempo, e em virtude da rigidificação inelutável das instituições, assistimos a uma separação crescente que pode conduzir ao divórcio. É então que a densidade se exila em um outro espaço-tempo, esperando ter encontrado novas formas de expressão. Pois, para retomar o termo que E. Bloch aplicava a outros fenômenos, frequentemente existe "não contemporaneidade" entre uma instituição e seu suporte popular. Dessa maneira, aquilo que, nos nossos países democráticos, as almas cândidas chamam de desenvolvimento do antiparlamentarismo talvez seja apenas fadiga diante da *libido dominandi* que anima a vida pública, ou ainda uma saturação do jogo político

---

13 Cf. J.-E. Charron, *L'esprit, cet inconnu*, Paris, Albin Michel, 1977, p. 65-78, 83.

que só conta por aquilo que ainda o torna interessante: suas *performances* teatrais.

Mas, deixando os que vivem disso entregues aos seus jogos pueris, é necessário, de toda maneira, interrogar-se a respeito da "importância desses 'buracos negros' da socialidade". Isso, pelo menos, tem o mérito de nos obrigar a voltar os olhos para essa base, frequentemente ignorada, de nossa disciplina. Passemos da arquitetura celeste àquela que constitui nossas cidades. Na sua reflexão sobre o intervalo, G. Dorflès, inspirando-se em numerosos estetas, declara que não existe arquitetura "sem espaço interior". Por outro lado, ele amplia o debate mostrando que essa espacialidade interior tem um importante enraizamento antropológico (gruta, nicho, abrigo) ou psicológico (seio materno, útero, aparelho digestivo). A reflexão sobre o "labirinto" que foi particularmente bem ilustrada pelos surrealistas e situacionistas, ou ainda o "vazio" de que fala G. Durand, tudo isso sublinha o fato de que é necessário o interior para que exista uma construção, qualquer que ela seja.[14] Isso que se diz da arquitetura pode extrapolar-se para a arquitetônica da socialidade. Trata-se da hipótese central de minha pesquisa já há vários anos: a necessidade de uma *centralidade subterrânea*. Que os arquitetos ou os urba-

---

14   Cf. G. Dorflès, *L'intervalle perdu*, trad. fr., Paris, Librairie des Méridiens, 1984, p. 71 e segs.; cf. ainda G. Durand, *Les structures anthropologiques de l'imaginaire*, *op. cit.*, p. 55. Sobre o situacionismo e o labirinto: *Internationale situationisme*, Amsterdam, Van Gennep, 1972. Eu mesmo orientei uma pequena monografia sobre o labirinto em Gênova, Doct. Polycop. UER de urbanização, Universidade de Grenoble, 1973.
Cf., igualmente, a importância das cavernas para explicar a vitalidade napolitana: A. Medam, *Arcanes de Naples*, Paris, Éd. Autres, 1979, p. 46, e J. F. Matteudi, *La cité des cataphiles*, Librairie des Méridiens, 1983.

nistas contemporâneos estejam redescobrindo a necessidade do espaço perdido, da Ágora, da passagem subterrânea, dos pórticos, do pátio etc. não é senão a transcrição construtivista dessa imperiosa necessidade de "vazio". Já disse que, antes de ser o mundo conhecido, o *mundus* foi esse "buraco" onde eram jogadas as vítimas sacrificadas aos deuses, as crianças recusadas por seus pais e os dejetos.[15] Em suma, todas as coisas que dão sentido à cidade.

Um fato (fútil aos olhos dos urbanistas da época, mas que em seguida revelou sua importância) que alimentou muitos debates com vários amigos de Grenoble, como, por exemplo, C. Verdillon, merece ser assinalado. Quando a municipalidade de Grenoble decidiu construir a *Villeneuve*, laboratório de uma nova maneira de viver a cidade, de viver na cidade, pediu aos urbanistas que previssem longos corredores ligando os apartamentos aos elevadores, e "galerias" para permitir que as pessoas se encontrassem. Este veio a ser o lugar das correntes de ar, das correrias ou do medo-pânico. Foram também previstos, em conformidade com a lei, "metros quadrados sociais". Dessa maneira, além dos equipamentos socioeducativos, deixou-se um cômodo ao final de cada corredor, que era destinado às reuniões, às associações, aos ateliês. Na realidade, esses cômodos foram rapidamente ocupados de maneira informal, para atividades anódinas ou contrárias à moral clássica. De toda maneira, esses foram lugares nos quais se pensava – por projeções, por construções fantasmáticas – que ocorriam coisas inauditas, mas tão necessárias a toda vida em grupo. *Mundus est immundus.* E os "metros quadrados sociais" eram o imundo que permitia a comunicação, a diatribe, ou a

---

15 Cf. M. Maffesoli, *La conquête du présent, pour une sociologie de la vie quotidienne* (1979), reed. DDB, 1998, cap. III, "L'espace de la socialité", p. 61-74.

vida vicária. Certamente isso não durou, e logo se colocaram fechaduras nesses lugares de liberdade, os quais foram confiados a animadores sociais. Triste fim!

Mas, para além dessa informação episódica, o que eu pretendo ressaltar é que existe sempre, para retomar uma expressão de Simmel, "um comportamento secreto do grupo em face do exterior".[16] É esse comportamento, mais ou menos afirmado conforme a época, que está na origem da perdurância societal, e que, para além dos declínios pontuais, assegura a perenidade do *phylum*. Será necessário acrescentar, ainda, que se trata, naturalmente, de um tipo-ideal que não existe em forma pura, que raramente é apresentado como tal pelos próprios protagonistas, coisa bastante normal. E, no entanto, é certamente esse "segredo" que permite medir a vitalidade de um conjunto social. Na verdade, é preservando as etapas de uma revolução, os motivos de uma conspiração, ou, mais simplesmente, a resistência passiva ou o evidente "autocentramento" diante de um poder qualquer (político, estatal, simbólico) que se cria uma comunidade. Explosiva ou silenciosa, trata-se de uma violência cujos aspectos fundadores ainda não foram suficientemente destacados. É igualmente da *potência* que estamos tratando aqui.

Para resumir essas poucas observações, podemos dizer que o "vitalismo", que nunca deixará de nos surpreender, e que, sempre, é a condição de possibilidade para compreender a *potência* da vida comum, só pode ser apreendido se abandonarmos a atitude judicativa (ou normativa) que caracteriza, em geral, o detentor do saber e do poder. Falando da versatilidade da multidão, Julien Freund propõe classificá-la "na categoria do privativo". Isto é, ela não seria nem negativa nem positiva,

16   G. Simmel, "La société secrète". In: *Nouvelle Revue de Psychanalyse*, Gallimard, nº 14, 1976, p. 281.

podendo ser ao mesmo tempo "socialista e nacionalista".[17] Na minha linguagem direi que a multidão está no vazio, que ela é a própria vacuidade, e é nisso que reside sua *potência*. Recusando a lógica da identidade, que transforma o povo em proletariado (em "sujeito" da História), a multidão pode ser, de maneira sequencial ou ao mesmo tempo, a multidão dos "carneiros" ou a multidão em revolta, a multidão racista ou a multidão cheia de generosidade, a multidão iludida ou a multidão astuciosa. Do ponto de vista filosófico trata-se de uma incompletude que, *como tal*, tem muito futuro. Só a imperfeição é sinal de vida; a perfeição é sinônimo de morte. É na sua mistura, na sua efervescência, no seu aspecto desordenado e estocástico, na sua comovente ingenuidade, que reside o interesse do vitalismo popular para nós. É porque ele é esse *nada* que ele serve de fundo ao todo, e que, de uma maneira relativista, podemos ver nele a alternativa para o declínio. Ao mesmo tempo, entretanto, ele faz soar um dobre de finados: o da modernidade.

2. O *divino social*

Podemos nos interrogar sobre um outro aspecto da *potência* popular. O do "divino social", termo com que E. Durkheim designava essa força agregadora que está na base de qualquer sociedade ou associação. Poderíamos, também, dizer "religião", entendendo a palavra tal como é empregada para designar aquilo que nos une a uma comunidade. Trata-se menos de um conteúdo, que é da ordem da fé, do que de um continente, quer dizer, de algo que é matriz comum, que serve de suporte para "o estar-junto".[18] Nesse sentido, vou retomar

---

17 J. Freund, *Sociologie du conflit*, Paris, PUF, 1983, p. 214.
18 **N.T.:** A expressão être-ensemble foi assim traduzida por guardar melhor a "fluidez social" tão cara ao Autor.

uma definição de Simmel: "o mundo religioso mergulha suas raízes na complexidade espiritual da relação entre o indivíduo e seus semelhantes ou um grupo de seus semelhantes (...) essas relações constituem os mais puros fenômenos religiosos no sentido convencional do termo".[19]

Não se trata, aqui, de fazer sociologia da religião. Ademais, os especialistas nesse campo são reticentes quando se discute o ressurgimento do religioso. Nem por um momento sequer eu pretenderia apossar-me de seu objeto. Vou me limitar a permanecer na fluidez, na nebulosa do sentimento religioso. De propósito, aliás, o que me permite ficar atento ao desenvolvimento religioso *stricto sensu* (em particular às suas manifestações não institucionais), à importância concedida ao imaginário, ao simbólico, todas essas coisas que incitam os espíritos apressados ou preconceituosos a falar de um retorno do irracionalismo.

Podemos, inicialmente, dizer que existe uma indubitável relação entre a recuperação do natural (do naturalismo) e o reencantamento do mundo que observamos hoje. Para além das desmistificações, das "desmitologizações" que encontraram adeptos no propósito seio das reflexões teológicas, esse *renifleur*[20] social que é o sociólogo não pode desconsiderar todos esses múltiplos elementos que privilegiam o acaso, o destino, os astros, a magia, o tarô, os horóscopos, os cultos da natureza etc. É inclusive certo que o desenvolvimento dos jogos de azar tal como se conhece na França, dos jogos populares (loto, corridas de cavalos, loteria nacional), à maneira dos cassinos, faz

---

19   G. Simmel, "Problèmes de la sociologie des religions". In: *Archives de sociologie des religions*, Paris, CNRS, n° 17, 1964, p. 24.

20   **N.T.:** Preferimos manter o termo francês, que caracteriza a atitude do sociólogo como a de quem torce o nariz a propósito do social, mas que é, também, o seu farejador e fuçador.

parte desse mesmo processo. Todas essas são pistas que mereceriam pesquisas detalhadas. Desse ponto de vista, não se trata de desferir gritos de harpia. Lembramos, com efeito, que este é um "postulado essencial da sociologia" para E. Durkheim: "Uma instituição humana não poderia basear-se no erro e na mentira, do contrário não poderia durar. Se ela não estivesse fundamentada na natureza das coisas, teria encontrado... resistências sobre as quais não teria podido triunfar."[21] Esta sábia observação pode aplicar-se ao nosso assunto. O senso comum, a constatação empírica, os artigos jornalísticos, todos concordam a respeito da multiplicação dos fenômenos religiosos. Convém, pois, abordá-los, naturalmente, sem exagerar seu alcance, mas sem desqualificá-los de saída, tampouco.

A começar porque os fenômenos religiosos remetem a atitudes amplamente difundidas em todos os meios. No que diz respeito ao "populacho", isso é óbvio; porém, ainda que seja feito com discrição, não é mais considerado incongruente, na *intelligentsia*, falar de seu horóscopo, trazer no pescoço, ou no pulso, um amuleto qualquer. Quanto a outras camadas sociais, vários estudos em curso destacam esses fenômenos. Para contar um caso, posso relatar que, recentemente, no decorrer de um jantar que reunia membros do alto funcionalismo público (além de alguns "figurantes", tais como um bispo, um universitário e uma astróloga), pude entreter-me longamente, ora com as revelações dessa famosa astróloga, ora com as confidências de um certo prefeito, homem racional, se pode haver algum. A primeira enumerava os políticos de todas as linhas e tendências que eram seus clientes, e o segundo explicava o arrepio mágico, verdadeira droga hebdomadária, que o possui quando da extração da "loto". É claro que, para evitar o comprometimento

---

21 E. Durkheim, *Les formes élémentaires de la vie religieuse*, 5. ed., Paris, PUF, 1968, p. 3, reed. Le Livre de Poche, 1991.

total, seu chofer é o encarregado da compra do bilhete fatídico. Tudo isso é realmente anedótico, mas são esses fatos, por mais minúsculos que sejam, que, por meio de sedimentações sucessivas, constituem o essencial da existência individual e coletiva ao mesmo tempo. O que eles enfatizam é uma outra relação com o meio natural ou cósmico, diferente daquela à qual estava habituado o pensamento puramente racionalista. E essa outra relação não deixa de ter consequências nas nossas relações com os outros (família, escritório, fábrica, rua). Tanto é assim que é a maneira como é vivido e representado "o ser (posto aí) no mundo" que determina sua encenação. Com isso quero referir-me à gestão das situações que, pouco a pouco, constituem a concatenação existencial. Se podemos, então, falar de reencantamento do mundo é porque este "está na cara". Esse naturalismo, essa conivência, merece ser ressaltada. É ela que nos permite falar de "dado" social, ou, ainda, segundo a expressão de Schutz, de *Taken for Granted* (aceito como óbvio).[22] Participamos mais ou menos, somos desse mundo miserável, imperfeito e, no entanto, melhor que "nada". Visão trágica, que supõe menos a mudança (reforma, revolução) do que a aceitação daquilo que é, do *status quo*. Fatalismo, dirão alguns. Em parte é verdade. Mas, em oposição ao ativismo (anglo-saxão?), que coloca em competição indivíduos opostos, esse fatalismo (mediterrânico?), por uma integração na matriz natural, reforça o espírito coletivo.

Esclareço que, se o "divino" humano ou social (a partir de Feuerbach e depois por intermédio de Comte ou de Durkheim) é uma preocupação do pensamento social, podemos, entretanto, estabelecer um paralelo com uma certa

---

22 Sobre o "dado" social, M. Maffesoli, *La violence totalitaire*, Paris, PUF, 1979.
    Cf. as obras de A. Schutz, *Collected papers*, t. 1, 2, 3, Amsterdam, Martinus Nijhoff.

tradição mística na qual aquilo que tem de ser alcançado é a perda no "grande todo". Tal atitude remete, por um lado, ao naturalismo de que falamos, e, ao mesmo tempo, serve de fundamento à constituição de pequenos grupos (comunhão, fusão erótica ou sublimada, seitas, congregações etc.), o que não deixa de ter relação com o que podemos observar hoje em dia.[23] É preciso não esquecer que a expressão teológica que melhor dá conta desse processo, "a comunhão dos santos", se apoia essencialmente na ideia de participação, de correspondência, de analogia, noções que parecem absolutamente pertinentes para analisar os movimentos sociais que não se deixam reduzir às suas dimensões racionais ou funcionalistas. Um grande sociólogo como Roger Bastide, cujas análises estão destinadas a desempenhar, outra vez, um papel importante, falava da religião em termos "de evolução arborescente".[24] De novo, além da imagem naturalista de que se trata aqui, somos remetidos à ideia de elementos organicamente ligados (galhos formando uma árvore), de anéis e de concatenação, de comunidades que se imbricam umas com as outras em um conjunto mais amplo. Velha imagem bíblica de Jerusalém mítica "onde todo o conjunto toma corpo", figurando a convivialidade do paraíso futuro. Podemos, a partir dessas poucas notas, extrapolar e fazer uma ligação com a *potência* popular? Parece-me que se trata de um processo legítimo. Tal como a característica essencial da religião, que, podendo modular-se diferencialmente, permanece, no entanto, intangível: trata-se

---

23   Sobre esse assunto, cf. as pesquisas de J. Zylberberg e J. P. Montminy, "L'esprit, le pouvoir et les femmes...". In: *Recherches sociographiques*, Quebec, XXII, 1, jan.-abr. 1981.

24   R. Bastide, *Éléments de sociologie religieuse*, p. 197, citado por M. Lalive d'Épinay, "R. Bastide et la sociologie des confins". In: *L'année sociologique*, v. 25, 1974, p. 19.

sempre de transcendência. O fato de estar situada em um
além, ou de ser uma "transcendência imanente" (o grupo, a
comunidade que transcende os indivíduos), não muda nada.
Ora, contrariamente àqueles que lamentam o fim dos grandes
valores coletivos e a retração para o indivíduo, que, abusiva-
mente, vinculam com a importância dada à vida quotidiana
a nossa hipótese é, justamente, que o fato novo a destacar (e
em desenvolvimento) parece ser a multiplicação dos pequenos grupos de redes existenciais. Espécie de tribalismo que
se baseia, ao mesmo tempo, no espírito de religião (*re-ligare*)
e no localismo (proxemia, natureza). Talvez, agora que se encerra a civilização individualista inaugurada pela Revolução
Francesa, vamos confrontar-nos com o que foi uma tentativa
abortada (Robespierre): a saber, essa "religião civil" que cons-
tituía um anseio de Rousseau. Essa hipótese, certamente, não
é infundada, tanto que, como observa E. Poulat, ela não deixa
de preocupar, no decorrer do século XIX e nos inícios do XX,
pensadores como Pierre Leroux, Comte, naturalmente, Loisy,
ou ainda Ballanche (que pensava que "a humanidade seria
chamada a formar uma quarta pessoa nos céus"[25]). Inspirando-se em um termo aplicado a Lamennais, pode-se dizer que
essa perspectiva "demoteísta"[26] pode permitir compreender a
potência do tribalismo, ou a potência da socialidade, que os
analistas econômico-políticos não compreendem.

Como sabemos, Durkheim continuou a preocupar-se com
o laço religioso: "Como *se sustenta* uma sociedade que nada
transcende mas que transcende todos os seus membros", esta

---

25   E. Poulat, Critique et mystique, Paris, Éd. du Centurion, 1984, p. 219,
      230, e as referências a Ballanche: *Essais de Palingénésie sociale*, e a Lam-
      menais: *Paroles d'un croyant*, nota 26.
26   **N.A.:** O povo sendo Deus, ou ainda o "divino social".

excelente fórmula de Poulat (*ibid.*, p. 241) resume muito bem a temática da transcendência imanente. A causalidade ou o utilitarismo não podem, sozinhos, explicar a propensão a se associar. Apesar dos egoísmos e dos interesses particulares, existe um cimento que assegura a perdurância. Talvez seja necessário buscar sua fonte no sentimento compartilhado. Conforme a época, esse sentimento vai se referir a ideais longínquos e, consequentemente, de fraca intensidade, ou a objetivos mais poderosos, porque mais próximos. Neste último caso ele não poderá ser unificado, muito menos racionalizado. E a sua própria fragmentação fará ressaltar ainda mais a coloração religiosa. Assim, a "religião civil", que é difícil aplicar a toda uma nação, pode muito bem ser vivida, em nível local, por uma multiplicidade de cidades (exemplo grego) ou de grupamentos particulares. Nesse momento, a solidariedade engendrada pela religião civil toma um sentido concreto. É nesse sentido que uma certa indiferenciação, consecutiva à mundialização e à uniformização dos modos de vida e, às vezes, de pensamento, pode caminhar lado a lado com a enfatização de valores particulares intensamente recuperados por alguns. Dessa maneira, podemos assistir a uma mass-mediação crescente, a um figurino padronizado, a um *fast-food* invasor e, ao mesmo tempo, ao desenvolvimento de uma comunicação local (rádios livres, TV a cabo), ao sucesso das roupas idiossincrásicas, de produtos ou pratos locais, quando se trata, em determinados momentos, de reapropriar-se de sua existência. Ressalta daí que o avanço tecnológico não chega a erradicar a potência da ligação (da re-ligião), e, às vezes, serve-lhe até de coadjuvante.

É porque existe saturação dos fenômenos de abstração, dos valores triunfalistas, das grandes maquinarias econômicas ou ideológicas que se pode observar, sem que estes sejam contestados (o que seria atribuir-lhes demasiada importância), um recém-

-tramento nos objetivos mais à mão, nos sentimentos realmente compartilhados, todas essas coisas que constituem um mundo de costumes, de rituais, *aceito como óbvio* (*taken for granted*).

É justamente essa proximidade que dá todo o seu sentido ao que se chama o "divino social". Este não tem nada a ver com uma qualquer dogmática ou inscrição institucional; ele recuperou a fibra pagã que, apesar do desgosto dos historiadores, não desapareceu jamais, totalmente, das massas populares. Assim como os deuses Lares, causa e efeito do ajuntamento familiar, o divino de que falamos permite recriar nas inumanas e frias metrópoles os cenáculos onde nos mantemos aquecidos, os espaços da socialidade. O desenvolvimento vertiginoso das grandes metrópoles (megalópoles, seria correto dizer), que nos anunciam os demógrafos, pode somente favorecer essa criação de "aldeias na cidade", para parafrasear um título famoso. O sonho de Alphonse Allais realizou-se. As grandes cidades transformaram-se em campos onde os bairros, os guetos, as paróquias, os territórios e as diversas tribos que os habitam substituíram as aldeias, lugarejos, comunas e cantões de antigamente. Mas, como sempre, é necessário reunir-se em torno de uma imagem tutelar. O santo patrono venerado e celebrado será substituído pelo guru, pela celebridade local, pela equipe de futebol ou pela seita de modestas dimensões.

"Manter-se aquecido" é uma maneira de aclimatar-se ou de domesticar um meio ambiente que, sem isto, seria ameaçador. Pesquisas empíricas no meio urbano destacam muito bem esses fenômenos. Analisando as mudanças sociais consecutivas às migrações urbanas de uma cidade da Zâmbia, Bennetta Jules-Rosette permanece atenta ao fato de que existem "habitantes que sempre participam ativamente" na reorganização e no crescimento da comunidade. E esclarece: "*The most distinctive characteristic shared by many of these residents is their membership in indigenous African churches.*" É, por outro lado, essa participação que faz deles os subgrupos mais visíveis da comunidade.[27]

Assim sendo, a transformação urbana talvez seja correlativa de uma descristianização galopante, favorecendo um sincretismo religioso de efeitos ainda não calculados.

Em um texto incrivelmente atual sobre a "concepção social da religião", Durkheim, para quem "a religião é o mais primitivo dos fenômenos sociais", depois de constatar o fim dos antigos ideais ou divindades, ressalta que é necessário sentir "sob o frio moral que reina na superfície de nossa vida coletiva as fontes de calor que nossas sociedades trazem nelas mesmas", fontes de calor que ele situa "nas classes populares".[28] Trata-se de um diagnóstico que se inscreve perfeitamente na linha de nossa demonstração (diagnóstico cada vez mais compartilhado com inúmeros pesquisadores): a desumanização real da vida urbana produz agrupamentos específicos com a finalidade de compartilhar a paixão e os sentimentos. Não devemos esquecer que os valores dionisíacos referentes ao sexo e aos sentimentos religiosos, que nos parecem tão atuais, são ambos modulações da paixão.

O "divino social" tem, no varejo, uma função de adaptação, de conservação, e por isso nós o encontramos, por atacado, nas explosões de revolta. Já tratei deste assunto usando

---

27   B. Jules-Rosette, *Symbols of change: urban transition in a Zambian community*, Nova Jersey, Ablex Publishing, 1981, p. 2. Sobre a importância das religiões sincretistas nas grandes aglomerações urbanas como Recife, cf. R. Motta, *Cidade e devoção*, Recife, 1980.

28   K. Mannheim, *Idéologie et utopie*, Paris, Éd. Rivière, 1956, p. 157 e segs. Sobre a temática explosão-prisão, cf. E. Durkheim, *Les formes élémentaires de la vie religieuse*, Paris, PUF, 1968, reed. Le Livre de Poche, 1991.

a noção de *révolution ourobore*,[29] demonstrando que sempre existiu uma forte carga religiosa nos fenômenos revolucionários que, posteriormente, foram qualificados como apenas políticos. Na Revolução Francesa isso é evidente. Da mesma forma nos "48" europeus, e H. de Man mostrou que nem a revolução bolchevista escapou disso. A *Guerra dos Camponeses* pode ser considerada como um paradigma para esse assunto, e o belíssimo livro de E. Bloch faz dela uma análise irretocável. Aliás, a esse respeito, Mannheim não hesitou em falar "de energias orgiástico-extáticas", que tinham "suas raízes em planos (...) profundos e vitais da alma".[30] Por que fazer referência a esses momentos de efervescência apenas para indicar que existe um vaivém constante entre explosões e distensões, e que esse processo é causa e efeito do laço religioso, isto é, da partilha da paixão? Na verdade, a religião compreendida dessa forma é a matriz de toda vida social.[31]

Ela é o cadinho onde se amalgamam as diversas modulações do estar-junto. Com efeito, os ideais podem envelhecer, os valores coletivos podem saturar-se, mas o sentimento religioso secreto produz sempre e de novo essa "transcendência

---

29   Se quisermos ser mais precisos na gradação das relações, de toda vida social, de toda sociabilidade, de toda socialidade.

30   M. Maffesoli, *La violence totalitaire*, Paris (1979), reed. DDB, 1999, cap. II, p. 70-115, e E. Bloch, *Thomas Münzer, théologien de la révolution*, Paris, Julliard, 1964 (ed. bras. publicada pela Tempo Brasileiro).

31   E. Durkheim, *La conception sociale de la religion, dans le sentiment religieux à l'heure actuelle*, Paris, Vrin, 1919, p. 104 e segs., citado por E. Poulat, *Critique et mystique, op. cit.*, p. 240. Estudos em curso no CEAQ dedicam-se a fazer ressaltar essa convivialidade ("manter-se quente") no seio das seitas urbanas. Cf. ainda essa definição: "Chamamos de elementos religiosos os elementos emocionais que formam o aspecto interno e externo das relações sociais", G. Simmel, *Problèmes de la sociologie des religions, op. cit.*, p. 22.

imanente" que permite explicar a perdurância das sociedades através das histórias humanas. Nesse sentido é que ela é um elemento dessa misteriosa *Potência* de que nos ocupamos. Eu disse atitude ex-tática, que é necessário entender, *stricto sensu*, como atitude de sair de si. Na verdade, a perdurância de que tratamos se apoia, essencialmente, na existência da massa, do povo. G. Le Bon não hesita em falar de "moralização do indivíduo pela multidão", e dá alguns exemplos nesse sentido.[32] Isso já o haviam compreendido muito bem os teólogos católicos, para quem a fé é secundária, quando comparada com a expressão dessa fé no quadro da Igreja. Usando uma linguagem de moralista, podemos dizer que, para eles, o "foro exterior" (ou foro eclesiástico) é mais importante do que o "foro interior". Para empregar uma linguagem que me é mais familiar, e que já teorizei a propósito do "imoralismo ético": qualquer que seja a situação e a qualificação moral que, sabemos, é efêmera e localizada, a partilha do sentimento é o verdadeiro cimento societal. Ela pode conduzir à rebelião política, à revolta pontual, à luta pelo pão, à greve de solidariedade. Ela pode, igualmente, exprimir-se na festa ou na banalidade quotidiana. Em todos os casos constitui um *ethos* que permite, contra ventos e marés, por meio de carnificinas e genocídios, que o povo se mantenha como tal e sobreviva às peripécias políticas. Esse "demoteísmo" está, aqui, exagerado (caricaturado), mas acho necessário fazer isso se quisermos compreender a extraordinária resistência às imposições multiformes que constituem a vida em sociedade. Levando mais adiante a nossa hipótese, podemos, a partir do que acaba de ser dito, propor uma mudança mínima no provérbio clássico, e substituir *deo por populo*. Assim, para o sociólogo

---

32 G. Le Bon, *Psychologie des foules*, Paris, Retz, 1975, p. 73.

que tenta compreender o vitalismo da sociedade, o abre-te Sésamo poderia ser: *Omnis potestas a populo*. Com efeito, e nesta afirmativa a socioantropologia pode adquirir uma dimensão prospectiva, para não dizer profética: é possível que a estruturação social em uma multiplicidade de pequenos grupos, articulados uns com os outros, permita contornar, ou pelo menos relativizar, as instâncias do poder. Essa é a grande lição do politeísmo, do qual já foram feitas numerosas análises, mas que ainda propõe um campo de pesquisa bastante fecundo. Para ser mais preciso, podemos imaginar um poder em vias de mundialização bi ou tricéfala, disputando e partilhando as zonas de influência econômico-simbólicas, empregando a intimidação atômica, e, aquém ou ao lado da proliferação de agrupamentos de interesses diversos, a criação de baronias específicas, a multiplicação de teorias e de ideologias opostas umas às outras. De um lado, a homogeneidade; do outro, a heterogeneização. Ou, ainda, para retomar uma antiga imagem: a dicotomia no plano universal de um "país legal" e de um "país real". Essa perspectiva é denegada atualmente pela maioria dos cientistas políticos ou dos observadores sociais, em particular porque se contrapõe aos esquemas de análise oriundos dos pensamentos positivistas ou dialéticos do século passado. Mas, se pretendemos mesmo interpretar os indícios (índex: o dedo que aponta) tais como o maciço desengajamento político ou sindical, a atração cada vez mais firme pelo presente, o fato de considerar o jogo político como o que ele é: um teatro de variedades mais ou menos interessante, o investimento em novas aventuras econômicas, intelectuais, espirituais ou existenciais, tudo isso deveria nos incitar a pensar que a socialidade que está nascendo não deve nada ao velho mundo (que continua sendo o nosso) político-social.

Desse ponto de vista, a ficção científica é um exemplo instrutivo. Nela encontramos, sob uma roupagem tecnológico-gótica, a heterogeneização e a insolência com relação aos conformismos de que acabamos de falar.[33]

É por meio dessa atomização em face dos poderes açambarcadores que se pode exprimir a divindade social. Com efeito, sem colocar a questão sobre o que "deve ser" a sociedade futura, fazemos sacrifícios a "deuses" locais (amor, comércio, violência, território, festa, atividades industriosas, alimentação, beleza etc.), que podem ter mudado de nome desde a Antiguidade greco-romana, mas cuja carga emblemática permanece idêntica. Nesse sentido, justamente, opera-se a reapropriação da existência "real", que constitui a base do que chamo de *potência* popular. Com segurança e obstinação, de maneira talvez um tanto animal – quer dizer, exprimindo mais um instinto vital do que uma faculdade crítica –, os grupos, as pequenas comunidades, as redes de afinidades ou de vizinhança se preocupam com as relações sociais próximas, assim como, também, com o meio ambiente natural. *Dessa maneira, mesmo que pareçamos alienados pela distante ordem econômico-política, asseguramos a nossa soberania sobre sua existência imediata.* Eis aí o alcance do "divino social", que é ao mesmo tempo o segredo da perdurância. É no segredo, no próximo, no insignificante (naquilo que escapa à finalidade macroscópica) que se exerce o domínio da socialidade. Podemos mesmo dizer que os poderes não podem se exercer senão na medida em que não se distanciam demasiado dessa soberania. O termo "soberano" pode ser compreendido, na perspectiva contratual

---

33 A esse respeito, cf. a excelente obra de L.-V. Thomas, *Fantasmes au quotidien*, Paris, Méridiens, 1984. E M. Maffesoli, *La conquête du présent*, Paris (1979), reed. DDB, 1998, "Le fantastique au jour le jour", p. 85-91.

de J.-J. Rousseau, o que lhe dá uma dimensão unanimista e um tanto idílica.[34]

Pode ser encarado, também, como essa "harmonia conflitual" em que, pelo efeito de ação-retroação, um conjunto ajusta, bem ou mal, os elementos naturais, sociais e biológicos que o compõem, e dessa forma garante sua estabilidade. A teoria dos sistemas ou a reflexão de E. Morin mostram, com rigor, a atualidade e a pertinência de tal perspectiva. Dessa maneira, mesmo que para muitos se trate de uma figura de estilo, a aproximação que pode ser feita entre o povo e o soberano é perfeitamente fundamentada. E, além disso, pelo levante, pela ação violenta, pela via democrática, pelo silêncio e pela abstenção, pelo desconhecimento desdenhoso, pelo humor ou pela ironia, múltiplas são as maneiras que o povo tem de expressar sua potência soberana. E toda a arte do político é fazer com que essas *expressões* não assumam demasiada amplitude.

O poder abstrato pode, em determinados pontos, triunfar. E é verdade que se pode colocar a questão de La Boétie: O que é que fundamenta a "servidão voluntária"? A resposta está, certamente, nessa segurança incorporada que dá ao corpo social a certeza de que, a longo prazo, o Príncipe, qualquer que seja a sua forma (aristocracia, tirania, democracia etc.), é sempre tributário do veredito popular. Se o poder é do indivíduo ou de uma série de indivíduos, a potência é o apanágio do *phylum* e se inscreve na continuidade. É nesse sentido que esta última é uma característica do que se pode chamar o "divino social". Tudo é uma questão de anterioridade. Falar de potência, de soberania, de divino a propósito do povo é reconhecer, para retomar uma expressão de Durkheim, "que o direito se

---

34   E. Durkheim, *Montesquieu et Rousseau, précurseurs de la sociologie*, Paris, Librairie Marcel Rivière, 1966, p. 40, 108.

origina nos costumes, ou seja, na própria vida",[35] ou ainda que são "os costumes que fazem a verdadeira constituição dos Estados". Essa prioridade vitalista, saída da pena do positivista que todos conhecemos, merece ser destacada. É essa reflexão, com certeza, que lhe permite ressaltar a importância do laço religioso na estruturação social. Trata-se, naturalmente, de uma ideia geral que precisa ser atualizada. Reconhecer, no entanto, que a ligação íntima do vitalismo (naturalismo) e do religioso constitui uma verdadeira *vis a tergo* impulsionando os povos, assegurando-lhes perenidade e *potência*, traz consequências de peso em um momento em que a comunicação, o lazer, a arte e a vida quotidiana das massas impõem uma nova rodada do jogo social.

3. A *"autorreferência"*[36] *popular*

Quando consideramos as histórias humanas, podemos dizer que o político, como ajustamento dos indivíduos e dos grupos entre si, é uma estrutura insuperável. E a esse respeito não se pode senão concordar com Julien Freund, que fala da "Essência do Político". Não deixa de ser verdade que esta, embora permanente, seja menos móvel. Existem modulações do político. Conforme as situações e os valores que predominam durante certo tempo, a ordem política terá maior ou menor importância no jogo social. Naturalmente essa importância depende, em grande parte, da atitude dos governantes. Retomando uma expressão aplicada ao pensamento sociológico de Pareto, enquanto existe um "laço fisiológico" entre os governantes e as massas, enquanto uma certa reversibilidade continua a ser exercida, existe, senão um consensus, pelo menos

---

35   Cf., por exemplo, a apresentação que dela faz J. Freund, *Sociologie du conflit*, Paris, PUF, 1983, p. 31.

36   **N.T.:** No original, *quant-à-soi*.

troca e legitimação.[37] Trata-se de um fenômeno de modo algum excepcional. Da antiga circunscrição de chefia a um certo paternalismo patronal, passando pela equanimidade dos Antoninos e por um certo populismo eclesiástico, existe um determinado tipo de poder que se fundamenta, antes de tudo, na realidade dos deveres que competem aos chefes.[38] Estes são responsáveis por sua autoridade, e devem responder tanto pela fome quanto pela catástrofe natural, ou pela desordem econômica e social. A função simbólica que exercem cessa ou fica arranhada desde o momento em que o equilíbrio, do qual são a garantia, não funciona mais.

Não podemos desenvolver aqui esse caminho de pesquisa. Quero apenas indicá-lo para que revele essa forma da potência popular que é "autorreferência". Com efeito, é quando a ordem da reversibilidade não existe mais (e a análise dessa finalização não pode, certamente, reduzir-se a considerações moralistas) que vemos se desenvolverem as atitudes de retraimento.

Para compreender isso, vamos referir-nos outra vez à metáfora dos "buracos negros", que alguns de nós (Baudrillard, Hillman, Maffesoli) tomaram de empréstimo à astrofísica. Sabemos que em um livro, que não é de vulgarização mas de divulgação, o físico J.-E. Charron demonstra muito bem que se trata de uma estrela cuja densidade crescente dá origem a um outro espaço.[39] Um "novo universo", diz ele. Procedendo por

---

37 Sobre a relação entre elite e massa, cf. a análise de E. A. Albertoni, *Les masses dans la pensée des doctrinaires des élites* (Mosca-Pareto--Michels). In: *Doctrine de la classe politique et théorie des élites* (Méridiens-Klincksieck, 1987).

38 Sobre essa temática, cf., por exemplo, a análise de E. Poulat sobre a Igreja: *Catholicisme, démocratie et socialisme*, Casterman, 1977, p. 121, ou a de E. Renan, *Marc Aurèle*, Paris, 1984, cap. 11, p. 40.

39 J.-E. Charron, *L'esprit cet inconnu*, Paris, Albin Michel, 1977, p. 216.

analogia (prática recusada por alguns, mas que não deixa de ser interessante para as nossas disciplinas), pode-se emitir a hipótese de que, em certos períodos, quando a massa não mais apresenta interação com os governantes, ou, ainda, quando a *potência* se dissocia completamente do poder, assistimos à morte do universo político e à entrada na ordem da socialidade. Penso, além disso, tratar-se de um movimento pendular que procede por saturação. Por um lado, é a participação, direta ou por delegação, que predomina. Por outro, é a acentuação de valores mais quotidianos. Neste último caso, podemos dizer que a socialidade é o conservatório de energias que, na ordem do político, tinham tendência a se expandir no domínio público.

É também interessante notar que, em geral, essa reserva quanto ao investimento público caminha lado a lado com um "dispêndio" na ordem existencial (gozo, hedonismo, *carpe diem*, corpo, sol). Ao passo que, no burguesismo, pode-se observar o contrário: contenção, economia da (e na) existência e dispêndio energético na ordem do público (economia, serviço público, grandes ideologias motivadoras...) são triunfantes.

Seja como for, é seguramente em função desse pano de fundo que convém apreciar toda uma série de fatos que salientam o desinteresse crescente em face de uma coisa pública geral e abstrata. A "maioria silenciosa" que, na verdade, não é senão um conglomerado de redes e grupos, justapostos ou secantes, não pode mais ser definida por problemas comuns abstratos e decididos fora dela. Não pode mais ser caracterizada a partir de um objetivo por realizar, isto é, ser o proletariado agente de uma sociedade futura, ou ser o objeto de um estigma estrutural e congênito: o populacho débil e/ou infantil que é necessário conduzir ou proteger. Entre esses dois polos são numerosas as ideologias e as ações nas quais ainda se empenham os políticos (conservadores, revolucionários, reformistas), os poderes públicos, a assistência social

e os responsáveis pela economia. Na verdade, o debate já se
deslocou. Com efeito, seguindo a hipótese da saturação da
ordem política, podemos explicar a atitude da massa – que
tanto inquieta os analistas e comentadores políticos – pelo
fato de existir, latente, uma reticência antropológica a todos
os poderes. E essa reticência não deixa de se exprimir, pontualmente, com maior ou menor eficácia, segundo os lugares e os
tempos. De modo radical, quer dizer, para bem compreender
esse fenômeno, podemos fazer referência a esses países – tal
como a Sicília de *O leopardo* de Lampedusa – que souberam
preservar sua originalidade por causa das ou graças às múltiplas invasões que os submergiram. Sabendo curvar-se e sendo
astuciosos, eles mantiveram vivas as suas particularidades. Ou
então essa análise de Bouglé sobre a Índia: "Foram tentadas
todas as formas de autoridade sobre essas massas imensas: elas
viram... suceder-se os impérios e multiplicarem-se os principa-
dos. O que permanece verdadeiro é que todos os governos...
não parecem se apoiar jamais senão na superfície do mundo
hindu. Eles não o atingem... nas suas profundezas." E onde a
atualidade desse texto é ainda mais surpreendente é quando
o sociólogo explica a impossibilidade de dominar o país "real"
pelo fato de que ali existem os compartimentos das castas. Observação saborosa: os hindus, por esse fato, "parecem feitos
para ser subjugados por todo mundo, sem se deixar assimilar
nem unificar por ninguém".[40] Com o risco de fazer Bouglé
revolver-se em seu túmulo, podemos, de maneira heurística,
extrapolar essa observação, e sublinhar que a "não domesticação" das massas, sua muralha mais sólida diante das diversas
dominações, se apoia antes de tudo no *pluralismo*. No exemplo

---

40   C. Bouglé, *Essais sur le régime des castes*, 4. ed., Paris, PUF, 1969, p. 140.
      Sobre a Sicília, cf. minha análise, M. Maffesoli, *Logique de la domina-
      tion*, Paris, PUF, 1976.

da Índia, este pode ser o sistema das castas; para o da Sicília, será a força do localismo, os diversos "países" e "famílias" que a compõem. Nas nossas sociedades, este poderia consistir nas diversas redes, grupos de afinidades e de interesse, laços de vizinhança que estruturam nossas megalópoles. Seja ele qual for, o que está em jogo é a *potência* contra o *poder*, mesmo que aquela não possa avançar senão mascarada para não ser esmagada por este. Com referência aos exemplos históricos, que poderíamos multiplicar à vontade, é possível dizer, entretanto, que aquilo que, na realidade, não aparece senão em filigrana, aquilo que se pode ver *in statu nascendi*, não deixará de se afirmar nas próximas décadas. Cada vez que há ressurgimento desse "politeísmo dos valores" de que falava M. Weber e que, à parte alguns pesquisadores audaciosos o bastante para afrontar os conformismos circundantes,[41] parece inquietar tanto as almas cândidas, assistimos à relativização das estruturas e instituições unificadoras. Não é o caso de emocionar-se com isso. Muito pelo contrário, pois a efervescência induzida por esse politeísmo é, geralmente, o indício mais seguro de um dinamismo renovado em todos os domínios da vida social, seja na economia, na vida espiritual e intelectual e, naturalmente, nas novas formas de socialidade.

E é notável que, em geral, o recuo diante do político revele o dinamismo de que acabamos de falar. Esse recuo é, de fato, a reativação do instinto vital de preservação e conservação do ser. É essa figura demoníaca que se encontra em todos os mitos e em todas as religiões, o Satã da tradição bíblica,

---

41 Cf., por exemplo, M. Augé, *Le génie du paganisme*, Paris, Gallimard, 1983; cf. também D. Jeffrey, *Jouissance du sacré*, Paris, Armand Colin, 1998. Cf., por exemplo, M. Augé, *Le génie du paganisme*, Paris, Gallimard, 1983; cf. também D. Jeffrey, *Jouissance du sacré*, Paris, Armand Colin, 1998.

que diz não à submissão. Ainda que pontualmente destrutiva, a figura satânica não deixa de ter uma função fundadora. É nesse sentido que ela remete à *potência* popular. Além disso, observei que existia uma "sabedoria demoníaca" sempre em ação no corpo social. Podemos, com toda a certeza, creditar-lhe, em parte, essa faculdade de retração, de não pertença estrutural. Observamos que, mesmo no século XIX, no momento em que nasce e se organiza o movimento operário, este se exprime por meio de múltiplas tendências: comunista, anarquista, cooperativista, utopista. Cada uma delas se divide infinitamente. Isso quer dizer que nenhuma instância política pode pretender o monopólio? Como observa, com justeza, E. Poulat: "As massas populares guardam, mais ou menos, uma parte de autorreferência... no que não fazem senão retribuir às classes superiores na mesma moeda."[42] Vou acrescentar: mesmo quando certos membros dessas classes pretendem falar em nome do povo ou, o que vem a dar no mesmo, dirigi-lo. Nunca confiamos inteiramente naqueles que "não estão na nossa", pois sabemos, de memória imemorial, que aqueles que, animados pela *libido dominandi*, se apoiam no povo para alcançar o poder não deixam, em nome de razões cada qual mais válida, de praticar uma *Realpolitik* que não tem senão longínquas relações com as aspirações populares.

A digressão sobre esse tema poderia seguir ao infinito. Basta, no entanto, indicar que a "autorreferência" é bem mais tenaz do que as pontuais ou superficiais adesões a tal ou tal partido ou a tal ou tal política. De minha parte vejo nisso uma

---

42　E. Poulat, *Église contre bourgeoisie*, Paris, Casterman, 1977, p. 131. Sobre essa autorreferência, cf. M. Maffesoli, *Essais sur la violence banale et fondatrice*, Paris, Méridiens, 1984, cap. III, p. 139. Sobre a "sabedoria demoníaca", cf. meu artigo "L'errance et la conquête du monde", *ibid.*, p. 157.

estrutura antropológica que, por meio do silêncio, da astúcia, da luta, da passividade, do humor ou do escárnio, sabe resistir com eficácia às ideologias, aos ensinamentos, às pretensões daqueles que querem seja dominar, seja fazer a felicidade do povo, o que neste caso não faz grande diferença. A autorreferência não implica que não se preste atenção no jogo (do) político, muito pelo contrário, visto que o consideram como tal. Propus chamar isso de a "política do Bel Canto": pouco importa o conteúdo, basta que a ária seja lindamente interpretada. Sabemos que, para os partidos políticos, importa cada vez mais "fazer passar a mensagem", e cada vez menos refiná-la. É impossível estender-se a respeito desse problema. Pode ser, entretanto, que ele seja apenas a expressão do relativismo popular. Para responder ao descompromisso e ao recuo, cuida-se da imagem. Fala-se mais à paixão do que à razão, e, quando das reuniões, o espetáculo de variedades é muito mais importante do que o discurso da personalidade política, que frequentemente deve contentar-se com o papel de vedete do teatro rebolado.

É levando isso em consideração que podemos compreender que é possível fazer tudo "como se", sem deixar de pensar na ação e na sinceridade do vendedor do angu político. No meu livro sobre a vida quotidiana, mostrei a importância da categoria da duplicidade: esse jogo duplo trivial que informa, em profundidade, as existências de todos nós (*La conquête du présent*, p. 138-148). É nesse quadro que podemos apreciar as atitudes do "como se" enquanto manifestações de *Potência*. A duplicidade é aquilo que nos permite existir. Lembremo-nos deste aforisma de Nietzsche:

> "Tudo que é profundo ama a máscara... todo espírito profundo tem necessidade de uma máscara. Direi ainda mais: à volta de todo espírito profundo cresce e floresce sem cessar uma máscara."

Esse propósito não se aplica apenas ao gênio solitário, ele diz respeito também ao *genius* coletivo. E dar-se conta disso é introduzir na sociologia um vitalismo ontológico. Como a astúcia camponesa, as zombarias operárias, mais geralmente a multiplicidade dos "sistemas D", todas essas coisas que, sem saber ao certo verbalizá-lo, manifestam uma desconfiança estrutural com relação ao que está instituído ao mesmo tempo que afirmam o aspecto irreprimível da vida. Mas, como não é possível expressar abertamente essa desconfiança e esse querer-viver, utilizamos o procedimento "perverso" (*per via* = caminho desviado) da aquiescência aparente.

Trata-se de uma antiga estrutura antropológica que é a da magia e que se encontra ainda nos rituais e práticas de superstições que têm sete vidas. Ao mesmo tempo que se participa, mantém-se uma reserva. Isso é o que faz esses rituais capazes de resumirem, tecnicamente, a ambivalência do homem *sapiens* e *demens* ao mesmo tempo. Aplicando-a a um outro objeto, E. Morin fala de "participação estética"[43] para mostrar bem esse jogo duplo. E podemos pensar que o entusiasmo popular pelos folhetins televisivos, como "Dallas", seja a expressão desse ludismo profundamente incorporado. Se tal atitude "estética" se exerce diante desses poderes simbólicos que são a televisão, a arte ou a escola, não existe razão para que não se aplique ao domínio do político, mesmo que fosse apenas em função daquilo que dissemos sobre o seu devir espetacular ou teatral. O voto para tal deputado ou partido pode caminhar lado a lado com a profunda convicção de que nada mudará quanto à "crise" econômica, quanto ao

---

43   E. Morin, *L'esprit du temps*, Le Livre de Poche, 1984, p. 87 (ed. bras.: *Cultura de massas no século XX*, Rio de Janeiro, Forense Universitária). Sobre a televisão, cf. D. Wolton, *La folle du logis*, Paris, Gallimard, 1983.

que se convencionou chamar de insegurança ou quanto ao aumento do desemprego. Mas ao "fazer de conta" participamos, magicamente, de um jogo coletivo. Este jogo lembra que algo como a "comunidade" pôde, pode ou poderá existir. Tem a ver, ao mesmo tempo, com esteticismo e com escárnio, com participação e com reticência. É sobretudo a afirmação mítica de que o povo é fonte de poder. Esse jogo, ou esse sentimento estético, é coletivamente encenado tanto para si mesmo quanto para o poder pelo qual é orquestrado. Isso permite lembrar a este último, ao mesmo tempo, que se trata de um jogo e que existem limites que não podem ser ultrapassados. O que se chama de a versatilidade das massas (um voto para a esquerda, um voto para a direita) pode ser interpretado nesse sentido e não deixa de exprimir-se ocasionalmente de modo extremado. Todos os pensadores políticos se interrogam a respeito desse fenômeno. Essa versatilidade, verdadeira espada de Dâmocles, é a perpétua comandante do jogo, já que obseda os pensamentos dos políticos que determinam sua estratégia ou sua tática em função dela. É, portanto, uma das modulações da Potência que, *stricto sensu*, determina o Poder. Uma observação singular de Montesquieu resume bem o assunto: "O povo age sempre de mais ou de menos. Algumas vezes com cem mil braços derruba tudo; algumas vezes com cem mil pés caminhará como os insetos" (*De l'esprit des lois*, 1ª parte, Livro II, cap. II). Passividade ou atividade, e isso de uma maneira que escapa à maior parte dos raciocínios lógicos. De uma perspectiva puramente racional não se pode confiar no povo. Apoiando-se em alguns exemplos históricos, J. Freund ressalta essa ambivalência especialmente notável durante as situações paroxísticas: guerras, motins, lutas de facções, revoluções.[44] Na verdade, dentro da perspectiva que desenvolvo

---

44   J. Freund, *Sociologie du conflit*, Paris, PUF, 1983, p. 212 e segs.

aqui, aquilo que se pode chamar de procedimento estocástico da massa é a expressão de um verdadeiro instinto vital: assim como os combatentes no campo de batalha, seus zigue-zagues lhe permitem escapar às balas dos poderes.

Com referência a uma figura emblemática particularmente viva na Itália, podemos comparar a versatilidade do povo a Polichinelo, que resume em si mesmo a unidade dos contrários: "Meu destino é ser um cata-vento; servidor e rebelde, cretino e genial, corajoso e covarde." Algumas versões de seu mito fazem dele até mesmo um hermafrodita. Ou ainda o filho de um nobre e/ou uma criança da plebe. O certo é que ele encarna muito bem a duplicidade absoluta (doblez e dualidade), que permite escapar às diversas apropriações ou recuperações políticas. Não foi à toa que essa figura encontrou sua querência na populosa e viva Nápoles.[45]

Além disso, parece que sua perpétua ambiguidade se exprime pela zombaria diante dos poderes ou de todas as formas de instituições, políticas com certeza, mas também familiares, econômicas ou sociais. Extrapolando, podemos dizer que com essa atitude não se trata de enfrentar frontalmente os poderes avassaladores, o que cabe às organizações políticas, mas de usar ardis, de usar rodeios. Para retomar uma expressão situacionista, antes de "lutar contra a alienação com meios alienados" (burocracia, partidos, militância, atraso dos pagamentos), pratica-se a zombaria, a ironia, o riso, todas essas coisas que de maneira subterrânea se contrapõem à normalização ou à domesticação que resultam de todas as garantias da Ordem imposta de fora, e portanto abstrata. No que diz respeito às nossas sociedades, essa domesticação dos costumes desabrocha no que chamei de "a assepsia social" (*La violence*

---

45   Cf. as notas e referências sobre Polichinelo. In: A. Medam, *Arcanes de Naples*, Paris, Éd. des Autres, 1979, p. 84, 118 e segs.

totalitaire, p. 146-167), que tem como consequência a crise ética ou a desestruturação social que conhecemos.

Mas justamente a ironia impede que essa domesticação seja total. Do riso dionisíaco das bacantes contra o comportado administrador Penteu ao sorriso doloroso do bravo soldado Schveik, reatualizado na Tchecoslováquia contemporânea, é longa a lista de todas as atitudes de caráter que testemunham a não adesão. O que é particularmente irritante para os poderes que, naturalmente, pretendem dominar os corpos, mas que sabem muito bem que, para que esse domínio tenha longa duração, é necessário que ele seja acompanhado pelo domínio das mentes. A autorreferência da ironia, ainda que de uma maneira menor, introduz uma falha na lógica da dominação. As tiradas, os rumores, os panfletos, as canções e outros trocadilhos populares, ou ainda as maledicências daquilo que se chama de "a opinião pública" estão aí para medir a evolução dessa brecha. Não existe época ou país onde, a mais ou menos longo prazo, esse mecanismo de defesa não tenha resultado positivo. Assim como se pôde ver, nos últimos anos, na França e nos Estados Unidos, por exemplo, isso poderá ocorrer pela manifestação de escândalos com suas inevitáveis repercussões políticas, mas poderá frugalmente tomar a forma de uma desqualificação que corrói progressivamente a legitimidade do poder estabelecido. Assinalamos, de passagem, que, tal como na França do final do século XVIII, ou na Rússia do início do século XX, esse clima de ironia subversiva precede, em geral, os grandes levantes revolucionários.

Em seu notável livro sobre a formação da sociedade brasileira, Gilberto Freyre fornece inúmeros exemplos daquilo que chama de a "malícia popular"; assim, em um país onde a cor da pele assume grande importância, os apelidos e jogos de palavras que fazem ressaltar "os traços negroides de grandes famílias aristocráticas", da mesma forma uma série de traços, fazem notar seu alcoolismo, sua avareza e sua erotomania.[46] Não é seguro que se tratasse, no caso, de uma reação moralista, mas antes de uma maneira, ainda que apenas simbólica, de relativizar o poder. Particularmente, neste último exemplo, sublinhando tudo o que, em legítima defesa, ou apesar de suas alardeadas ideologias, as classes dominantes devem às torpezas e às fraquezas da natureza humana.

E, dessa maneira, vamos reencontrar uma das hipóteses que fundamenta esta reflexão prévia sobre a *Potência* popular: a de um vitalismo, ou de um desenvolvimento natural que não faz senão traduzir, no plano social, toda a dinâmica da *physis*. O riso e a ironia são explosões de vida, ainda que e sobretudo quando esta é explorada e dominada. A zombaria destaca que, mesmo nas condições mais difíceis, é possível, contra, ou à margem daqueles que são responsáveis por elas, reapropriar--se de sua existência e tentar de maneira relativa usufruir dela. Perspectiva trágica, que pretende menos mudar o mundo do que acomodar-se a ele ou ajeitá-lo. Tanto é verdade que não se muda a realidade da morte (forma extrema da alienação), mas é possível habituar-se a ela, enganá-la ou suavizá-la.

É pois, com naturalidade que a ironia e o humor desembocam na dimensão festiva, da qual o trágico, o que frequentemente se esquece, é um elemento de grande importância. Retomando a terminologia de G. Bataille, podemos dizer que o "dispêndio" resume, ao mesmo tempo, o vitalismo natural do povo e o aspecto risível do poder (cf. os mecanismos de inversão, carnavais etc.). Ora, o "dispêndio" é apenas uma forma

---

46   Cf. G. Freyre, *Maîtres et esclaves, la formation de la société brésilienne*, trad. fr., Paris, Gallimard, nova ed. de 1974, por exemplo, p. 253. (Cf. *Casa-grande & senzala*, Rio de Janeiro, José Olympio.) Sobre o riso subversivo, remeto a meu livro M. Maffesoli, *Essais sur la violence banale et fondatrice*, 2. ed., Paris, Librairie des Méridiens, 1984, p. 78.

radical de exprimir a ironia, o riso ou o humor, e isso de maneira quase institucional. Ao mesmo tempo, ele é causa e efeito dessa energia social que não se esgota nos jogos e arcanos do poder. Platão, que não se interessava senão pelas almas de escol, preocupou-se pouco com o homem comum. Chegou mesmo a pensar que para não se expor às tentações do poder seria necessário ao povo um "hedonismo inteligente", que era "a melhor regra praticável de uma vida satisfatória".[47] Essa lição foi apreendida por numerosos tiranos ou diversos poderes, que não deixaram de fornecer ao populacho seu *quantum* de jogos para mantê-lo tranquilo. E alguns sublinham, com justeza, que esse é também o papel que se atribui aos diversos espetáculos, esportes e outras emissões televisivas de grande audiência lenificantes. Com o totalitarismo suave que conhecemos, "os números e as letras" tomaram o lugar dos sangrentos jogos do circo. Essa temática não está equivocada; porém, ela não se dá conta da ambivalência estrutural da existência humana que é, ao mesmo tempo, isto e aquilo. O tudo ou nada que prevaleceu na perspectiva crítica, originária do Iluminismo e que ainda se mantém nas nossas disciplinas, não dá margem à apreensão do conflito de valores que perpassa em profundidade toda a existência social. Podemos, entretanto, estar persuadidos de que a fecundidade da sociologia segue por esse caminho. Desse ponto de vista, é interessante mostrar uma belíssima análise do sociólogo H. Lefebvre, representante emérito dessa perspectiva crítica, e que não pode impedir-se de sublinhar a "dupla dimensão do quotidiano: monotonia e

---

47 Cf. a análise de E. R. Dodds, *Les grecs et l'irrationnel*, Paris, Flammarion, 1959, cap. VII, "Platon, l'âme irrationnelle", p. 209 + citação de Platão, nota II, p. 224. Para uma análise do "tempo livre" contemporâneo, cf. J. Dumazedier, *Révolution culturelle du temps libre*, Paris, Klincksieck, 1992.

profundidade". Em uma linguagem meio fora de moda, e mi-
norando um pouco suas constatações, ele é obrigado a reconhecer que "nas quotidianidades as alienações, os fetichismos,
as reificações... todos produzem os seus efeitos. Ao mesmo
tempo, as necessidades aí transformadas em (*até certo ponto*)
desejo reencontram os bens e apropriam-se deles".[48]

Com essa referência pretendo antes de tudo acentuar o
fato de que é impossível reduzir a polissemia da existência
social. Sua *Potência* está justamente no fato de que cada um
dos seus atos é, ao mesmo tempo, a expressão de uma certa
alienação e de uma certa resistência. Ela é um misto de banalidade e exceção, de morosidade e excitação, de efervescência
e de repouso. E isso é particularmente sensível no lúdico, que
pode ser, ao mesmo tempo, "merchandizado" e o lugar de
um real sentimento coletivo de reapropriação da existência.
Em todos os meus livros precedentes tratei desse fenômeno.
Ele me parece ser uma das características essenciais do povo.
Característica mais ou menos evidente, mas que traduz, para
além da *separação* herdada do judeu-cristianismo (bem-mal,
Deus-Diabo, verdadeiro-falso), o fato de que existe uma organicidade das coisas e que, de uma maneira diferencial, tudo
concorre para a sua unicidade. Ao lado dos festivais da cultura
tradicional, a multiplicação das festas camponesas, das reuniões folclóricas, ou, melhor ainda, das reuniões festivas em
torno de produtos agroalimentares de tal ou tal "região" não
deixa de ser instrutiva. Na verdade, a celebração do vinho, do
mel, das nozes, da azeitona etc., durante a estação turística, ao
mesmo tempo que é o mais comercial possível, nem por isso
deixa de representar os laços coletivos, demonstrando o que

---

48   H. Lefebvre, *Critique de la vie quotidienne*, t. II, Paris, l'Arche Éditeur,
     1961, p. 70-71. Essas passagens são sintomáticas do embaraço do
     autor diante da não concordância entre o real e seus *a priori*.

eles devem à natureza e a seus produtos. No Quebec francófo-
no, a sociedade dos Festivais populares pôde, assim, pontuar
o ano com uma série de reuniões que, através do pato, do fai-
são, do borda-rio,[49] da maçã... ao mesmo tempo reencenam o
ciclo natural e fortalecem o sentimento coletivo que o Quebec
tem de si mesmo.

Eis aí bem claro em que um "dispêndio", seja ele comer-
cializado, recuperado dirão alguns espíritos rabujentos, é indício de resistência e de *potência*. Usufruir no dia a dia, ter o
senso do presente, aproveitar esse presente, tomar a vida pelo
lado agradável, é o que todo analista não demasiadamente
desconectado da existência corriqueira pode observar em todas as situações e ocorrências que pontuam a vida das sociedades. "Os membros das classes populares são desde sempre
os *epicuristas da vida quotidiana*." Observação pertinente de R.
Hoggart que, em seu livro, fornece múltiplos exemplos nesse
sentido. E sublinha que esse epicurismo está em relação direta
com a desconfiança que se tem diante dos políticos que pretendem fazer a felicidade do povo. Conscientes que somos do
caráter ilusório de suas promessas, é com ceticismo e ironia
que, em geral, acolhemos suas ações. "Podemos morrer de um
dia para outro", então o que importa é, contra aqueles que
pensam sempre no amanhã ou em função dos dias seguintes,
afirmar os direitos do presente, mesmo que sejam precários.
É essa filosofia relativista originária das duras realidades da
vida que serve de suporte ao autocentramento e ao hedonismo populares.[50]

---

49   **N.T.:** Avezinha que se alimenta de peixes.
50   R. Hoggart, *La culture du pauvre*, trad. fr., Paris, Éd. de Minuit, 1970,
     p. 183. Nunca será demais ressaltar o interesse deste livro cujo autor
     é originário do meio que descreve.

CAPÍTULO 3

A Socialidade contra o Social

1. Para além do político

Geralmente é *in absentia* que o intelectual aborda um assunto, pesquisa sobre ele e propõe o seu diagnóstico. Por essa razão, existe em nossas disciplinas uma desconfiança natural com relação ao bom senso popular ("a pior das metafísicas", dizia Engels). Uma desconfiança, em resumo, muito pouco original e que está profundamente arraigada na memória coletiva do pensador. E isso acontece por duas razões essenciais. Primeiro porque o povo[1] se ocupa sem vergonha, isto é, sem hipocrisia e sem se preocupar com a legitimação, daquilo que é a materialidade de sua vida. Poder-se-ia dizer, do que é imediato, em oposição ao que é ideal ou ao que é um mero relato do prazer. E, segundo, porque ele foge do número, da medida, do conceito que, desde sempre, foram os fantasmas do procedimento teórico. Podemos resumir essa inquietação através da fórmula de Tácito: *"Nihil in vulgus modicum"* (a multidão não tem nenhuma medida, *Anais*, I, 29), ou, ainda, por esta

---

1   **N.A.:** Tenho em vista, aqui, o povo como "mito".

expressão forte de Cícero: *"immanius belua"* (o animal mais monstruoso, *República*, III, 45). E poderíamos multiplicar à vontade as observações nesse sentido que se referem à massa. Todas censuram, de maneira mais ou menos eufemística, sua monstruosidade e o fato de não se deixar "enquadrar" facilmente em uma definição.

É dentro dessa linhagem "ciceroniana" que podemos fazer referência ao temor de Durkheim diante da "Sociologia espontânea", ou ainda ao desprezo de P. Bourdieu à algaravia cultural ou ao *bric-à-brac* de noções que seria o saber popular.[2] Tudo o que é da ordem do heterogêneo e da complexidade repugna aos burocratas do saber, da mesma maneira que inquieta os burocratas do poder. Se lembrarmos de como Platão se preocupou em aconselhar o Príncipe, vamos compreender que as íntimas relações entre o saber e o poder vêm de muito longe.

Entretanto, com a modernidade, inaugura-se algo de específico. A Revolução Francesa opera uma transformação ra-

---

2   Z. Yavetz, *La plèbe et le prince, foule et vie politique sous le Haut-Empire Romain*, Paris, Maspéro, 1983. Cf. as numerosas citações que se referem à desconfiança diante da massa. Por exemplo, p. 25. Cf. ainda M. de Certeau, *Arts de faire*, Paris, 10/18, p. 116, e P. Bourdieu, *Esquisses d'une théorie de la pratique*, Genebra, Droz, 1972, p. 202. Atualmente, é divertido (desolador) ver as palinódias, um pouco demagógicas, de nosso sábio sociólogo, à espreita e a reboque das revoltas pontuais de um povo que ele, no fundo, sempre desprezou. Aceitando essa idéia de povo como "mito", penso ser necessário atribuir-lhe o sentido que lhe dá Sorel. Cf. J. Zylberberg, "Fragment d'un discours critique sur le nationalisme". In: *Anthroplogie et société*, v. 2, nº 1. F. Dumont, "Sur la genèse de la notion de culture populaire". In: *Cultures populaires et sociétés contemporaines*, Quebec, Presses Universitaires, 1982, p. 33.

dical na vida política, bem como no papel que o intelectual é chamado a representar nela. Retomando uma análise de Nisbet, cuja fórmula podemos lembrar: "A política se torna agora um modo de vida intelectual e moral",[3] seria possível dissertar longamente sobre esse fato. Em todo caso, é isso mesmo que está na base de qualquer pensamento político e social dos séculos XIX e XX. Mas é, ao mesmo tempo, o que explica a quase impossibilidade em que nos encontramos, hoje, de compreender tudo o que ultrapassa o horizonte político. Para o protagonista das ciências sociais, o povo ou a massa são objeto e domínio reservados. É o que lhe confere sua razão de ser e sua justificação. Mas, ao mesmo tempo, são assunto delicado demais para falar dele com serenidade. Pululam os *a priori* dogmáticos e os lugares-comuns do pensamento que, em função de uma lógica do "dever ser", tentam fazer do populacho um "sujeito da história" ou qualquer outra entidade recomendável e civilizada. E do desprezo à idealização abstrata é um pulo. Mas esse movimento não é irreversível. Se o sujeito não se revela um "bom" sujeito, retorna-se à apreciação inicial. Aí está uma sociologia que "só pode reconhecer um social constantemente reduzido à ordem do Estado".[4]

De fato, o popular, na sua ambiguidade e monstruosidade, só pode ser concebido pejorativamente pelo intelectual político, que avalia tudo à luz do projeto (*pro-jectum*). Na melhor das hipóteses, esse popular (pensamento, religião, maneira de ser) será considerado como signo de uma impotência de

---

3   Id., ibid.
4   R. A. Nisbet, *La tradition sociologique*, Paris, PUF, 1984, p. 54. Cf. também G. Renaud, *À l'ombre du rationalisme. La société québécoise de sa dépendance à sa quotidienneté*, Montreal, Éd. St. Martin, 1984, p. 182.

ser *outra coisa*, o que é necessário corrigir.⁵ Na verdade, poderíamos tentar aplicar a nós mesmos essa crítica e ver se o que nos caracteriza não é exatamente essa impotência de compreender *a outra coisa* que é o povo! Massa informe, ao mesmo tempo popularesca e idealista, generosa e mesquinha, em resumo, uma mistura paradoxal que, como todas as coisas vivas, se baseia na tensão do que é contraditório. Não poderíamos tomar tal ambiguidade por aquilo que ela realmente é? A massa um tanto caótica, indeterminada, que de maneira quase intencional tem como único "projeto" perdurar no ser. O que, levando em consideração a imposição natural e social, não é nada.

Vamos inverter a nossa visão. Poderíamos dizer, parafraseando Maquiavel, que é preciso levar em consideração mais o pensamento da praça pública do que o do palácio. Essa preocupação nunca se perdeu. Desde os cínicos da Antiguidade até os populistas do século XIX, foi este o assunto de vários filósofos e historiadores. Houve até ocasiões em que foi proclamada a primazia do "ponto de vista da aldeia" sobre o da *intelligentsia*.⁶ Agora, no entanto, isso se tornou uma urgência, pois vivemos em um tempo em que as "aldeias" se multiplicam dentro de nossas megalópoles. Não se trata de um estado qualquer de alma, intenção piedosa, ou de mais uma proposição sem consistência. Trata-se de uma necessidade que corresponde ao espírito do tempo. Como tal, poderíamos resumi-la assim: é a partir do "local", do território, da proxemia, que se determina a vida de nossas sociedades. E todas essas coisas se referem, também, a um saber local, e não mais a uma verdade projetiva e universal. Isso exige, sem dúvida, que o intelec-

---

5   Cf. P. Brown, *Le culte des saints*, Éd. du Cerf, 1983, p. 32 e segs.; mostra como a religião popular é analisada a partir dessa perspectiva.

6   F. Venturi, *Les intellectuels, le peuple et la révolution. Histoire du populisme russe au XIXᵉ siècle*, Paris, Gallimard, 1972, t. I, p. 50.

tual saiba "estar" naquilo que descreve. Significa vivenciar-se a si mesmo, e, por que não?, como um *"narodnik* moderno",[7] protagonista e observador de um conhecimento ordinário. Mas existe outra consequência, importantíssima, também: a de fazer ressaltar a permanência do fio condutor popular que percorre o conjunto da vida política e social.

Isso significa, antes de tudo, que a História ou os grandes acontecimentos políticos resultam principalmente da massa? Em suas teses sobre a filosofia da história, Walter Benjamin já chamou a atenção para esse ponto. À sua maneira, Gustave Le Bon havia observado que não foram os reis que fizeram a noite de São Bartolomeu ou as Guerras de Religião, como tampouco Robespierre e Saint-Just fizeram o Terror.[8] Podem existir processos de aceleração, personalidades que podem ser consideradas como vetores necessários, com toda a certeza existem causas objetivas que não deixam de influir, mas nada disso é suficiente. São apenas ingredientes, que, para se reunir, necessitam de uma energia específica. Essa energia pode tomar diversos nomes, como "efervescência" (Durkheim) ou "Virtù" (Maquiavel). Nem por isso ela deixa de ser perfeitamente indecidível, e, no entanto, é esse "não sei o quê" que funciona como cimento. Só *a posteriori* poder-se-á dissecar a razão objetiva de tal ou tal ação, que, a partir daí, parecerá bastante fria, demasiado previsível, absolutamente ine*lu*tável, quando se sabe, na verdade, que ela depende antes de tudo

---

7   Trata-se aí de uma expressão de E. Morin, *L'esprit du temps*, Paris, Le Livre de Poche, 1984, p. 20 (ed. bras.: *Cultura de massas no século XX*, Rio de Janeiro, Forense Universitária); sobre o envolvimento do pesquisador, cf. meus livros, M. Maffesoli, *La connaissance ordinaire*, Paris, Klincksieck, 1985, e *Éloge de la raison sensible*, Paris, Grasset, 1996.

8   G. Le Bon, *Psychologie des foules*, Paris, Retz, 1975, p. 88.

de uma massa acalorada tanto no sentido próprio quanto no sentido figurado. Prova disso é a esplêndida descrição que E. Canetti faz do incêndio do palácio da justiça de Viena, quando foram absolvidos os policiais assassinos de operários. "Quarenta e seis anos se passaram, e a emoção deste dia, eu a sinto ainda até a medula. A partir daí sei que não me seria necessário ler nem uma palavra sobre o que se passou quando da tomada da Bastilha. *Tornei-me parte da massa*, confundi-me nela; não sentia a menor resistência contra aquilo que ela empreendia..."[9] Pode-se ver muito bem como no calor de uma emoção comum se solda um bloco compacto e sólido; todo mundo[10] se funde em um conjunto que tem sua própria autonomia e sua dinâmica específica.

Nesse sentido há múltiplos exemplos, que podem ser mais paroxísticos ou mais anódinos, porém, em contrapartida, o que todos eles sublinham é que existe, *stricto sensu*, uma experiência "ex-tátita" que fundamenta esse estar-junto em movimento que é uma massa revolucionária ou política. Experiência que, naturalmente, tem muito pouco a ver com a lógica do projeto. Dessa maneira, como quer que possa parecer, a energia em questão, causa e efeito do simbolismo societal, pode ser designada como uma espécie de *centralidade subterrânea* que se reencontra constantemente, tanto nas histórias de todo mundo como naquelas que pontuam a vida comum.

---

9   E. Canetti, *La conscience des mots*, Paris, Albin Michel, 1984, p. 280, reed. Le Livre de Poche, 1989.

10   **N.T.:** Referência a um personagem teatral que aparece em várias traduções dramáticas europeias; na Alemanha é Jedermann; em Gil Vicente aparece na trilogia das Barcas, chama-se Todo Mundo e contracena com Ninguém.

Há uma fórmula de K. Mannheim, em *Ideologia e utopia*, que resume muito bem essa perspectiva: "Existe uma fonte de história intuitiva e inspirada que a própria história real não reflete senão imperfeitamente."[11] Perspectiva mística, ou mítica que seja, mas que não deixa de esclarecer numerosos aspectos da vida concreta de nossas sociedades. Por outro lado, a mística tem uma essência mais popular do que se crê. Em todo caso, seu enraizamento, manifestamente, é. Em seu sentido etimológico, ela remete a uma lógica de união: aquilo que une os iniciados entre si, a forma extremada da religião (*re-ligare*).

Lembremos que, para definir a política, K. Marx dizia que ela era a forma profana da religião. Assim, dentro de nossos propósitos, e forçando um pouco a mão, seria absolutamente estúpido dizer que, na oscilação das histórias humanas, a acentuação da perspectiva místico-religiosa relativiza o investimento político. Aquela favorece sobretudo o estar-junto, este privilegia a ação e a finalização desta ação. Para ilustrar essa hipótese com um exemplo da moda (mas nada é inútil para a compreensão do Espírito do tempo), podemos lembrar que o pensamento Zen (Tch'an) e a mística taoísta, fortemente arraigados na massa chinesa, ressurgem regularmente, opondo-se sempre às formas instituídas da ideologia e da política oficial do Estado chinês. É o fracionamento do conceito, a espontaneidade e a proximidade que eles induzem o que lhes permite favorecer a resistência branda ou a revolta ativa entre as massas.[12] Isso tudo para dizer que a mística, tal

---

11 K. Mannheim, *Idéologie et utopie*, Paris, Librairie Marcel Rivière, 1956, p. 96.

12 Cf. K. Schipper, *Le corps taoïste*, Paris, Fayard, 1982, p. 27. Eu mesmo mostrei, baseado em Van Gulik, que encontramos explosões populares, baseadas no taoísmo até os nossos dias. M. Maffesoli, *L'ombre*

como acabo de referir, é um repositório popular onde, além
do individualismo e de seu ativismo projetivo, são reforçados
uma experiência e um imaginário coletivos cuja sinergia forma
esses *conjuntos simbólicos* que estão na base, no sentido forte do
termo, de toda vida societal.[13] Isso não tem nada a ver com a
relação tetânica que une o subjetivismo do intimismo hesitante
e o objetivismo da conquista econômico-política. Os conjuntos simbólicos devem, antes, ser compreendidos como matrizes onde, de maneira orgânica, os diversos elementos do dado
mundano se interpenetram e se fecundam, suscitando, assim,
um vitalismo irreprimível que merece uma análise específica.

É necessário, naturalmente, acrescentar que o espaço religioso do qual estamos falando nada tem a ver com a maneira
habitual de compreender a religião dentro da tradição oficial
cristã. E isso sob dois aspectos essenciais. Por um lado, com
referência à adequação que em geral se faz entre religião e
interioridade. Por outro, com referência à relação que em princípio é estabelecida entre religião e *salvação*. Esses dois pontos
podem resumir-se na ideologia individualista, que estabelece
uma relação privilegiada entre o indivíduo e a deidade. De
fato, à maneira do politeísmo grego, podemos imaginar uma
concepção da religião que, antes de tudo, insiste na forma
de estar-junto, naquilo que chamei de "transcendência imanente", outra maneira de designar a energia que cimenta os

---

de *Dionysos, contribution à une sociologie de l'orgie*, Paris (1982), p. 67,
reed. Le Livre de Poche, 1991.

---

13   Sobre a ligação entre a experiência e os conjuntos simbólicos, cf. a
      referência a Dilthey feita por J. Habermas, *Connaissance et intérêt*,
      Paris, Gallimard, 1976, p. 182.

pequenos grupos e as comunidades.[14] Perspectiva metafórica, é claro, que nos permite apreender como o recuo do político acompanha o desenvolvimento desses pequenos "deuses falantes" (P. Brown), causas e efeitos da multiplicação de numerosas tribos contemporâneas.

Observemos, também, ainda que de maneira alusiva, que, se a tradição cristã foi oficial e doutrinariamente soteriológica e individualista, sua prática popular, pelo contrário, foi convivial. Não é possível abordar esse problema aqui. Basta indicar que, antes de dogmatizar-se como fé, a religiosidade popular – aquela das peregrinações, dos cultos dos santos e outras múltiplas formas de superstições – foi expressão de socialidade. Mais do que a pureza da doutrina, é o viver e o sobreviver juntos que preocupa as comunidades de base. A Igreja Católica não se equivocou quando, de maneira quase intencional, sempre evitou ser uma Igreja de puros. Por um lado, lutou contra as heresias que desejavam introduzi-la nessa lógica (como o donatismo); por outro, reservou a "segregação" dos presbíteros, do monaquismo e, principalmente, do eremitismo para quem pretendesse seguir e viver os "conselhos evangélicos". No mais, manteve firmemente uma dimensão multitudinária beirando às vezes o relaxamento moral ou doutrinal. Seria possível ler nessa perspectiva a prática das Indulgências, que provocou, como sabemos, a revolta de Lutero, ou a benevolência dos Jesuítas de corte que, tão fortemente, chocou Pascal. Podemos aproximar essa perspectiva "multitudinária" da noção de repositório empregada *supra*, pois ela

---

14   Sobre a interioridade e a salvação, acompanho a análise de W. F. Otto, *Les dieux de la Grèce*, Prefácio de M. Detienne, Paris, Payot, 1981. Cf. p. 24 e Prefácio, p. 10.
      Sobre os "deuses falantes" e a vitalidade grupal que isto induz, cf. P. Brown, *Genèse de l'Antiquité tardive*, Paris, Gallimard, 1983, p. 83.

torna responsável um grupo por esse depósito sagrado que é a vida coletiva.[15] Nesse sentido, a religião popular é realmente um conjunto simbólico que permite e fortalece a manutenção do laço social.

> Como distração vou propor uma primeira "lei" sociológica: *os diversos modos de agregações sociais não valem senão na medida em que, e se elas permanecem em adequação com a base popular que lhes serviu de suporte.*

Essa lei é válida para a Igreja, e o é, igualmente, para a sua forma profana que é a política. "Uma igreja não se mantém sem povo" (E. Renan),[16] e as diversas decadências que pontuam as histórias humanas poderiam ser compreendidas à luz de uma tal advertência. Desconectar-se da base faz com que as instituições se tornem inconsistentes e vazias de sentido. Mas, *a contrario*, de acordo com a nossa ótica, isso indica e sublinha, com força, que se a socialidade pode, pontualmente, estruturar-se em instituições ou em determinados movimentos políticos, ela os transcende a todos. Retomando uma imagem mineralógica, eles são apenas pseudomorfoses, aninhando-se em uma matriz que lhes sobrevive. É essa perdurância que nos interessa aqui. Ela explica, também, que o maciço desengajamento político observado em nossos dias não significa uma

---

15   Sobre o "multitudinarismo" e a socialidade induzida pela religiosidade popular, cf. E. Poulat, *Église contre bourgeoisie*, Paris, Casterman, 1977, p. 21 e 24. Cf. também a excelente descrição da religião popular feita por Y. Lambert, *Dieu change en Bretagne*, Paris, Cerf, 1985, particularmente sobre as "indulgências como 'recíproca espiritual'", cf. p. 206-208.

16   E. Renan, *Marc Aurèle, ou la fin du monde antique*, Paris, Le Livre de Poche, 1984, p. 354. Para uma crítica do estatismo, cf. J. Zylberberg, "Nationalisme – intégration – dépendance", *Revue d'intégration européenne*, 1979, II, n° 2, Canadá, p. 269 e segs.

acelerada desestruturação, sendo, pelo contrário, o indício de uma vitalidade renovada. Essa perdurância é a marca do divino, o qual não é uma entidade formal e exterior. Ao contrário, está no âmago da realidade mundana, sendo ao mesmo tempo a sua essência e o seu futuro. Podemos lembrar, a propósito, a clássica terminologia da sociologia alemã, da oposição *Gemeinschaft-Gesellschaft* de Tönnies, ou a que propõe M. Weber entre "comunalização" (*Vergemeinschaftung*) e "sociação" (*Vergesellschaftung*).

O *ethos* comunitário designado pelo primeiro conjunto de expressões remete a uma subjetividade comum, a uma paixão partilhada, enquanto tudo o que diz respeito à sociedade é essencialmente racional. Racionalidade em valor (*Wert*) ou em finalidade (*Zweck*). Mas existe um texto de M. Weber que não deixa de ser esclarecedor a respeito. Ele observa, por um lado, que toda sociação que "ultrapassa o quadro da associação com fim determinado... pode fazer nascer valores sentimentais que ultrapassam o fim estabelecido pela livre vontade". Por outro, nota que uma comunidade pode se orientar para uma certa racionalidade ou finalidade. Dessa maneira, às vezes "um grupamento familiar é como uma comunidade e, por outro lado, explorado, sentido como uma 'sociação' pelos seus membros".[17] Desse modo, Weber enfatiza que pode haver evolução e reversão de uma forma à outra. Está entendido que a dimensão comunitária é o momento fundador. Isso é particularmente flagrante para as cidades que se apoiam em "grupos de parentesco" ou nas "associações confessionais". Necessitamos, então, dirigir nossa atenção, ao mesmo tempo, para esse movimento de reversibilidade e para aquele outro que o fundamenta. Na verdade, na combinatória constituída pelas estruturações so-

---

17   M. Weber, *Économie et société*, Paris, Plon, 1971, p. 41-42, e *La ville*, Paris, Aubier, 1984.

ciais, a mudança de lugar de tal ou tal elemento, ou ainda a sua saturação, pode levar a uma diferença qualitativa importante. Dessa maneira, o fim de uma forma particular pode nos ajudar a compreender o ressurgimento de uma outra.

Além da religião e da comunidade, como acabo de descrevê-las, existe uma outra noção relevante, que é a de povo. Este termo pode ser empregado sem intenção particular, tal como no caso da palavra "social" tomada no sentido mais simples. É possível, igualmente, mostrar que sua acepção pode remeter a um conjunto de práticas e de representações alternativas à ordem do político. Foi isso que a corrente "populista" tentou fazer. Das suas diversas expressões, o populismo russo do século XIX foi a mais ilustre. Teve seu momento de glória, seus pensadores e numerosas realizações econômico-sociais. É verdade que, rapidamente, ele foi considerado, em particular por Lenin, como a adolescência do verdadeiro socialismo, do socialismo científico. Naturalmente, no que dizia respeito às comunas camponesas, o marxismo, em vias de rigidificação dogmática, hesitava, e sempre me agrada citar a célebre carta de 8 de março de 1881 de K. Marx a Vera Zasulic, na qual bem se veem suas incertezas diante do populismo, muito vivo nesse momento, na Rússia. De fato, podemos considerar que a própria realidade do povo foi completamente estranha à tradição "autoritária" (marxismo, leninismo, stalinismo) do movimento operário e daqueles que asseguraram a sua gestão teórica. Pois, contra os "não autoritários" (anarquistas, federalistas), a perspectiva dos primeiros é essencialmente política. Além disso, Marx havia resumido o debate na seguinte fórmula: "Quando se fala do povo, eu me pergunto o que se está tramando contra o proletariado." Incidentalmente, já que, seja em sua versão reformista, seja em sua versão revolucionária, foram os defensores do proletariado que tomaram o poder em muitos lugares, prestamos mais atenção naquilo que eles tramaram contra o povo![18]

Fora dos ucasses de que foi objeto, o populismo não era exatamente uma criança débil que ainda não havia chegado à maturidade. Podemos postular que ele representou a forma profética ou, o que dá no mesmo, o laboratório em que era esboçada essa forma pela relativização da pregnância econômico-política. Enfatizando a solidariedade de base, os efeitos da comunidade, o mito da comuna (a famosa *obscina* russa), que para alguns vaticinava que a máquina iria favorecer esta comunidade,[19] os populistas poderiam ser muito úteis a todos aqueles que hoje pensam o presente e o futuro em termos de autonomia ou de microssociedades. Seria interessante ter em mente essa perspectiva populista para compreender o desenvolvimento das pequenas empresas, das cooperativas, e da gestão mais imediata que caracteriza a economia de nossos dias. Em resumo, para compreender a passagem da *economia generalizada* para a *ecologia generalizada*, que não pretende dominar o mundo, a natureza e a sociedade, mas realizar coletivamente sociedades fundamentadas sobretudo na qualidade de vida.

No final do século XIX e no início do século XX, correspondendo ao espírito do tempo, a *classe* (ou o proletariado) toma, progressivamente, o lugar do povo. Esse processo, que se realiza, principalmente, na relação com o predomínio da história ou da política, é bem conhecido hoje em dia. Ao mesmo tempo, estamos, por um lado, cada vez mais conscientes da dificuldade para se definir uma classe; por outro, concordamos

---

18   Cf. K. Marx, *Oeuvres* présentées par M. Rubel, Paris, Pléiade, t. II, p. 1.451.

F. Venturi, *Les intellectuels, le peuple et la révolution*, op. cit., t. I, p. 45, se ocupa dessas hesitações que se referem à *obscina*. Totalmente outra é a sensibilidade fourierista. Cf. P. Tacussel, *Charles Fourier, Le jeu des passions*, Paris, DDB, 2000.

19   Cf. ainda F. Venturi, *ibid.*, t. I, p. 29.

em reconhecer que é sempre *post festum* que se atribui tal ou tal ação, tal ou tal luta à classe operária, ou ao proletariado agindo em plena consciência.[20] Na maior parte do tempo, aliás, essa qualidade só é atribuída às lutas que correspondem à estratégia determinada pelo politburo. O resto, conforme as circunstâncias, é chamado de provocação, compromisso, traição ou colaboração de classe.

Podemos fazer um paralelo certeiro entre o fato de que a classe operária obedece cada vez menos às injunções que lhes são feitas e a crença cada vez menor, que podemos constatar, em uma direção segura da História. O *no future, slogan* das gerações mais jovens, ecoa, embora com menos exuberância, no conjunto da sociedade. E podemos nos perguntar se o ato de recorrer à história passada (folclore, recuperação das festas populares, recrudescimento da sociabilidade, fascinação pelas histórias locais) não é uma maneira de escapar à ditadura da história acabada, progressista, e, dessa maneira, de viver no presente? O certo é que, provocando um curto-circuito na marcha real do Progresso, a recusa do futuro, de que acabo de falar, restitui ao povo seus títulos de nobreza. Isto é apenas um jogo de palavras, com o objetivo de ressaltar o aspecto aristocrático do povo.

Com relação à ordem política, esse aristocratismo toma formas diversas. Inicialmente, no desprezo que atinge os políticos, sejam quais forem as suas tendências. Já analisei este "autocentramento" popular. Inúmeras anedotas, ditos espirituosos e ditados do bom senso o atestam.[21] Não vale a pena falar disso agora. Por outro lado, é notável a *versatilidade* das

---

20 Sobre a substituição do povo pela classe, cf. K. Mannheim, *Idéologie et utopie, op. cit.*, p. 60 e segs.
    Para uma crítica da luta de classes, cf. J. Freund, *Sociologie du conflit*, Paris, PUF, 1983, p. 72 e segs.

21 Cf. M. Maffesoli, *La connaissance ordinaire, op. cit.*, p. 167, e *La conquête du présent*, Paris (1979), reed. DDB, 1998.

massas. Essa versatilidade, vinculada à "autorreferência" popular, é uma forma específica de insolência. Daqueles que são
possuídos pela *libido dominandi* aguarda-se o que eles podem
dar, ou de que maneira eles podem ser úteis. E aí voltamos à
religião profana tal como foi apresentada anteriormente *do ut
des*: eu te dou a minha voz para me dares algo em troca. Mas,
ao mesmo tempo, isso demonstra a profunda não adesão das
massas ao político. Seu interesse só existe na medida em que
eles possam ganhar alguma coisa com isso.

Ao mesmo tempo, essa versatilidade insolente é um escudo
contra o poder, seja ele qual for. Os historiadores e os sociólogos
não perdem a oportunidade de ressaltar como a massa adora
e queima, sucessivamente, os senhores e os valores mais diversos. São inúmeros os exemplos nesse sentido. Podemos dizer a
mesma coisa com respeito às ideologias e crenças que as massas,
alternadamente, exaltam e desprezam.[22] Em vez de nos chocar-
mos com isso, é melhor considerá-lo um relativismo fundamental com relação às entidades formais que têm muito pouco a ver
com a dimensão próxima onde se tecem os verdadeiros laços de
solidariedade. No espaço das ideias ou dos projetos distantes,
todos os gatos, que prometem um futuro radioso, são pardos.

Apontei anteriormente o dever sagrado de fazer perdurar
a existência. Trata-se de um saber incorporado, animal, de certa forma, um saber que permite às massas resistir. Com efeito,
o que costuma ser chamado de versatilidade poderia ser uma
maneira de manter o essencial, e de passar por cima do factual, do pontual. A guerra dos chefes, sua teatralização, não é
de se desprezar, particularmente como espetáculo, mas antes

---

22 Cf. Z. Yavetz, *La plèbe et le prince, op. cit.*, p. 38 e segs., p. 54, no que
    se refere à valsa dos imperadores, ou à atitude com relação a Calígu-
    la. G. Le Bon, *Psychologie des foules, op. cit.*, p. 144, mostra a mesma
    versatilidade quanto às ideologias.

de tudo é uma coisa *abstrata* e, na maior parte do tempo, não
tem os efeitos positivos ou negativos que pretendem conferir-
-lhe. Se o papel do político é o da animação – daí a encenação
de que necessita, a monumentalidade que o sustenta e o aparato de que se reveste –, o papel da massa é o da sobrevivência.
É necessário manter-se no ser. Podemos compreender as esca-
patórias e as mudanças de opinião em função dessa imensa
responsabilidade. Isso é o *concreto*. Darei um passo adiante
na minha argumentação, e direi que, sem se embaraçar com
escrúpulos excessivos e estados de alma acessórios, *o povo como
massa* tem como responsabilidade essencial triunfar sobre a
morte de todos os dias. Tarefa que, pressentimos, exige um
esforço constante e uma grande economia de energia. E é isso
exatamente o que fundamenta a sua nobreza.

Retomando a dicotomia que apresentei entre o *Poder* e a
Potência (*La violence totalitaire* [1979], cap. 1), e jogando com as
palavras, apresento agora uma segunda lei:

> O *poder pode e deve se ocupar da gestão da vida, a potência é
> responsável pela sobrevivência*.[23]

Naturalmente, estou fazendo um jogo de palavras (o que
é necessário quando se fazem leis), e por "sobrevivência" entendo, ao mesmo tempo, o que fundamenta, o que ultrapassa e o que garante a vida. A sobrevivência, na expressão de
Canetti, é a "situação central da potência".[24] Ela é essa luta
permanente contra a morte na qual, realmente, não acreditamos nunca. Quer seja a morte *stricto sensu* ou a morte natural,
ou ainda a imposição mortífera que emana da dimensão "projetiva" da ordem econômico-política, seja ela qual for. Poder-
-se-ia comparar essa Potência com o *mana* ou outras expressões

---

23   **N.T.:** O jogo de palavras se refere a vida (*vie*) e sobrevivência (*survie*).
24   Cf. E. Canetti, *La conscience des mots*, *op. cit.*, p. 33, reed. Le Livre de
      Poche, 1989.

que designam uma força coletiva que transcende indivíduos ou facções particulares. De minha parte, considero estabelecida uma ligação entre a Potência e esse "concreto mais extremo" (W. Benjamin) que é a vida do dia a dia. E em face dessas histórias feitas de nada e de tudo, de carne e de sangue, a História política não tem consistência para uma memória coletiva que sabe muito bem a que se prender.

Antes as histórias do que a História. Esse poderia ser o maravilhoso segredo a nos explicar a perdurância das sociedades. Para além da ordem do político, grandes conjuntos culturais se sustentam através dos séculos. As culturas grega, latina, árabe, e a cultura cristã que nos diz respeito, apoiam-se em uma potência que sempre torna a renovar, fortalecer, redinamizar, aquilo que os poderes tendem a fragmentar, rigidificar e, no fim das contas, destruir. Trata-se de um querer-viver coletivo que requer uma tenção mais aguda por parte do observador social. Simmel notava que, para compreender uma decisão política, era necessário abarcar o conjunto da vida daquele que decide, e "considerar vários aspectos dessa vida que são estranhos à política".

A *fortiori*, para apreender essa decisão fundamental, sempre renovada, que é a "sobrevivência" da espécie, é necessário saber ultrapassar o quadro mesquinho da simples finalidade política. A vida que segue, teimosa e irreprimível, nos impulsiona. Será necessário ver nisso, como diz, com tanta beleza, Gilbert Renaud, a expressão de uma "socialidade frondosa que resiste à domesticação"?[25] Em todo caso, direi que é uma questão difícil de não responder no final do século passado.

---

25 G. Simmel, *Les problèmes de la philosophie de l'histoire*, Paris, PUF, 1984, p. 104, e G. Renaud, *A l'1ombre du rationalisme, op. cit.*, p. 257. Sua proposição programática aplicada à socialidade de Quebec parece ter um brilhante futuro.

2. Um "familialismo" natural

Contrariamente ao que, talvez, seja difícil de admitir, parece-me existir uma relação estreita, e um tanto perversa, entre o indivíduo e o político. De fato, essas duas entidades são os polos essenciais da Modernidade. Já falei a esse respeito: o *principium individuationis* é o que determina toda a organização político-econômica e tecnoestrutural inaugurada com o burguesismo. Durkheim, que é, seguramente, um dos grandes pensadores desse processo, observa de maneira peremptória que "o papel do Estado não tem nada de negativo. Ele pretende assegurar a individualização mais completa que o estado social permite".[26] O Estado, como expressão por excelência da ordem política, protege o indivíduo contra a comunidade. Anedoticamente, basta observar aqueles que eram os hiperpolíticos dos anos 1960; aqueles que proclamavam "tudo é política" afirmam agora, com a mesma convicção, e às vezes com o mesmo sectarismo, a necessidade do individualismo. Para eles não existe uma mudança fundamental, apenas uma diferença de ênfase.

É falacioso, portanto, estabelecer um paralelo entre o fim do político e o retraimento para o indivíduo, ou aquilo que se chama o retorno do narcisismo. Essa é uma perspectiva de pouco alcance. Na verdade, eu tenderia a postular que a saturação da forma política caminha lado a lado com a saturação do individualismo. Estar atento a esse fato é, pois, uma outra maneira de se interrogar sobre as massas. Tanto no que diz respeito ao conformismo das gerações mais jovens, à paixão pela semelhança, nos grupos ou "tribos", aos fenômenos da moda, à cultura padronizada, até e inclusive ao que se pode chamar

---

26 E. Durkheim, *Leçons de sociologie*, Paris, PUF, 1969, p. 103. Remeto também a M. Maffesoli, *La violence totalitaire*, Paris (1979), reed. DDB, 1999, caps. VI e VII, e *L'ombre de Dionysos, op. cit.*, Introdução.

de *unissexualização* da aparência, tudo nos leva a dizer que assistimos ao desgaste da ideia de indivíduo dentro de uma massa bem mais indistinta. Essa massa não sabe o que fazer da noção de identidade (individual, nacional, sexual) que foi uma das conquistas mais importantes do burguesismo. Do meu ponto de vista, uma interrogação a respeito do fundamento socioantropológico desse fato pode nos esclarecer sobre a relação antinômica que existe entre a massa e o político.

Assim dizendo, trata-se de mostrar que a massa já existiu, é uma modulação do estar-junto, e que tende a favorecer elementos que o projeto político (tautologia) esquece ou denega. É, de início, possível sublinhar, ainda que rapidamente, o aspecto mutável e caótico da identidade. De maneira pascaliana, podemos dizer que a sua verdade varia de acordo com as fronteiras temporais ou espaciais. O que uma observação de M. Weber sintetiza muito bem: "A identidade, do ponto de vista sociológico, é apenas um estado de coisas relativo e flutuante."[27] Com grande acuidade, Weber observa que, segundo as situações e a ênfase em tal ou tal valor, a relação consigo mesmo, a relação com o outro, ou a relação com o meio ambiente podem ser modificadas. Fica entendido que "a identidade" diz respeito tanto ao indivíduo quanto ao agrupamento no qual ele se situa: é na medida em que existe uma identidade individual que vamos encontrar uma identidade nacional. De fato, a identidade em suas diversas modulações consiste, antes de tudo, na aceitação de ser alguma coisa determinada. É a aquiescência em ser isto ou aquilo; processo que, em geral, sobrevém tardiamente no devir humano ou

---

27   M. Weber, *Essais sur la théorie de la science*, Paris, Plon, 1965. "Essai sur quelques catégories de la sociologie compréhensive", 1913, trad. fr., p. 360.

social. Com efeito, o que tende a predominar nos momentos de fundação é o pluralismo das possibilidades, a efervescência das situações, a multiplicidade das experiências e dos valores, tudo aquilo que caracteriza a juventude dos homens e das sociedades. Direi, por meu lado, que se trata do momento *cultural* por excelência. Ao contrário, a escolha que progressivamente se impõe na elaboração de uma individualidade pessoal ou social, o fato de que se eliminam a efervescência e o pluralismo sob seus diversos aspectos conduzem geralmente àquilo que se pode chamar *civilização*. É nesse segundo momento, dominado pela moral da responsabilidade, que se desenvolve o político.

Nesse ponto, apoio-me na dicotomia clássica utilizada pelo pensamento alemão e muito bem formalizada por N. Elias:[28] antes de se civilizar, de alcançar uma finalidade, uma estruturação social, seja ela qual for, é um verdadeiro caldo de cultura no qual cada coisa e seu contrário estão presentes. O caldo de cultura é fervilhante, monstruoso, desagregado, mas ao mesmo tempo rico em possibilidades futuras. Podemos nos servir dessa imagem para dizer que a massa se basta a si mesma. Ela não se projeta, não se completa, não se "politiza". Ela vive o turbilhão dos seus afetos e de suas múltiplas experiências. Isso porque ela é causa e consequência da perda do sujeito. No meu jargão, direi que ela é dionisíaca, confusional. Contemporaneamente, são numerosos os exemplos que, de maneira mais ou menos nítida, conduzem nessa direção. Nesses momentos, cria-se uma "alma coletiva" na qual as atitudes, as identidades e as individualidades se apagam. O que, de resto, não impede que essa entidade efervescente possa ser o lugar de uma reapropriação real. Cada um participa desse "nós" global. Ao contrário do político que, paradoxalmente, se apoia no "eu" e no distante, a massa

---

28   Cf. N. Élias, *La civilisation des moeurs*, Paris, Calmann-Lévy, 1973.

é feita de "nós" e de proximidade. O desenvolvimento das histórias da vida destaca que o narrador fala, frequentemente, em termos de "nós".[29] Dessa maneira, a comunidade "efervescente" pode ser, ao mesmo tempo, evanescência individual e reapropriação da pessoa.

Chegamos à distinção, clássica a partir de M. Mauss, entre pessoa e indivíduo. Em nossos dias, L. Dumont na França e R. da Matta no Brasil trataram dela com notória felicidade. Dentro da perspectiva que nos ocupa, podemos dizer que, *de jure*, certamente, o indivíduo é livre, ele contrata e se inscreve em relações igualitárias. Isso servirá de base ao projeto, ou melhor, à atitude projetiva (isto é, a política). Em contrapartida, a pessoa é tributária dos outros, aceita um dado social e se inscreve em um conjunto orgânico. Em suma, podemos dizer que o indivíduo tem uma função, e a pessoa, um papel.[30] Essa distinção é importante porque permite compreender que, seguindo um movimento pendular, as formas de agregação podem privilegiar seja o político, seja o que já há algum tempo proponho chamar de a socialidade. A massa, que já chamaram de "mostruosa", seguramente, remete a esta segunda categoria.

---

29   Remeto, logicamente, a G. Le Bon, *Psychologie des foules, op. cit.*, p. 51, e J. Beauchard, *La puissance des foules*, Paris, PUF, 1985. Sobre as histórias de vida e a passagen do "eu" ao "nós", cf. M. Catani, *Tante Suzanne*, Paris, Librairie des Méridiens, 1982, p. 12, 15. O termo "efervescência" remete naturalmente a E. Durkheim.

30   M. Mauss, *Sociologie et anthropologie*, Paris, PUF, 1968. "Une catégorie de l'esprit humain. La notion de personne", L. Dumont, *Homo hierarchicus*, Paris, Gallimard, 1967. R. da Matta, *Carnavals, bandits et héros*, Paris, Seuil, 1983, p. 210 e segs. (Ver ed. bras.: *Carnavais, malandros e heróis*, Rio de Janeiro, Jorge Zahar.) Sobre a máfia, cf. meu artigo, M. Maffesoli, "La maffia comme métaphore de la socialité". In: *Cahiers internationaux de sociologie*, Paris, PUF, v. LXXIII, 1982.

Essa "monstruosidade", no entanto, merece atenção, pois permite acentuar um aspecto não negligenciável da massa, que é a sua relação com a natureza, com o que é natural. Dizemos caldo de cultura, efervescência e desagregação, que são todas coisas que exalam o caos e o não civilizado. Coisas que, justamente, tornam a enfatizar esse elemento natural que a civilização sempre tenta denegar. Um pequeno apólogo de W. Benjamin indica como o dom de reconhecer semelhanças lhe aparecia como um vestígio da "antiga compulsão de tornar-se semelhante aos outros". Analogia que poderíamos fazer com as pessoas, mas também com os móveis, as roupas, os apartamentos.[31] Assim vemos como esse *princípio de similitude*, que está na base do "nós", do povo, da massa, é um intermediário entre o mundo natural e o mundo social. Não há mais separação entre o cosmos e o social, nem tampouco no interior do todo social. Pelo contrário, estamos na presença do que se pode chamar *a culturalização da natureza e a naturalização da cultura*.

Encontramos aí a origem do conformismo, o caráter marcante do sentimento, cujo impacto na vida social acaba de começar a ser avaliado, ou, ainda, uma espécie de vitalismo ontológico que se manifesta no ecologismo que impregna a ambiência do momento.

Parece-me que essa preocupação de imitação e de conformismo, o vitalismo de que acabo de falar, em suma, essa "correspondência" um tanto mística que está emergindo, pode ser uma das características essenciais da massa popular. Se retomarmos a distinção apresentada anteriormente, podemos dizer que ao indivíduo unificado corresponde a pessoa heterogênea capaz de uma multiplicidade de papéis.

---

31   W. Benjamin, *Sens unique*, Paris, L. N. Maurice Nadeau, 1978, p. 72.

Podemos considerar que essa pessoa é apenas uma *condensação*, em perpétuo desequilíbrio; ela se inscreve em um *phylum* do qual é apenas um dos elementos.

A constatação poética ou, mais tarde, psicológica da pluralidade da pessoa ("eu é um outro") pode ser interpretada, de um ponto de vista socioantropológico, como a expressão de um *continuum* intangível. Só temos valor pelo fato de pertencermos a um grupo. E é evidente que importa pouco se essa ligação é real ou fantasmática. Recordamos como Proust, após a morte de sua avó, vê os traços dela se transportarem para sua mãe. Retomando a imagem da avó, identificando-se com ela, a mãe toma a seu cargo, através das gerações, um tipo que deve se perpetuar. Com sua sensibilidade, o romancista mostra como a morte se inscreve em uma vitalidade indestrutível. Não se trata de um imperialismo sociologista, mas de reconhecer, como o faz Halbwachs, que "na verdade nunca estamos sozinhos... pois sentimos sempre em nós uma porção de pessoas".[32] A memória ou as lembranças coletivas, sejam elas públicas, privadas ou familiares, que fazem de um bairro, de uma cidade, *lugares* onde vidas se sedimentam, transformando-os em lugares habitáveis, o mostram bem. Eis o que permite estabelecer um *feedback* entre o grupo e a pessoa. E isso, naturalmente, de maneira orgânica e não mais conforme a equivalência racional da ordem política. E. Renan demonstrou que para os primeiros cristãos a força da comunidade, eu diria que a sua potência, apoiava-se nos "grandes homens-base" (*Megala Stoikeia*). Foi em torno de suas tumbas que se constituíram as igrejas. Por sua vez, P. Brown mostrou que esse tipo de santuário foi chamado, simplesmente, "o lugar" (o *topos*), e que, progressivamente, esses lugares foram consti-

---

32 M. Halbwachs, *La mémoire collective*, Paris, PUF, 1950, p. 2.

tuindo verdadeiras redes ao redor do Mediterrâneo. Seja sob forma religiosa, ou profana, essa prática de fundação ocorre, secularmente, no decorrer das histórias humanas. E, para além da monumentalidade urbana ou rural (palácio, igreja, monumentos diversos), esse *feedback* se exprime em todas as cerimônias de comemoração. Do culto da Anglaura[33] da cidade ateniense até as festas nacionais contemporâneas, passando, é claro, pelo calendário litúrgico do ritual cristão, trata-se sempre do mesmo processo de anamnese: só existimos como corpo. Analisando o cristianismo de uma aldeia bretã, o sociólogo Y. Lambert descreve uma cerimônia particularmente instrutiva. Falando dos fins últimos, o padre elabora uma encenação em que as crianças da aldeia representam, *em número igual*, os defuntos do ano.[34] Impossível representar melhor a fecundidade e o caráter marcante da ideia de *phylum*. É em torno dele que o imaginário social constrói uma história para si e, portanto, se constitui como tal.

É preciso ver, graças a esses exemplos extremados, como todos os grupos se fundamentam no sentido simples do termo, na transcendência do indivíduo. Isso é o que me leva a falar de uma *transcendência imanente*, isto é, aquilo que ao mesmo tempo ultrapassa os indivíduos e brota da continuidade do grupo. Trata-se de uma perspectiva mística que podemos aproximar desse outro misticismo que são certas psicanálises. Como a de Groddeck, da qual conhecemos as raízes vitalistas. "Nós somos vividos pelo id", "o id é uma força", ou, ainda, "o ego é apenas um artifício, um instrumento a serviço do id".

---

33 **N.A.:** Deusa que representa a cidade de Atenas.
34 Y. Lambert, *Dieu change en Bretagne*, Paris, Cerf. 1985, p. 45. Para a análise de E. Renan, *Marc Aurèle, ou la fin du monde antique*, Paris, Le Livre de Poche, 1984, p. 126. Sobre o "topos", cf. P. Brown, *La société et le sacré dans l'Antiquité tardive*, Paris, Seuil, 1985, p. 15 e segs.

Poderíamos multiplicar os exemplos nesse sentido.[35] Basta indicar que o "id" de que se trata pode, perfeitamente, descrever, de maneira metafórica, a massa, o povo ou o grupo de que nos ocupamos. É uma força que age enquanto se acredita agi-la; o ego só vale com referência a ela. Nela estão todos os ingredientes que encontramos na constituição das pequenas massas contemporâneas. Além disso, uma tal extrapolação permite sublinhar o parentesco estreito que existe entre essas entidades e a ordem natural. Assim podemos ver muito bem o que ultrapassa o individualismo como prática, certamente, mas também como construção ideológica.

A memória coletiva é, com certeza, uma boa expressão para descrever o sistema simbólico e o mecanismo de participação do qual acabamos de falar. O termo talvez esteja um pouco desgastado ou fora de moda, mas enfatiza, com justeza e rigor, que, assim como não existe duração individual, não existe tampouco um pensamento singular. Nossa consciência é apenas ponto de encontro, cristalização de correntes diversas que, com diferentes ponderações específicas, se entrecruzam, se atraem e se repelem. As construções ideológicas, até mesmo as mais dogmáticas, são exemplos acabados disso, e não chegam nunca a uma total unificação. Dessa maneira, podemos dizer que um pensamento pessoal é aquele que segue "a inclinação de um pensamento coletivo".[36] Isso é confirmado, à sua maneira, pelos pesquisadores contemporâneos, na física teórica, ou ainda na biologia, como R. Scheldrake, que fala de "Creodo" (direção necessária) para descrever a simultaneidade de descobertas próximas ou semelhantes em laboratórios muito afasta-

---

35   Cf. a excelente apresentação de M. Lalive d'Épinay, *Groddeck*, Paris, Éditions Universitaires, p. 24, 40.

36   Cf. M. Halbwachs, *La mémoire collective*, *op. cit.*, p. 92.

dos uns dos outros. A partir de hipóteses diversas, mas participando do mesmo "espírito do tempo", esses pesquisadores
formam um grupo, ainda que em pontilhado ou perpassado
por conflitos. Podemos dizer a mesma coisa dos grupamentos
constitutivos da socialidade. Cada um, ao seu modo, compõe
sua ideologia, sua pequena história, a partir desses elementos
díspares que encontramos pelos quatro cantos do mundo. Tais
elementos podem ser tomados de empréstimo à tradição do
lugar, ou, pelo contrário, podem ser transversais a essas tradições. Suas articulações, entretanto, apresentam similitudes
que constituem uma espécie de matriz. Esta dá origem às representações particulares, fortalecendo-as.

Parece que essa maneira de colocar o problema permite ultrapassar o paradoxo clássico em ciências sociais: são os
indivíduos ou os grupos indiferenciados que determinam a
história? Ou ainda: é o "grande homem" providencial ou
a ação cega das massas? De um lado, a razão e sua luz; de outro,
o instinto e sua perigosa penumbra. Podemos imaginar um
caminho intermediário, uma "forma social"[37] específica que
faça com que o saber-fazer e o saber-dizer sejam algo mais
que uma ação individual ou uma estrutura imposta. A "memória coletiva" (M. Halbwachs), o *habitus* (M. Mauss) podem ser
essa forma na qual entram em composição, ao mesmo tempo,
os arquétipos e as diversas intencionalidades que permitem o
ajustamento a esses arquétipos, e de algum modo habitá-los.
É este o espírito do grupo, o espírito do clã, cuja sinergia ou
justaposição produz o Espírito do Tempo.

---

37   No sentido de G. Simmel, no qual, nesse caso, me inspiro livremen-
      te, Cf. *Les problèmes de la philosophie de l'histoire*, Paris, PUF, 1984,
      p. 74 e segs. Cf. P. Watier, G. *Simmel et les sciences humaines*, Paris,
      Klincksieck, 1992.

Trata-se de um permanente pôr em relação, de um "relacionismo" essencial em que "a experiência biográfica pessoal se corrige e se alarga na experiência biográfica geral".[38] É isso que resulta na vida quotidiana. A interação e a intersubjetividade criam algo que é qualitativamente diferente dos elementos que as constituem. Dessa maneira, a memória coletiva pode servir, no sentido simples do termo, de revelador para as ações, intenções e experiências individuais. Ela é, verdadeiramente, uma esfera de comunicação, causa e efeito da comunidade. Assim, o que parece mais particularizado, o pensamento, é apenas um dos elementos de um sistema simbólico que está na base de toda agregação social. Em seu aspecto puramente instrumental ou racional, o pensamento individualiza, da mesma forma, que, no nível teórico, recorta e discrimina. Por outro lado, integrando-se em uma complexidade orgânica, isto é, abrindo espaço para o afeto e para a paixão, e também para o não lógico, esse mesmo pensamento favorece a comunicação do estar-junto. É isso que leva, no primeiro caso, ao desenvolvimento do político como fator de reunião desses elementos díspares. É isso que permite ressaltar, no segundo caso, a preeminência do grupo, da tribo, que não se projeta na distância, ou no futuro, mas vive no concreto mais extremo que é o presente. Trata-se da expressão mais simples e mais prospectiva da saturação do político e de seu suporte, que é o individualismo. Em seu lugar, vemos aparecer estruturas de comunicação ao mesmo tempo intensivas e reduzidas no espaço. Esses agrupamentos afinitários retomam a antiga estrutura antropológica que é a "família ampliada". Estrutura na qual a negociação da paixão e do conflito se faz bem de perto. Sem remeter à consanguinidade, esse reagrupamento

---

38 Dilthey citado por J. Habermas, *Connaissance et intérêt*, Paris, Gallimard, 1976, p. 189 e segs.

se inscreve na perspectiva do *phylum* que renasce com o redes-
dobramento do naturalismo. Podemos dizer que as redes, que
pontuam nossas megalópoles, retomam as funções de ajuda
mútua, de convivialidade, de comensalidade, de sustentação
profissional e, às vezes, até mesmo de ritos culturais que ca-
racterizavam o espírito da *gens* romana.[39] Seja qual for o nome
que se dê a esses reagrupamentos – grupos de parentesco, grupos familiais, grupos secundários, *peer-groups* –, trata-se de um
tribalismo que sempre existiu, mas que, conforme as épocas,
é mais ou menos valorizado. A verdade é que, atualmente,
ele está bem vivo, mandando e desmandando, sediado nos
porões dos nossos grandes conjuntos ou nos locais da Rua
d'Ulm.

Pesquisas contemporâneas, como as de Young e
Willmott, que se referem à sociabilidade da vizinhança nas
grandes cidades, ou as de Raynaud, sobre a multiplicidade dos
"grupos secundários", atestam a perdurância de um espírito
de corpo.[40] Este é causa e efeito da interação, da reversibilidade que, certamente, são os elementos mais estranhos à vida
política. É neles, portanto, que convém procurar a forma contemporânea de que está se revestindo a socialidade.

> Em uma palavra, a *economia* da ordem política, fundamen-
> tada na razão, no projeto e na atividade, dá lugar à *ecologia*
> de uma ordem orgânica (ou holística), integrando ao mes-
> mo tempo a natureza e a proxemia.

---

39   Cf. as análises de E. Durkheim, nesse sentido, in: *L'année sociologique*,
      I, p. 307-332; II, p. 319-323 e C. Bouglé, *Essais sur le régime des castes*,
      Paris, PUF, 1969, p. 36, 51.
40   Cf. M. Young e P. Willmott, *Le village dans la ville*, Paris, CCI, Cen-
      tre Georges-Pompidou, 1983 e E. Raynaud, "Groupes secondaires et
      solidarité organique: qui exerce le contrôle social?". In: *L'année sociolo-
      gique*, Paris, 1983. É lamentável que este último estudo relativize impli-
      citamente a importância dos grupos cuja existência é reconhecida.

Ainda que essa mudança, em muitos aspectos, não deixe de ser inquietante, não é mais possível negar a sua realidade. Durkheim atribuía aos grupos secundários o dinamismo que integrava os indivíduos em uma "torrente geral da vida social". Uma imagem desse tipo vem bem a propósito. Existe efervescência no vitalismo social e natural, sobretudo em certos períodos que assistem à desestabilização de seus valores e de suas convicções. E é bem possível que os grupos secundários, verdadeiras metástases dentro do corpo social, ainda que signifiquem, com sua presença, o fim de uma modernidade civilizada, esbocem com pertinência a forma societal que está nascendo.

CAPÍTULO 4

O Tribalismo

1. A nebulosa afetual

"*Noi siamo la splendida realtà*." Esta inscrição, de escrita desajeitada, descoberta em um recanto perdido da Itália Meridional, resume, na verdade, a questão da socialidade. Nela estão sintetizados os diversos elementos que a caracterizam: relativismo do viver, grandeza e tragédia do quotidiano, peso do dado mundano, bem ou mal assumido. O todo se exprime nesse "nós" que serve de cimento, e que ajuda, precisamente, a sustentar o conjunto. Insistiram tanto na desumanização, no desencantamento do mundo moderno, na solidão que ele engendra, que não conseguem mais ver as redes de solidariedade que nele se constituem.

Sob mais de um ponto de vista, a existência social está alienada, submissa às injunções de um *Poder* multiforme. Não deixa de ser verdade, no entanto, que existe uma *Potência* afirmativa, a qual, apesar de tudo, repete o "jogo (sempre) recomeçado do solidarismo ou da reciprocidade". Trata-se de um "resíduo" que merece atenção.[1] Para resumir, podemos dizer

---

1   Sobre a relação Poder-Potência, remeto à minha análise: M. Maffesoli, *La violence totalitaire*, Paris (1979), reed. DDB, 1999.

que, conforme as épocas, predomina um tipo de sensibilidade, um tipo de estilo destinado a especificar as relações que estabelecemos com os outros. Essa perspectivação estilística é cada vez mais enfatizada (P. Brown, P. Veyne, G. Durand, M. Maffesoli).[2] No caso, ela permite dar conta da passagem da "*polis* ao *thiase*", ou ainda da ordem política à ordem da fusão. Enquanto a primeira privilegia os indivíduos e suas associações contratuais e racionais, a segunda acentua a dimensão afetiva e sensível. De um lado está o social, que tem uma consistência própria, uma estratégia e uma finalidade. Do outro, a massa em que se cristalizam as agregações de toda ordem, tênues, efêmeras, de contornos indefinidos.

A constituição do social e seu reconhecimento teórico não foram fáceis. O mesmo se pode dizer, atualmente, dessa nebulosa que se chama *socialidade*. Isso explica que uma pesquisa possa ser aproximativa, parcial, às vezes claudicante, como essas semelhanças a respeito das quais não se tem nenhuma certeza. Mas a questão é, uma vez mais, de grande importância. E eu aposto que o futuro de nossas disciplinas depende, essencialmente, de nossa capacidade de saber dar conta dessa agitação.

Quanto a mim, considero que as repetidas afirmativas a respeito do narcisismo, ou do desenvolvimento do individualismo, lugar-comum de numerosas análises sociológicas e jornalísticas, são pensamentos de figurino. A menos que sirvam para exprimir a profunda confusão de intelectuais que não compreendem mais nada da sociedade que é sua razão de ser,

---

2   Sobre o estilo, cf. P. Brown, *Genèse de l'Antiquité tardive*, Paris, Gallimard, 1983, p. 16; e o Prefácio de P. Veyne. G. Durand, *La beauté comme présence paraclétique*, *Eranos*, 1984, Frankfurt, Insel Verlag, 1986, p. 129; M. Maffesoli, "Le paradigme esthétique". In: *Sociologie et sociétés*, Montreal, v. XVII, nº 2, out. 1985, p. 36.

e dessa maneira tentem devolver-lhe o sentido; em termos adequados ao campo moral e/ou político no qual excelem. Não pretendo voltar a esse combate de retaguarda. Basta indicar, ainda que de maneira um pouco peremptória, como a *experiência do outro* fundamenta a comunidade, mesmo que ela seja conflitual. Que me entendam bem. Não pretendo participar desse sarapatel moral que atualmente está no rigor da moda. Quero apenas apresentar as linhas gerais do que poderia ser uma lógica da fusão. Se existem metáforas, essa fusão é uma delas, pois, tal como podemos constatar a propósito da massa, ela pode se realizar sem o que tradicionalmente costumamos chamar de diálogo, troca e outras frioleiras da massa laia. A fusão da comunidade pode ser perfeitamente desinvidualizante. Ela cria uma união em pontilhado que não significa uma presença plena no outro (o que remete ao político), mas antes estabelece uma relação oca que chamarei de *relação táctil*: na massa nos cruzamos, nos roçamos, nos tocamos, interações se estabelecem, cristalizações se operam e grupos se formam.

Isso pode ser comparado com o que W. Benjamin diz do Novo Mundo Amoroso de Fourier, um "mundo onde a moralidade não tem mais nada a ver", um mundo onde "as paixões se engrenam, se mecanizam entre si", "um mundo onde, para retomar os próprios termos de Fourier, se observa uma ordem de combinações e de associações indefinidas e indiferenciadas".[3] Essas relações tácteis, entretanto, por meio de sedimentações sucessivas, não deixam de criar uma ambiência especial: exatamente o que chamei de *união em pontilhado*. Para ajudar nossa reflexão, proponho uma imagem: na sua origem, o mundo cristão é uma nebulosa de pequenas entidades esparsas por todo o Império Romano. Do fervilhamento

---

3   Cf. W. Benjamin, *Essais*, Paris, Denoël-Gonthier, 1983, p. 40, e P. Tacussel, *Charles Fourier, le jeu des passions*, Paris, DDB, 2000.

assim induzido emana, então, essa linda teoria da "comunhão dos santos". Ligação flexível e firme, ao mesmo tempo, que assegura a solidez do corpo eclesial. É essa efervescência grupal com seu *ethos* específico que dá origem à civilização que conhecemos. Podemos imaginar que hoje estejamos confrontados com uma forma de "comunhão dos santos". As mensagens por computador, as redes sexuais, as diversas solidariedades, os encontros esportivos e musicais são todos indícios de um *ethos* em formação. É isso que delimita esse novo espírito do tempo que podemos chamar de socialidade.

Quero deixar claro, desde já, que a tradição fenomenológica e compreensiva abordou esse problema extensamente. Penso, particularmente, em A. Schutz que, em numerosas análises, e, mais precisamente, em seu artigo "Making music together", estudou a "relação de sintonia" (*mutual tuning in relationship*) segundo a qual os indivíduos em intenção se epifanizam em um "nós muito fortemente presente" (*in vivid presence*). É certo que a base de tudo isso é a situação de face a face. Por contaminação, no entanto, é à totalidade da existência social que essa forma de empatia diz respeito.[4] Além disso, quer seja pelo contato, pela percepção, ou pelo olhar, existe sempre algo de sensível na relação de sintonia. Como veremos adiante, é esse sensível que é o substrato do reconhecimento e da experiência do outro. Atualmente, podemos notar que é a partir daí que se elabora "a relação dos espíritos", maneira diferente de nomear a compreensão do seu sentido estrito. Mesmo que seja uma banalidade

---

4   A. Schutz, "Faire de la musique ensemble. Une étude des rapports sociaux", trad. fr. In: *Sociétés*, Paris, Masson, 1984, v. 1, n° 1, p. 22-27. Extraído de "Making music together", *Collected Papers* II, Haia, Nijhoff, 1971, p. 159-178. Cf. também M. Gaillot, "Multiple meaning", "Techno", entrevistas de J.-L. Nancy e M. Maffesoli, Paris, Dis Voir, 1999.

dizê-lo, não devemos ter medo de repetir que a originalidade do procedimento sociológico reside no fato de que ele se apoia na *materialidade* do estar-junto.

Deus (e a teologia), o Espírito (e a filosofia), o indivíduo (e a economia) cedem lugar ao reagrupamento. O homem não é mais considerado isoladamente. E mesmo quando admitimos, e eu tenderia a fazê-lo, a preponderância do imaginário, não devemos esquecer que ele resulta de um corpo social e que, de retorno, volta a materializar-se nele. Não se trata, exatamente, de autossuficiência, mas de constante retroação. Toda vida mental nasce de uma relação e de seu jogo de ações e retroações. Toda a lógica comunicacional ou simbolista se fundamenta nisso. É o que O. Spann chama "a ideia do acoplamento" (*Gezweiung*). Efeito de comparte que se pode ver entre os pais e a criança, entre o professor e os alunos, entre o artista e seus admiradores.[5] Mas queremos deixar claro que esse efeito de comparte transcende os elementos que o compõem. Essa transcendência é característica da perspectiva sociológica, em seus começos, a qual foi, sabemos disso, obcecada pela comunidade medieval. Entretanto, como o burguesismo triunfante tinha por vetor essencial o individualismo, esse modelo comunitário foi progressivamente reprimido, ou não serviu, *a contrario*, senão para justificar o aspecto progressista e liberador da modernidade. Não é menos verdade que os mitos corporativistas ou solidaristas estão presentes, como a estátua do Comendador, no horizonte de nossos procedimentos. Até o mais positivista dos sociólogos, A. Comte, lhes dá uma nova formalização na sua religião da humanidade.

---

5   Como ilustração: Gumplowicz, *Précis de sociologie*, Paris, 1896, p. 337 e segs. Sobre O. Spann, cf. a análise feita por W. Johnston, *L'esprit viennois, une histoire intellectuelle et sociale, 1848-1938*, Paris, PUF, 1985, p. 365.

Conhecemos a influência que ele exerceu sobre Durkheim e a sociologia francesa, mas o que não se costuma saber tão bem é que, através de W. G. Sumner, o mito solidarista encontrou eco no pensamento americano.[6]

Sem querer estender esse assunto, podemos assinalar que o solidarismo ou a religião da humanidade podem servir de pano de fundo para os fenômenos grupais com os quais somos confrontados nos tempos que correm. Isso, particularmente, no que diz respeito à lógica da identidade. Esta última serve de eixo à ordem econômico-política e social que prevalece há dois séculos. Porém, mesmo que ela continue a funcionar, seu efeito de rolo compressor não tem mais a mesma eficácia. Assim, para apreender o *sentimento e a experiência partilhados* que encontramos em numerosas situações e atitudes sociais, é conveniente partir de outro ângulo de abordagem. O da estética me parece o menos ruim. Entendo o termo estético de maneira etimológica, como a faculdade comum de sentir, de experimentar. Apesar de seu racionalismo, Adorno observou que a estética podia permitir "proteger o não idêntico, que é oprimido, na realidade, pelo constrangimento da identidade".[7] Não podemos deixar de assinalar a eflorescência e a efervescência do neotribalismo que, sob as mais diversas formas, recusa reconhecer-se em qualquer projeto político, não se inscreve em nenhuma finalidade e tem como única razão ser a preocupação com um presente vivido

---

6   Sobre a fascinação comunitária pela sociologia, cf. R. A. Nisbet, *La tradition sociologique*, Paris, PUF, 1984, p. 30; sobre um precursor da sociologia americana, cf. P. St.-Arnaud, *W. G. Sumner et les débuts de la sociologie américaine*, Quebec, Presse Universitaire Laval, 1984, p. 107.

7   T. W. Adorno, *Théorie esthétique*, Paris, Klincksieck, 1974, p. 13. Cf. a maneira como eu defini a estética, M. Maffesoli, *Au creux des apparences*, Paris (1990), reed. Le Livre de Poche, 1995. (Ver ed. bras.: *No fundo das aparências*, Petrópolis, Vozes.)

coletivamente. Basta fazer referência às pesquisas e monografias feitas sobre os grupos de jovens, sobre os círculos afinitários, sobre as pequenas empresas industriais, para nos convencermos disso. Ainda resta empreender outros questionamentos sobre as redes telemáticas para confirmar o aspecto prospectivo das relações de sintonia.

As diversas lamentações dos políticos, das pessoas da Igreja ou dos jornalistas sobre a desindividualização crescente são um indício a favor de realidades "suprassingulares" ou "supraindividuais". Fora de qualquer apreciação normativa, é necessário saber tirar as consequências disso. A partir de experiências psicológicas feitas nos anos 1970, Watzlawick falava do "desejo ardente e inabalável de estar de acordo com o grupo". Atualmente não se trata mais de desejo, mas de uma ambiência na qual é possível mergulhar. E o que era experimental, nos grupos californianos, tornou-se uma realidade comum na vida quotidiana. O desejo ainda apelava para um sujeito que era seu portador. Não é mais esse o caso. A preocupação com a conformidade é uma consequência da massificação, e é dentro desta que se operam, incidentalmente e de maneira aleatória, os reagrupamentos. Anteriormente, falei da "materialidade" do estar-junto; o vaivém massa-tribo é a sua ilustração. Podemos imaginar que, ao invés de um sujeito--ator, estejamos sendo confrontados com um *encaixe de objetos*. Tal como uma boneca-*gigogne*,[8] o grande objeto-massa contém em si pequenos objetos-grupos que se difractam ao infinito.

Ao elaborar sua ética da simpatia, M. Scheler se dedica a demonstrar que ela não é, nem essencial nem exclusivamente, social. Seria, na verdade, uma forma englobante, de certo modo matricial. A hipótese que vou formular agora é

---

8   **N. T.:** Personagem do teatro infantil que representa uma mãe com muitos filhos que lhes saem por baixo das saias.

semelhante. Seguindo o balancim das histórias humanas, esta forma, após ter sido minimizada, estaria novamente em alta. Ela privilegiaria a função emocional e os mecanismos de identificação, de participação que lhe são subsequentes. O que ele chama de "teoria da identificação da simpatia" permite explicar as situações de fusão, esses momentos de êxtase que podem ser pontuais, mas que podem, também, caracterizar o clima de uma época.[9] Essa teoria da identificação, essa saída extática de si está em perfeita congruência com o desenvolvimento da imagem, com o desenvolvimento do espetáculo (desde o espetáculo *stricto sensu* até as demonstrações políticas) e, naturalmente, com o desenvolvimento das multidões esportivas, das multidões turísticas ou, simplesmente, das multidões de basbaques. Em todos esses casos assistimos a uma ultrapassagem do *principium individuationis*, que era o número de ouro de toda organização e teorização sociais.

Será preciso estabelecer, como propõe M. Scheler, uma gradação entre "fusão", "reprodução" e "participação" afetivas? Mais valeria, do meu ponto de vista, mesmo que só a título heurístico, considerarmos uma nebulosa "afetual", uma tendência orgiástica ou, como já analisei, dionisíaca. As explosões orgiásticas, os cultos de possessão, as situações fusionais existiram desde sempre. Mas às vezes eles assumem aspectos endêmicos e tornam-se preeminentes na consciência coletiva. Ainda que sejam poucos, vibramos em uníssono a respeito

---

9   Cf. P. Watzlawick, *La réalité de la réalité*, Paris, 1978, p. 91, e M. Scheler, *Nature et formes de la sympathie*, Paris, Payot, 1928, cf., particularmente, p. 113, 83 e segs., 88, 35. Sobre as massas, cf. J. Beauchard, *La puissance des foules*, Paris, PUF, 1985. Sobre o esporte, cf. os trabalhos de F. Griffet, O. Sirost e a tese em curso no CEAQ de D. Femenias. Sobre o turismo, cf. a revista *Sociétés*, nº 8, Paris, Masson, v. 2, nº 2, 1986, e R. Amirou, *Imaginaire du tourisme*, PUF, 2000.

de alguns assuntos. Halbwachs fala, a esse respeito, de "interferências coletivas".[10] O que nos parece ser uma opinião individual é, de fato, a opinião de tal ou tal grupo ao qual pertencemos. Daí a criação dessas *doxa* que são a marca do conformismo e que encontramos em todos os grupos particulares, inclusive naquele que se considera o mais isento disso: o dos intelectuais.

Essa nebulosa "afetual" permite compreender a forma específica assumida pela socialidade em nossos dias: o vaivém massas-tribos. Com efeito, a diferença do que prevaleceu durante os anos 1970 – com esses marcos que foram a contracultura californiana e as comunas estudantis europeias – trata-se antes de ir e vir de um grupo a outro do que da agregação a um bando, a uma família, a uma comunidade. É isso que pode dar a impressão de atomização. É por isso que se pode falar, equivocadamente, de narcisismo. De fato, ao contrário da estabilidade induzida pelo tribalismo clássico, o neotribalismo é caracterizado pela fluidez, pelos ajuntamentos pontuais e pela dispersão. E é assim que podemos descrever o espetáculo da rua nas megalópoles modernas. O adepto do *jogging*, o *punk*, o *look rétro*, os "de bom-tom", os animadores públicos nos convidam a um incessante *travelling*. Através de sucessivas sedimentações constitui-se a ambiência estética da qual falamos. E é no seio de uma tal ambiência que, pontualmente, podem ocorrer essas "condensações instantâneas" (Hocquenghem-

---

10   M. Scheler, *op. cit.*, p. 149-152. Sobre a tendência dionisíaca, cf. M. Maffesoli, *L'ombre de Dionysos, contribution à une sociologie de l'orgie*, Paris (1982), reed. Le Livre de Poche, 1991, e K. Mannheim, *Idéologie et utopie*, Paris, Marcel Rivière, 1956, que fala na p. 154 de "quiliasmo orgiástico". E M. Halbwachs, *La mémoire collective*, Paris, PUF, 1968, p. 28, sobre as "interferências coletivas". Cf. também M. Xiberras, *La société intoxiquée*, Klincksieck, 1989.

-Scherer), tão frágeis, mas que, no seu momento, são objeto de forte envolvimento emocional. É esse aspecto sequencial que permite falar de ultrapassagem do princípio de individuação. Vamos recorrer a uma imagem: em uma bela descrição das autoestradas americanas e de seu tráfego, J. Baudrillard observa esse estranho ritual e a "regularidade de(esses) fluxos (que) põe fim aos destinos individuais". Para ele a "única verdadeira sociedade, (o) único calor aqui, (é) o de uma propulsão, de uma compulsão coletiva".[11] Essa imagem nos ajuda a pensar. De maneira quase animal, sentimos uma força que transcende as trajetórias individuais, ou, antes, que faz com que elas se inscrevam em um grande balé cujas figuras, por mais estocásticas que sejam, no fim das contas, nem por isso deixam de formar uma constelação cujos diversos elementos se ajustam sob a forma de sistema sem que a vontade ou a consciência tenham nisso a menor importância. É esse o arabesco da socialidade.

Característica do social: o indivíduo podia ter uma função na sociedade, e funcionar no âmbito de um partido, de uma associação, de um grupo estável.

Característica da socialidade: a pessoa (*persona*) representa *papéis*, tanto em sua atividade profissional quanto no seio das diversas tribos de que participa. Mudando o seu figurino, ela vai, de acordo com seus gostos (sexuais, culturais, religiosos, amicais), assumir o seu lugar, a cada dia, nas diversas peças do *theatrum mundi*.

Nunca será demais insistir: à autenticidade dramática do social corresponde a trágica superficialidade da socialidade. Já demonstrei, a propósito da vida quotidiana, como a profundi-

---

11   Cf. G. Hocquenghem, P. Scherer, *L'âme atomique*, Paris, Albin Michel, 1986, p. 17. J. Baudrillard, *Amérique*, Paris, Grasset, 1986, p. 107. Cf. também os trabalhos de A. Moles, Institut de Psychologie Sociale, Université de Strasbourg I, sobre a rua, o cuspidor de fogo etc.

dade pode ocultar-se na superfície das coisas. Daí a importância da aparência. Não se trata de abordá-la aqui como tal, mas
apenas de indicar, rapidamente, que ela é vetor de agregação.
No sentido indicado, a estética é um meio de experimentar,
de sentir em comum e é, também, um meio de reconhecer-
se. *Parva esthetica?* Em todo caso, os matizes da vestimenta, os
cabelos multicoloridos e outras manifestações *punk* servem de
cimento. A teatralidade instaura e reafirma a comunidade.
O culto do corpo, os jogos da aparência só valem porque se
inscrevem em uma cena ampla na qual cada um é, ao mesmo
tempo, ator e espectador. Parafraseando Simmel e sua sociologia dos sentidos, trata-se de uma cena que é "comum a todos".
A acentuação está menos no que particulariza do que na globalidade dos efeitos.[12]

É próprio do espetáculo acentuar, diretamente, ou de
maneira eufemística, a dimensão sensível, táctil da existência
social. Estar-junto permite tocar-se. Todos os prazeres populares são prazeres de multidão ou de grupo. E não se pode
compreender essa estranha compulsão de amontoar-se, a não
ser que se tenha em mente essa constante antropológica. Vol-
to à dicotomia, proposta por W. Worringer, entre abstração e
Einfühlung: existem momentos abstratos, teóricos, puramente
racionais, e outros em que a cultura, no seu sentido mais amplo, é feita de participação e de "tactilidade". O retorno da

---

12   Sobre a aparência, remeto às minhas análises, M. Maffesoli, *La con-
      quête du présent*, Paris (1979), reed. DDB, 1998, e a meu livro, *Au
      creux des apparences* (1990), reed. Le Livre de Poche, 1995. (Ver ed.
      bras.: *No fundo das aparências*, Petrópolis, Vozes.) Cf. também Ph.
      Perrot, *Le travail des apparences*, Paris, Genève, 1984. Sobre a *Parva
      esthetica*, cf. G. Hocquenghem e P. Scherer, *op. cit.*, p. 25. Sobre o
      sensível, P. Sansot, *Les formes sensibles de la vie sociale*, *op. cit.* Para uma
      abordagem da sociologia dos sentidos, cf. G. Simmel, *Mélanges de
      philosophie relativiste*, Paris, Félix Alcan, 1912.

imagem e do sensível, em nossas sociedades, remete certamente a uma lógica do tocar.

Devemos colocar sob essa rubrica o ressurgimento, ainda que de maneira mais ou menos merchandizada, das festas populares, do carnaval e de outros momentos de efervescência. Em uma fórmula feliz que merece ser assinalada, R. da Matta observou que nesses momentos "os homens se transformam e inventam o que nós chamamos povo ou massa".[13] A invenção deve ser compreendida aqui *strictissimo sensu*: fazer vir, encontrar (*in-venire*) aquilo que existe. O paroxismo do carnaval, sua teatralidade e sua tactilidade exacerbadas fazem ressaltar, com força, o mecanismo que estamos tentando apreender: a lâmina profunda das multidões e, no seio delas, as pequenas nodosidades que se formam, que agem e interagem umas com as outras. O espetáculo, nessas diversas modulações, assegura uma função de comunhão. Circo e círculo têm a mesma origem etimológica. E, de maneira metafórica, podemos dizer que se reforçam reciprocamente. Ora, o que caracteriza nossa época é o entrecruzamento flexível de uma multiplicidade de círculos cuja articulação forma as figuras da socialidade.

É essa teatralidade, do circo e do círculo, essa concatenação dos círculos que caracteriza um outro aspecto da socialidade, o da *religiosidade*. É necessário tomar este termo no seu sentido mais simples, o de *religação* (Bolle de Bal), e isso com referência a uma de suas etimologias: *religare*, religar. Não se trata, na sociologia sonhadora que me caracteriza, de fazer concorrência aos especialistas. Não distinguindo entre o religioso como tal e o "religioso por analogia", pretendo, com esse termo, descrever a ligação orgânica dentro da qual interagem

---

13   R. da Matta, *Carnavals, bandits et héros*, Paris, Seuil, 1983, p. 116. (Ver ed. bras.: *Carnavais, malandros e heróis*, Rio de Janeiro, Jorge Zahar.)

a natureza, a sociedade, os grupos e a massa.[14] Retomando uma imagem anterior, diria que se trata de uma nebulosa que, como toda nebulosidade (radioativa?), vai e vem, talvez esteja sempre aí, mas tendo maior ou menor efeito sobre o imaginário coletivo. Hoje, seu efeito é indubitável.

Para ser um pouco mais preciso: essa religiosidade pode caminhar lado a lado com a descristianização, ou com outra forma qualquer de desinstitucionalização. E, por isso mesmo, a socialidade designa, justamente, a saturação dos grandes sistemas e das demais macroestruturas. Mas o fato de fugir, ou, ao menos, de não prestar atenção às instituições não significa de nenhum modo o fim do *religare*. Ele pode investir-se em outra parte. O debate é atual, e sociólogos como Y. Lambert ou D. Hervieu-Léger se associam a ele.[15] Quero acrescentar que essa religiosidade pode caminhar lado a lado com o desenvolvimento tecnológico, ou mesmo ser apoiada por ele.

Seja como for, retomando o nosso fio condutor, direi que existe uma ligação entre o emocional e a religiosidade. M. Weber consagra um parágrafo de *Economia e sociedade* à "comunidade emocional" ou à "religiosidade da comunidade". Entre as características que lhes atribui encontra-se a "vizinhança" e,

---

14 Sobre essa ligação orgânica, remeto a meu trabalho, M. Maffesoli, *La connaissance ordinaire*, Paris, Méridiens, 1985. Sobre a "religação", cf. Bolle de Bal, *La tentation communautaire*, Éd. Université de Bruxelles, 1985, e P. Le Queau, *La tentation bouddhiste*, Paris, DDB, 1998.

15 Y. Lambert, *Dieu change en Bretagne*, Paris, Cerf, 1985, e D. Hervieu-Léger, *Vers un nouveau christianisme*, Paris, Cerf, 1986, p. 49, onde ela ressalta traços específicos de religiosidade operária e, na p. 217, onde ela observa uma afinidade entre o mundo moderno e a religiosidade. Sobre as "paróquias afinitárias", p. 12. Cf. também D. Jeffrey, *Jouissance du sacré*, Paris, Armand Colin, 1998.

sobretudo, a pluralidade e a instabilidade de suas expressões.[16] Seria um abuso do direito de interpretação estabelecer uma ligação disso com a proximidade, com o táctil e com o aspecto efêmero que rege as nossas tribos contemporâneas? Quanto ao cristianismo dos dias atuais, poderíamos falar de "paróquias afinitárias" (D. Hervieu-Léger). Farei uma aproximação disso com o que chamei de "socialidade eletiva". Trata-se de um paradigma que, como tal, pode ser metodologicamente utilizável. Não podemos mais dispensar as formas de simpatia que, junto com a relação de causalidade, oferecem uma visão mais completa de um mundo cada vez mais complexo.

De fato, a relação simbólica que esbocei aqui se inscreve, deliberadamente, em um esquema vitalista próximo do esquema do querer-viver de Schopenhauer ou do elã vital de Bergson. Da mesma forma, a socialidade e o tribalismo que a constitui são essencialmente trágicos: os temas da aparência, do afetivo, do orgiástico indicam, todos, a finitude e a precariedade. L.-V. Thomas, no entanto, sublinhou fortemente que todos os ritos de morte preparam a "passagem para a vida".[17] A função essencial da socialidade é permitir pensar aquilo que traz em si o futuro, no próprio seio daquilo que está acabando. A desilusão diante de tudo que foi fértil no burguesismo não deve mascarar as formas particularmente vigorosas que estão nascendo. Morrendo para si mesmo, o indivíduo permite que a espécie perdure. Aqui, gostaria de remeter a esta frase das *Memórias de Adriano*:

> "Creio que seria possível compartilhar da existência de todos, e esta simpatia seria uma das espécies menos revogáveis da imortalidade" (M. Yourcenar).

---

16   Cf. M. Weber, *Économie et société*, Paris, Plon, p. 475, 478.
17   L.-V. Thomas, *Rites de mort*, Paris, Fayard, 1985.

Da mesma forma, ultrapassando a categoria do individualismo, a socialidade nos permite *con naître* (isto é, nascer com) as novas formas de socialidade que estão emergindo.

2. O *estar-junto "à toa"*

Uma palavra a mais. Para servir de fundamento ao que pode ser a estrutura socioantropológica do trabalhismo, pode ser interessante lembrar que, diretamente ou *a contrario*, é sempre em relação ao grupo que se vai determinar a vida social. Banalidade importante de ser lembrada. Alguns chegaram mesmo a dizer que a sociedade medieval, como sistema de organização orgânica, havia constituído um modelo da "utopia sociológica". Assim, para dar apenas alguns exemplos, podemos lembrar que é essa sociedade que serve de pano de fundo à análise que Tocqueville faz da democracia americana. Da mesma forma, Le Play se serve dela para elaborar seu conceito de *familles souches*,[18] e o mesmo acontece com a "comunidade" de Tönnies ou com as "associações intermediárias" de Durkheim.[19] Parece que, mais do que um material de comparação, essa nostalgia medievalista lembra que, ao contrário das perspectivas mecanicistas e individualistas, próprias ao positivismo do século XIX, a perspectiva *orgânica* não pode ser totalmente descartada.

Já se disse que K. Marx era fascinado pela única revolução que, aos seus olhos, tinha tido êxito: a Revolução burguesa de 1789. Sua obra, apoiada em categorias essencialmente burguesistas, ter-se-ia ressentido disso. Talvez fosse possível dizer algo parecido de Durkheim com relação ao medievalismo. Quer

---

18   **N. T.:** Famílias-tronco.
19   Sobre medievismo e sociologia, cf. a análise e os exemplos de R. A. Nisbet, *La tradition sociologique*, Paris, PUF, 1984, p. 30.

dizer que, embora tendo sido um protagonista da primazia do papel da razão e do indivíduo na sociedade, ele não pode impedir-se de constatar, *de facto*, a importância do sentimento e da comunidade. Quer me parecer que a distinção que Durkheim faz entre "solidariedade mecânica" e "solidariedade orgânica" e, sobretudo, a aplicação que dela faz não são mais pertinentes. Em contrapartida, é importante sublinhar que ele é verdadeiramente obcecado por esta realidade que é a solidariedade.[20] E não é pouca coisa. Com efeito, ainda que isso não tenha sido suficientemente analisado por aqueles que invocam o fundador da Escola Francesa de Sociologia, é certo que o problema do *consensus* pré-racional e pré-individualista é para ele uma base sobre a qual pode e se constrói a sociedade. Daí a importância que ele confere à consciência coletiva ou a esses momentos específicos (festas, ações comuns) através dos quais tal ou tal sociedade fortalece "o sentimento que tem de si mesma". Nisbet insiste nisso com justeza e com felicidade, pois, frequentemente, esquecemos que essa perspectiva da *communitas* ultrapassa o aspecto utilitarista e funcionalista dominante no economismo que nos cerca.

É interessante, além disso, notar que M. Halbwachs analisa, nessa perspectiva, a permanência do grupo, que é algo mais do que uma "reunião de indivíduos". O que ele diz de um grupo formado a partir da Escola (Normal Superior, da Rua d'Ulm, é óbvio!) valeria para o estudo de qualquer máfia. Comunidade de ideias, preocupações impessoais, estabilidade da estrutura que supera as particularidades dos indivíduos, eis aí algumas características essenciais do grupo

---

20   No que diz respeito a K. Marx, cf. F. Lévy, *K. Marx, histoire d'un bourgeois allemand*, Paris, Grasset, 1973. Sobre Durkheim, cf. R. A. Nisbet, *ibid.*, p. 110-111. Sobre o problema das solidariedades mecânica e orgânica, cf. M. Maffesoli, *La violence totalitaire*, Paris, PUF, p. 120.

que se fundamenta, antes de tudo, no sentimento partilhado. Há, nessa análise, uma lógica da despersonalização bastante mística. Essa "substância impessoal dos grupos duráveis"[21] de forte conotação erótica e passional se inscreve muito bem na perspectiva holística que caracteriza a comunidade orgânica. Tudo contribui para a sua manutenção, inclusive as dissenções e disfunções. Basta observar a organização dos grupos primários (familiares, de amigos, religiosos, políticos...) para nos convencermos da pertinência dessa dinâmica. Essa superação, ou essa relativização do individualismo, pode ser reencontrada na sociologia alemã (em Tönnies, naturalmente, mas também em M. Weber ou K. Mannheim). Isso é evidente no caso de G. Simmel que, a partir das sociedades secretas, demonstrou, ao mesmo tempo, a dimensão afetiva e sensível das relações sociais e seu desenvolvimento nos pequenos grupos contemporâneos. Trata-se de um fato cultural que pode ser do maior interesse para a compreensão do devir comunicacional de nossas sociedades. A análise das estruturas elementares, ou dos microgrupos sociais, permite, com efeito, minorar o papel do indivíduo, por demais inflacionado a partir do Renascimento. Como a rã da fábula, que gostaria de fazer esquecer o fato de que se situa em um conjunto do qual é uma parte, e não o elemento essencial. Com efeito, parafraseando Platão, que responde a Protágoras: por que seria o indivíduo a medida de todas as coisas e não o porco que lhe serve de alimento? De fato, a lógica comunicacional, ou ainda a interação, parti-

---

21 Cf. M. Halbwachs, *La mémoire collective*, Paris, PUF, 1968, p. 119-120. Expliquei o que penso sobre o não-individualismo em G. Simmel no meu artigo: M. Maffesoli, "Le paradigme esthétique". In: *Sociologie et société*, Montreal, v. XVII, nº 2, out. 1985, cf. também P. Watier, G. *Simmel, la sociologie et l'expérience du monde moderne*, Paris, Klincksieck, 1986.

cularmente visíveis nos grupos, tendem a privilegiar o todo, o aspecto arquitetônico e a complementaridade que deles resulta. É isso que nos permite falar de uma alma coletiva, de uma matriz fundamental que engloba e anima o conjunto da vida quotidiana.

Sem temer a simplicidade das palavras, ou o seu aspecto repetitivo, talvez possamos falar de uma *sociedade natural,* insistindo, justamente, no aspecto paradoxal da expressão. Com efeito, mesmo sob a forma da agressividade ou do conflito, existe uma propensão ao reagrupamento. O que Pareto chamar de instinto de combinação, ou ainda esse "instinto interno" que, segundo Locke, serve de base a qualquer sociedade. Sem nos pronunciarmos sobre o conteúdo dessa tendência, podemos considerar que a comunicação, ao mesmo tempo, verbal e não verbal, constitui uma vasta rede que liga os indivíduos entre si. Naturalmente, o predomínio de uma perspectiva racionalista levava a considerar que apenas a verbalização tinha estatuto de laço social. A partir daí era fácil observar que muitas situações "silenciosas" escapavam desse laço. Essa é, certamente, uma das razões anunciadas pela ideologia individualista, herdeira do século das Luzes e arredia aos modos de vida populares, aos costumes festivos e banais, ao *habitus*, que estruturam em profundidade, sem serem necessariamente verbalizados, a vida quotidiana. As pesquisas contemporâneas sobre a linguagem corporal, sobre a importância do ruído e da música e sobre a proxemia retomam, por um lado, as perspectivas místicas, poéticas e utópicas da correspondência e da dimensão arquitetônica, e, por outro, as considerações da física teórica sobre o infinitamente pequeno.[22] O que significa isso,

---

22   Cf. Basarab Nicolescu, *Nous, la particule et le monde*, Paris, Éd. Le Mail, 1985; sobre a sincronicidade, cf. E. T. Hall, *Au-delà de la culture*, Paris, Seuil, 1979, p. 75. Sobre o *habitus*, cf. M. Maffesoli, *La connais-*

senão que a realidade é um vasto agenciamento de elementos homogêneos e heterogêneos, de contínuo e de descontínuo? Tempo houve em que se realçava tudo que era possível distinguir em um dado conjunto, tudo que se podia separar e particularizar. Agora, cada vez mais, nos damos conta de que mais vale considerar a sincronia ou a sinergia das forças que agem na vida social. Isso posto, redescobrimos que o indivíduo não pode existir isolado, mas que ele está ligado, pela cultura, pela comunicação, pelo lazer e pela moda, a uma comunidade, que pode não ter as mesmas qualidades daquelas da Idade Média, mas que nem por isso deixa de ser uma comunidade. E esta é que precisa ser destacada. Inspirado em G. Simmel, propus ver na forma o "laço de reciprocidade" que se tece entre os indivíduos. Trata-se, de algum modo, de um laço em que o entrecruzamento das ações, das situações e dos afetos formam um todo. Daí a metáfora: dinâmica da tecelagem, e estática do tecido social. Assim, tal como a *forma artística* se cria a partir da multiplicidade dos fenômenos reais ou fantasmáticos, também a *forma societal* poderia ser uma criação específica, partindo dos minúsculos fatos que são os fatos da vida quotidiana. Esse processo faz, portanto, da vida comum uma forma pura, um valor em si. "Impulsão de socialidade" (*Geselligkeit*) irreprimível e que, para se expressar, usa, conforme a ocasião, o caminho real da política, do acontecimento histórico, ou a via subterrânea, mas não menos intensa, da vida banal.

Sob esse aspecto, a vida pode ser considerada uma obra de arte coletiva. Seja ela de mau gosto, *kitsch*, folclore, ou uma

---

sance ordinaire, Paris, 1985, p. 225 e segs. Sobre as origens tomistas do *habitus*, cf. G. Rist, "La notion médiévale d'*habitus* dans la sociologie de P. Bourdieu", *Revue européenne des sciences sociales*, Genebra, Droz, t. XXII, 1984, p. 67, 201-212. Cf. também B. Valade, *Pareto, la naissance d'une autre sociologie*, PUF, 1990.

manifestação do *mass entertainment* contemporâneo. Tudo isso pode parecer futilidade oca e vazia de sentido. Entretanto, se é inegável que existe uma sociedade "política", uma sociedade "econômica", existe também uma realidade que dispensa qualificativos, e que é a coexistência social como tal que proponho chamar socialidade, e que poderia ser a "forma lúdica da socialização".[23] No quadro do paradigma estético, que me é caro, o lúdico é aquilo que nada tem a ver com finalidade, utilidade, "praticidade", ou com o que se costuma chamar "realidades". É, ao invés, aquilo que *estiliza* a existência, que faz ressaltar a característica essencial dela. Assim, a meu ver, o estar-junto é um dado fundamental. Antes de qualquer outra determinação ou qualificação, ele consiste nessa espontaneidade vital que assegura a uma *cultura* sua força e sua solidez específicas. Em seguida, essa espontaneidade pode se artificializar, quer dizer, se *civilizar* e produzir obras (políticas, econômicas, artísticas) notáveis. Sempre será necessário, entretanto, mesmo que seja apenas para apreciar suas novas orientações (ou re-orientações), retornar à forma pura que é o *estar-junto à toa*. Com efeito, isso pode servir de pano de fundo, de elemento revelador para os novos modos de vida que renascem sob nossos olhos. Nova rodada do jogo que diz respeito à economia sexual, à relação com o trabalho, à repartição da palavra, ao tempo livre, à solidariedade nos reagrupamentos de base. Para compreender tudo isso é necessário usar essa alavanca metodológica que é a perspectiva orgânica do grupo.

---

23   Aqui eu sigo uma análise bastante pertinente de G. Simmel, *Sociologie et épistémologie*, Paris, PUF, 1981, p. 125. Contrariamente à tradutora Mme. L. Gasparini, proponho traduzir *Geselligkeit* por socialidade, e não por sociabilidade.

3. O modelo "religioso"

Quando Durkheim descreve as *Formas elementares da vida religiosa*, não pretende fazer uma análise exaustiva da religião das tribos australianas. Seu objetivo é compreender o fato social. A mesma coisa vale para M. Weber. Sua ética do protestantismo é passível de numerosas críticas por parte de uma sociologia, ou de uma história das religiões *stricto sensu*. Mas, certamente, este não é seu objeto. Que dizer, então, do *Totem e tabu* de Freud! Em cada um desses casos, com objetivos diferentes, trata-se de trazer à luz uma lógica da "atração social".[24] É nessa perspectiva que falo de modelo religioso. Perspectiva metafórica que seja, mas verdadeira na medida em que, para além de quaisquer especializações, e sem invalidá-las de forma nenhuma, é importante servir-se das imagens religiosas para apreender *in nuce* as formas de agregação social. Olhar transversal, ou alguma espécie de comparativismo, que constata que é a partir de um imaginário vivido em comum que se inauguram as histórias humanas. Mesmo que a etimologia esteja sujeita à caução, a religião (*religare*), a "re-liança" é uma maneira pertinente de compreender o laço social. Isso pode irritar o purista. Eu, no entanto, me atenho à proposição de P. Berger e T. Luckmann: *"The sociological understanding of 'reality' falls somewhere in the middle between that of the man in the street and that of the philosopher."*[25]

---

24   É inútil citar as obras de Durkheim, Weber ou Freud. Tomo essa expressão de P. Tacussel, *L'attraction sociale*, Paris, Librairie des Méridiens, 1984.

25   P. Berger e T. Luckmann, *The social construction of reality*, Nova Iorque, Anchor Books Éditions, 1967, p. 2. Trad. franc.: *La construction sociale de la réalité*, Paris, Méridiens Klincksieck, 1987. (Cf. ed. bras.: *A construção social da realidade*, Petrópolis, Vozes.)

Além disso, quando observamos as cesuras importantes na
história das mentalidades, é fácil notar que a efervescência que
é causa e efeito delas é frequentemente assumida pelos pequenos grupos religiosos que se vivenciam como totalidade, que
vivem e agem a partir de um ponto de vista de totalidade. A
separação política/ideal não tem mais sentido. Os modos de
vida são vividos como tais, como esse "concreto mais extremo",
expressão de W. Benjamin, onde se representam, no dia a dia,
a banalidade e a utopia, a necessidade e o desejo, o fechamento
na "família" e a abertura para o infinito. Já se disse que os *thiases*
dionisíacos do final do helenismo ou as pequenas seitas do início do cristianismo foram a base da estruturação social que se
lhes seguiu. Talvez seja possível dizer a mesma coisa da multiplicação dos reagrupamentos afetivo-religiosos que caracterizam a
nossa época. Assim, a utilização da metáfora religiosa pode ser
comparada à de um raio *laser* que permite uma leitura das mais
completas no próprio seio de uma estrutura dada.

Todos os que se interessaram pelo culto de Dionísio su-
blinharam sua chegada tardia ao panteão grego, e sua, sob inúmeros aspectos, estranheza. Quanto ao que nos diz respeito,
e reforçando seu aspecto emblemático, podemos considerá-lo
como o paradigma da alteridade fundadora: aquilo que, ao
mesmo tempo, encerra e inaugura. É interessante observar,
desse ponto de vista, que os *thiases*, que são reagrupamentos
religiosos devotados a essa divindade estranha e estrangeira,
têm essa dupla função. Assim, ao contrário da clivagem política tradicional, os *thiases* são transversais. Recusam as discriminações sociais, raciais e sexuais, e, em seguida, integram-se
à religião da cidade.[26] Por um lado, reúnem, constituem novas

26 Sobre esse ponto, cf. M. Bourlet: "L'orgie sur la montagne". In: *Nou-*
    velle revue d'ethnopsychiatrie, Paris, 1983, n° 1, p. 20. Para uma utiliza-
    ção mais geral da imagem de Dionísio, cf. meu livro, M. Maffesoli,

agregações, novos grupos primários. Por outro, revivificam a nova sociedade. Dúplice atitude que caracteriza toda fundação. Trata-se de um procedimento que se repete regularmente, em particular cada vez que ocorre a saturação de uma ideologia, ou, mais precisamente, de uma *episteme* particular. Para o período do nascimento do cristianismo, E. Renan demonstra muito bem como são os pequenos grupos que dariam origem ao que seria o cristianismo: "Nada como as seitas pouco numerosas para conseguir fundar qualquer coisa." Ele as compara a "pequenas franco-maçonarias", e sua eficácia se apoia, essencialmente, no fato de que a proximidade de seus membros cria laços profundos, o que provoca uma verdadeira sinergia das convicções de cada um.[27] Isolados ou, o que vem a dar no mesmo, perdidos em uma estruturação muito ampla, um indivíduo e seu ideal, no fim das contas, têm pouco peso. Mas, imbricados em uma conexão estreita e próxima, pelo contrário, sua eficácia é demultiplicada pela dos outros membros da "franco-maçonaria". É isso, aliás, que nos leva a dizer que as ideias têm uma fecundidade própria, ponto de vista que o positivismo do século XIX, em suas diversas variantes (marxismo, funcionalismo), questionou seriamente. É verdade que a lógica econômica, que prevaleceu na Modernidade e que privilegiou, ao mesmo tempo, o projeto político e a atomização individual, não podia de forma alguma integrar a dimensão de um imaginário coletivo; quando muito podia concebê-la como um suplemento da alma, um "figurante" para

---

L'ombre de Dionysos, contribution à une sociologie de l'orgie, Paris (1982), reed. Le Livre de Poche, 1991. Cf. também M. Xiberras, *La société intoxiquée*, Klincksieck, 1989.

---

27 E. Renan, *Marc Aurèle, ou la fin du monde antique*, Paris, Le Livre de Poche, 1984, p. 317-318.

uso privado e supérfluo. O que vem a dar, sem derramamento de sangue, no "desencantamento do mundo" (*Entsauberung*) que conhecemos, e que triunfou, particularmente, na teoria social. O que não permitiu ver toda a carga mítica (utópica) que estava em ação no movimento operário.

O pequeno grupo, pelo contrário, tende a restaurar, estruturalmente, a eficácia simbólica. E, pouco a pouco, vemos a constituição de uma rede mística, com fios mais sólidos, que permite falar do ressurgimento do cultural na vida social. Eis a lição essencial que nos dão essas épocas de massas. Épocas como essas se apoiam principalmente na concatenação de grupos com intencionalidades estilhaçadas, mas exigentes. É isso o que proponho chamar de reencantamento do mundo.

O sociólogo E. Troeltsch fez, com grande elegância, uma distinção entre o "tipo seita" e o "tipo igreja". Levando adiante essa tipologia, e, talvez mesmo, acentuando a sua nitidez, podemos dizer que, tal como existem épocas caracterizadas pelo "tipo igreja", em outras reconhecemos, antes de tudo, o "tipo seita". No último, será privilegiado o aspecto *instituinte*. Ora, o que caracteriza o instituinte é, por um lado, a força sempre renovada do estar-junto, e, por outro, a relativização do futuro, a importância dada ao presente na tríade temporal. Isso tem consequências organizacionais: a seita é, antes de tudo, uma *comunidade local* que se vê como tal, e que não tem necessidade de uma organização institucional visível. Para essa comunidade basta o sentimento de que faz parte da comunhão invisível dos crentes. O que remete a uma concepção mística da "comunhão dos santos". Logo, um pequeno grupo que funciona com base na proximidade e que se inscreve em pontilhado em um conjunto mais amplo.

Outro aspecto do "tipo seita" é a relativização do aparelho burocrático. Podem existir chefes carismáticos e gurus, mas o fato de seus poderes não se apoiarem em uma competência racional (saber teológico) ou em uma tradição sacerdotal os torna mais frágeis e não favorece sua inscrição na longa duração. Partindo daí, podemos dizer que "tudo, na seita, é assunto de todos".[28] Talvez seja difícil falar, a esse respeito, de atitude democrática. Na verdade, trata-se de um sistema hierárquico, orgânico, que torna cada um indispensável na vida do grupo. Aliás, é essa reversibilidade que assegura o dinamismo constante do conjunto. As estruturas instituídas pelo mecanismo de delegação que elas suscitam tendem a favorecer a mornice de seus membros. Em compensação, o "tipo-seita" torna cada um responsável por todos e por cada um. Daí a conformidade e o conformismo que ele suscita.

Presente, proximidade, sentimento de participação em um todo, responsabilidade, eis aí alguns caracteres essenciais em ação no grupo-seita. São esses caracteres que permitem aos grupos em questão constituir-se em "massa". Na verdade, só se compreende o imperialismo da instituição se existir uma estrutura rígida, orientada para a longa duração e dirigida por um poder solidamente assentado. Se, pelo contrário, é o localismo que prevalece, é possível fazer funcionar outras entidades com os mesmos princípios. Daí vem a imagem de federalismo ou, pelo menos, de coabitação que, em geral, a estruturação em rede apresenta.

Em relação ao que acabo de indicar, é interessante notar a base popular do "tipo-seita". É uma constatação com a qual concordam todos os que analisam esse fenômeno, desde a Antiguidade tardia até os nossos dias. Isso se torna particularmente evidente quando observamos as seitas cristãs durante

---

28 J. Séguy, *Christianisme et société, introduction à la sociologie de Ernst Troeltsch*, Paris, Cerf, 1980, p. 112. Cf. sua análise do "tipo-seita", p. 111 e segs.

os seus quatro primeiros séculos de existência. É notório que em seus primórdios o cristianismo atrai, sobretudo, a arraia miúda e os escravos. Por isso, quando tenta combater o cristianismo, Juliano, o Apóstata, pensa ter de enfrentar apenas grupos incultos, sem qualquer apoio dessas elites que, para ele, são os filósofos. O mesmo ocorre em relação às seitas medievais, o que significaria uma constante na matéria. Podemos dizer, com efeito, que a estrutura sectária é oposta, ou pelo menos indiferente, com relação ao clero e às classes dirigentes em geral.[29] E isso em função da ideologia da proximidade de que falávamos. Conformismo e reticência diante do poder sobreposto, reencontramos aí a perspectiva geral da lógica anarquista: a ordem sem o Estado.

É nesse sentido que se pode desenvolver a proposição de Troeltsch em relação ao tipo-ideal sectário. Este permite ressaltar essa forma social que é a *rede*: conjunto inorganizado e, no entanto, sólido, invisível, porém, servindo de ossatura a qualquer conjunto, seja ele qual for. Sabemos que, em geral, a historiografia ignorou, com soberba, o viveiro da história no quotidiano, para não reter senão algumas cristalizações emergentes (homens ou acontecimentos). A mesma coisa ocorre com as ciências sociais (ciência política, economia, sociologia), que negligenciam tudo o que é *inorganizado*, ou, o que é mais grave, lhe negam toda e qualquer importância. O "tipo--seita", que, pela sua dimensão popular, enfatiza a existência de um cristianismo de massa, que pode ser considerado como uma espécie de lençol freático, irrigando em profundidade as instituições particulares. Estas podem ser as igrejas, as seitas

---

29   Cf. Gibbon, *Histoire du déclin et de la chute de l'Empire Romain*, Paris, Éd. Laffont, 1983, t. 1, cap. XXIII, p. 632 e segs. Sobre as seitas medievais, cf. J. Séguy, *op. cit.*, p. 176-179.

ou os movimentos qualificados.[30] O ressurgimento das comunidades de base, ou dos grupos afinitários, nas igrejas contemporâneas mostra bem que esse lençol freático está longe de esgotar-se. Há momentos em que não cuidamos dele, usando-o a ponto de saqueá-lo. Em outros, mais "ecológicos", percebemos o que lhe é devido, em particular esse sólido cimento que são a partilha, a ajuda mútua ou a solidariedade desinteressadas. É isso que permite a perdurância da socialidade a longo prazo: o pequeno grupo oferece o modelo acabado dessa construção arquitetônica. Nele encontramos, em ponto menor, e sem qualquer sistematização teórica, a atualização das características que acabamos de analisar.

A "associação mutualista", cujas raízes nas associações religiosas são notáveis, ou essas antigas subdivisões paroquiais que são as "irmandades" remetem à partilha fraternal. E suas etimologias insistem, particularmente, na convivialidade, na solidariedade familial, no pequeno agrupamento que encontra sua origem na longínqua partição do clã.[31] Também aí, sob outros nomes, talvez, após ter sido esquecida, essa estrutura de base vem adquirindo uma nova atualidade, ou novas modulações, ainda que sua forma permaneça essencialmente religiosa (re-ligante).

---

30 A expressão "lençol freático" é aplicada ao catolicismo popular por E. Poulat. In: *Catholicisme, démocratie et socialisme*, Paris, Casterman, 1977, p. 486. Sobre a permanência do "país real", da base no catolicismo, cf. E. Poulat, *Église contre bourgeoisie*, Paris, Casterman, 1977, p. 155. Cf. também os trabalhos de J. Zylberberg e P. Coté, Quebec, Université Laval, Faculté Sciences Sociales.

31 Sobre a associação mutualista, cf. A. Guedes, *Compagnonnage et apprentissage*, PUF, 1996. Sobre as "confrarias", cf. Y. Lambert, *Dieu change en Bretagne*, Paris, Cerf, 1985, p. 40 e 264.

O que se chamou de "tipo-seita" pode ser compreendido como uma alternativa para a mera gestão racional da instituição. Retomando, regularmente, uma certa importância, essa alternativa acentua o papel do sentimento na vida social. O que vai favorecer o papel da proximidade e o aspecto caloroso do que está em estado nascente.

É nesse sentido que o modelo religioso se revela pertinente para a descrição do fenômeno das redes, que escapa a qualquer espécie de centralidade, às vezes até de racionalidade. Os modos de vida contemporâneos, é necessário dizê-lo e repeti-lo, não se estruturam mais a partir de um polo unificado. De maneira um tanto estocástica, são tributários de ocorrências, de experiências e de situações muito variadas. Todas elas induzem os agrupamentos afinitários. Tudo se passa como se o "amor louco" e o "acaso objetivo" do Surrealismo, o encontro e a "deriva" do situacionismo fossem, progressivamente, capilarizados no conjunto do corpo social.[32] A vida como obra não é mais assunto de alguns. Ela se tornou um processo de massa. A estética à qual isso nos remete não mais pode resumir-se em uma questão de gosto (bom ou mau gosto estético) ou de conteúdo (o objeto estético). É a *forma estética pura* que nos interessa: como se vive e como se exprime a sensação coletiva.

4. A socialidade eletiva

Podemos dizer que a partir da concepção que determinada época faz da Alteridade é que se pode determinar a forma

---

32 Podemos interpretar no sentido das histórias quotidianas os conceitos historicistas, tais como: *"situational determination"* ou *"seat in life"*, propostos por P. Berger e T. Luckmann, *The social construction of reality, op. cit.*, p. 7. Cf. também, sobre o surrealismo e o situacionismo, P. Tacussel, *L'attraction sociale, op. cit.*

essencial de uma dada sociedade. Assim, ao lado da existência
de uma sensação coletiva, vamos assistir ao desenvolvimento de
uma lógica da rede. Quer dizer: os processos de atração e
de repulsão se farão por escolha. Assistimos à elaboração do
que proponho chamar *socialidade eletiva*. É verdade que esse
mecanismo sempre existiu, mas, no que diz respeito à Modernidade, ele foi temperado pela restrição do político que
faz intervir o compromisso e a finalidade, ultrapassando de
muito os interesses particulares e o localismo. A temática da
vida quotidiana ou da socialidade (*versus* o político e o social),
em compensação, destaca que o problema essencial do dado
social é o relacionismo, que pode traduzir-se, de maneira mais
trivial, pelo ombro a ombro de indivíduos e grupos. Fica bem
entendido que a própria "religação" é mais importante do que
os elementos que são ligados. Será menos o objetivo que se
deseja atingir do que o próprio fato de estar junto que prevale-
cerá. Em uma ótica simeliana: o *für – mit – gegeneinander*. Daí a
necessidade do que chamei de sociologia formista. Ou seja, de
um pensamento que constata as formas, as configurações exis-
tentes sem querer criticá-las ou julgá-las. Uma fenomenologia
desse tipo é a atitude estética correspondente a uma estetiza-
ção da vida diária. Isso induz um procedimento estocástico
que, usando exemplos provenientes de variados domínios e
lugares, constitui apenas uma variação musical sobre o tema
do *Zusammensein*.[33] Mas é preciso não ter medo de repisar, de

---

33   Embora reconhecendo a primazia do relacionismo em G. Simmel,
      eu me oponho aqui à interpretação individualista que J. Séguy lhe
      dá, "Aux enfances de la sociologie des religions: Georg Simmel".
      In: *Archives de sociologie des religions*, Paris, CNRS, 1964, nº 17, p. 6.
      No que diz respeito ao estetismo, cf. meu artigo, M. Maffesoli, "Le
      paradigme esthétique". In: *Sociologie et société*, Montreal, v. XVII,
      nº 2, out. 1985. Cf. também Y. Atoji, "La philosophie de l'art de
      Georges Simmel: son optique sociologique". In: *Sociétés*, Paris, Mas-

voltar à carga por diversos ângulos, pois é muito difícil apreender um fenômeno grupal com instrumentos de análise que
foram elaborados em uma perspectiva política. O que, aliás,
hoje em dia, provoca um equívoco bastante comum: o de
analisar o recuo do político ou a perda do sentido social em
termos de ressurgimento do individualismo. Continuemos,
pois, a nossa deriva, ressaltando, em particular, o aspecto afetivo ou "afetual" (M. Weber) dos agrupamentos.

É chocante observar que a socialidade, no momento de
sua fundação, é particularmente intimista. A mesma coisa
ocorre quando ela quer estreitar os laços, ou lembrar o que é
comum a todos. Desse ponto de vista, a refeição é um verdadeiro sacramento, "aquilo que torna visível uma graça invisível",
como nos ensina o catecismo. Técnica simbólica, por excelência, diríamos nós de maneira mais moderna. E da eucaristia
aos banquetes políticos, passando pelas pequenas "comedorias"
entre amigos, é longa a lista desses procedimentos de anamnese
que selam as alianças, atenuam as oposições ou restauram as
amizades abaladas. Aqui a refeição é a metáfora dos laços que se
criam no interior dos pequenos cenáculos durante os períodos
de efervescência. Da multiplicação dos cultos privados ao aca-
nhado tecido de pequenas células que oferecem hospitalidade
aos líderes da nova religião cristã, ou aos revolucionários dos
tempos modernos,[34] as novas agregações sociais, o nascimento

---

son (no prelo). O termo "religação" é tomado de empréstimo a M.
Bolle de Bal, *La tentation communautaire*, Universidade de Bruxelas,
1985.

---

34   Sobre o exemplo do culto privado, cf. E. R. Dodds, *Les grecs et
l'irrationnel, Paris, Flammarion, 1959, p. 240. Cf. também P. Brown,
La vie de saint Augustin, Paris, Seuil, 1971, p. 51, sobre as redes dos
maniqueístas.

dos valores alternativos passa pelo que podemos chamar a lógica da rede. Quer dizer, algo que dá precedência ao calor afetivo, ou que, pelo menos, demonstra que ele tem um lugar privilegiado na estruturação ou no objetivo social. A inegável existência de tal pulsão afetiva no jogo político foi muitas vezes enfatizada. Pode ser interessante assinalar, de passagem, que ela não deixa de agir também sobre a ordem econômica. É isso que Célestin Bouglé analisa no seu ensaio sobre as castas. Em uma perspectiva próxima daquilo que disse sobre as corporações de ofício, ou sobre a associação mutualista, ele mostra que a casta é a forma extrema, "petrificada" da guilda medieval. Conhecemos o papel que uma e outra desempenham na estruturação da indústria e da economia ocidentais ou indianas. E esse papel só pode existir porque existem práticas de convivialidade, de solidariedade, de ajuda mútua jurídica, e outras formas de expressão culturais ou cultuais.[35] Dessa maneira, a ordem econômica é sustentada por tudo aquilo que se alinha, habitualmente, na ordem do simbólico. Esse exemplo demonstra que a sociedade mundana é um todo que não adianta querer recortar em rodelas e, nesse todo, o estar-junto convivial, festivo ou banal tem um lugar que não pode ser subestimado.

Não é senão com o sábio Durkheim que se reconhece o papel do afeto. Eu já o demonstrei (cf. *L'ombre de Dionysos*) no caso de sua análise das festas *corrobori*, nas *Formas elementares da vida religiosa*. É mais surpreendente notar o lugar que ele lhe atribui na *Divisão do trabalho social*. Assim, de maneira um

---

35 Cf. C. Bouglé, *Essais sur le régime des castes*, Paris, PUF, 1969, p. 32--35. Sobre o "papel das paixões humanas na sociedade de Quebec", cf. G. Renaud, À *l'ombre du rationalisme*, Montreal, Éd. St. Martin, 1984, p. 167.

tanto vitalista, ele atribui ao grupo uma "fonte de vida *sui generis*. Dele se desprende um calor que aquece ou reanima os corações, que os abre à simpatia...". Eis aí do que se trata. Não é possível ser mais preciso. E ele faz o prognóstico de que as "efusões de sentimento" terão, também, seu lugar nas "corporações do futuro". Quase poderíamos ler em Durkheim uma análise das redes contemporâneas. O que é certo é que a famosa teoria dos corpos intermediários, que talvez seja a contribuição mais importante de Durkheim, é totalmente incompreensível se não integrarmos essa dimensão afetiva. Além disso, é evidente que a valorização do grupo é uma desconstrução do individualismo que parece prevalecer entre os que se valem do positivismo durkheimiano. Esse individualismo existe, é inegável. Ele permite à sociologia nascente explicar a dinâmica própria da Modernidade, mas é, ao mesmo tempo, contrabalançado pelo seu contrário, ou mais exatamente pela remanência[36] de elementos alternativos. Aliás, é essa tensão paradoxal que garante a tonicidade de uma dada sociedade.

É dessa forma que precisamos compreender o vitalismo encontrado regularmente na obra de Durkheim. Nostalgia da comunidade? Talvez. Em todo caso, ele sublinha que, tal como o corpo individual, o corpo social é um organismo complexo em que o funcionamento e a disfunção se ajustam da melhor maneira possível. Assim, em sua comparação entre a divisão do trabalho social e a divisão do trabalho fisiológico, ambas não aparecem "senão no seio das massas policelulares já dotadas de uma certa coesão". Concepção orgânica por excelência, e que não hesita em se apoiar na "afinidade do

---

36 **N. T.:** No sentido figurado, refere-se à conservação de uma parte de imantação no relacionamento entre as pessoas.

sangue" e "no apego a um solo comum".[37] O apelo à espontaneidade, às forças impulsivas que ultrapassam a simples na-
cionalidade contratual, acentua o relacionismo, a ligação de
séries de atrações e repulsões como elementos de base de todo
conjunto social. Sabemos que foi possível analisar as construções eróticas do divino Marquês de Sade como outras tantas
combinações químicas que predominam sobre cada um dos
seus elementos. Essa metáfora extrema pode ser útil ao nosso
propósito: eros ou a paixão favorecem os reagrupamentos de
elementos, e isso em função da "valência" própria destes últimos. Pode ocorrer uma saturação, e, nesse caso, assistimos
ao nascimento de outra combinação. Dessa maneira, na órbita do vitalismo espontâneo, podemos ver a conjunção e/ou
a tensão paradoxal do estático em ação: a comunidade e o
espaço, e do dinâmico: nascimento e morte dos grupos que
formam a comunidade e vivem nesse espaço. Ao velho debate
sobre a estrutura e a História se contrapõe, então, o do acaso
e da necessidade das histórias quotidianas.

A sociedade assim compreendida não se resume em uma
mecanicidade racional qualquer. Ela vive e se organiza, no
sentido estrito do termo, através dos reencontros, das situações, das experiências no seio dos diversos grupos a que pertence cada indivíduo. Esses grupos se entrecruzam uns com
os outros e constituem, ao mesmo tempo, uma massa indife-
renciada e polaridades muito diversificadas. Para nos atermos
ao esquema vitalista, poderíamos falar de realidade protoplás-
mica, originária da estreita conjunção entre a substância nutriente e o núcleo celular. Essas imagens têm, antes de tudo,

---

37   E. Durkheim, *De la division du travail social*, Paris, Librairie Félix Al-
     can, 1926, p. 261. Sobre o grupo como "fonte de vida", Prefácio à
     segunda edição, p. XXX. Sobre o entrecruzamento dos grupos, cf. M.
     Halbwachs, *La mémoire collective*, *op. cit.*, p. 66.

a vantagem de sublinhar, ao mesmo tempo, a importância do afeto (atração-repulsa) na vida social, e mostrar que este é "não consciente" ou, para falar como Pareto, "não lógico". É necessário insistir nessa organicidade, pois é ela que condiciona múltiplas atitudes qualificadas de irracionais, observadas em nossos dias. E, sem que seja possível lhe dar uma definição exata (daí o emprego de metáforas), é a partir dessa nebulosa que podemos compreender o que proponho chamar, já há alguns anos, de *socialidade*.

Assim como falei da tal remanência em Durkheim, pode--se dizer que existe no romantismo hegeliano uma constante teórica que se apoia na nostalgia da comunidade.

Além do igualitarismo e do contrato social, existe uma perspectiva "concêntrica" da sociedade; quer dizer que os diferentes círculos que a compõem se ajustam uns aos outros, e não valem senão enquanto ligados. Dessa maneira o Estado, para Hegel, é uma espécie de *communitas communitatum*. Não são os indivíduos que têm a primazia, mas suas relações.[38] Essa ideia de interconexão é notável, pois privilegia o papel de cimento que o afetivo, o ombro a ombro, pode representar. Nesse sentido, ao contrário da leitura tradicional que se faz dele, o Estado hegeliano poderia ser um conjunto vazio, uma ideia teórica cuja única função seria a de fazer ressaltar o agrupamento espontâneo dos diversos elementos que, pouco a pouco, constituem o todo. É certo que esse agrupamento está longe de ser unificado. Sob muitos aspectos ele é caótico e, no entanto, dá conta de uma sociedade, certamente não ideal, mas que, *bem ou mal*, existe. Podemos dizer, com efeito, que a lógica da rede e o afeto que lhe serve de vetor são es-

---

38   A esse respeito, cf. a análise sociológica que faz R. A. Nisbet, *La tradition sociologique*, Paris, PUF, 1984, p. 78.

sencialmente relativistas. Será necessário dizer, como convém, que os grupos que constituem as massas contemporâneas não têm ideal? Talvez fosse melhor observar que eles não têm uma visão daquilo que, em termos absolutos, deve ser uma sociedade. Cada grupo é, para si mesmo, seu próprio absoluto. Esse é o relativismo afetivo que se traduz, especialmente, pela conformidade dos estilos de vida.

Tal coisa supõe, no entanto, que exista uma multiplicidade de estilos de vida, de certa forma um multiculturalismo. De maneira conflitual e harmoniosa ao mesmo tempo esses estilos de vida se põem e opõem uns aos outros. É essa autossuficiência grupal que pode dar a impressão de fechamento. O certo é que a saturação de uma atitude projetiva, de uma intencionalidade voltada para o futuro, "ex-tensiva", é compensada por um incremento na qualidade das relações, que passam a ser mais "in-tensivas" e vividas no presente. A Modernidade, ao mesmo tempo que multiplicou a possibilidade das relações sociais, esvaziou-as, em parte, de todo conteúdo real. Essa foi, em particular, uma característica das metrópoles modernas. E sabemos que esse processo não contribuiu pouco para a solidão gregária sobre a qual tanto se tem falado. A pós-modernidade tende a favorecer, nas megalópoles contemporâneas, ao mesmo tempo o recolhimento no próprio grupo e um aprofundamento das relações no interior desses grupos. Fica entendido que esse aprofundamento não é sinônimo de unanimismo, e tanto é assim que o conflito desempenha aí o seu papel. Aliás, não é essa a questão. Basta reter que a atração e a repulsa são causas e efeito do *relacionismo*. É este último que serve de vetor à "massa policelular" (Durkheim) ou "concêntrica" (Hegel) em questão. Naturalmente, essa estruturação em redes afinitárias nada tem a ver com o pressuposto voluntário que se encontra em geral na base da associação econômico-política.

Com efeito, aquilo de que é preciso dar-se conta é que a nebulosa "afetiva" ("afetual") que descrevemos não implica um preconceito humanista, ou mesmo antropomórfico. É, como se sabe, o meu *delenda carthago est*: o indivíduo e suas diversas teorizações nada têm a ver com o assunto; menos, ainda, do que a ação desse indivíduo sobre a História em marcha. No quadro da temática do dionisíaco, cujo paroxismo é a confusão, as massas efervescentes (promiscuidades sexuais, festivas, esportivas) ou as massas quotidianas (multidões banais, consumidoras, imitadoras...), ultrapassam as características do princípio da individualização. Não é, certamente, errado dizer que as intencionalidades particulares representam um determinado papel no processo de interação. Mas isso não nos deve impedir de ver que, como "forma" social, esse processo é constituído por uma "multidão de minúsculos canais cuja existência escapa à consciência individual". G. Simmel denomina-o um "efeito de composição" (*Zusammenschluss*).[39] Com efeito, sem que seja possível determinar o que vem em primeiro lugar, é certo que a preeminência do grupo e o caráter marcante do afeto permitem destacar que a densidade da vida quotidiana é, antes de tudo, a consequência de forças impessoais. Isso é, aliás, o que explica a denegação que ela sofreu por parte dos intelectuais que, desde o século XVIII, refletem sobre a existência social.

E, no entanto, essa vida quotidiana, em sua frivolidade e superficialidade, é certamente o que torna possível qualquer forma de agregação, seja ela qual for. Eu já disse que o *exis* ou o *habitus*, tão bem descritos por M. Mauss, determinam os usos e costumes que nos constituem, determinam o meio no

---

39   G. Simmel, *Les problèmes de la philosophie de l'histoire*, Paris, PUF, 1984, p. 75.

qual nos banhamos como em um plasma nutriente. Ora, estes últimos são tudo menos conscientes. *Eles estão aí*, imperativos e constrangedores em seu caráter maciço. Nós os vivemos sem verbalizá-los. Talvez não devêssemos ter medo de dizer, com uma vida um tanto animal. Eis aí o que nos lembra a lógica das redes que está se impondo nas massas contemporâneas. A impessoalização, melhor seria dizer a desinvidualização, assim induzida é, aliás, perceptível no fato de que cada vez mais as situações são analisadas a partir da noção de atmosfera. Prevalece menos a identidade, a precisão do traço, do que a suavidade, a ambiguidade, a qualificação em termos de "meta..." ou de "trans...". E isso em inúmeros domínios: modas, ideologias, sexualidade etc.

Desse ponto de vista, a multiplicação das pesquisas científicas ou dos artigos jornalísticos que fazem referência à "ambiência" (*feeling, Stimmung*) é instrutiva. Isso não deixa de ter consequências quanto aos nossos métodos de análise, em particular no que diz respeito à modéstia teórica que tende cada vez mais a caracterizá-los. Não é o caso de abordar agora esse problema. Basta indicar que ele é consecutivo ao fato de que a um conjunto civilizacional confiante em (e consciente de) si mesmo, a um conjunto de representações dominadas pela clareza do conceito e pela certeza da razão, está sucedendo o que proponho chamar de *penumbra dos modos de organização e das maneiras de pensar o mundo*. Como toda penumbra, essa tem seu encanto, e tem suas leis também, que não podemos ignorar se quisermos reconhecer-nos nela.

5. A lei do segredo

Uma característica, e não das menos importantes, da massa moderna é, certamente, a lei do segredo. Escrevendo uma pequena sátira sociológica (*Cahiers internationaux de sociologie,*

1982, v. LXXIII, p. 363), tentei demonstrar que a máfia podia
ser considerada como a metáfora da socialidade. Tratava-se de
algo mais do que uma simples *private joke* para uso restrito. Em
particular, insistindo, por um lado, no mecanismo de proteção
em face do exterior, isto é, em face das formas superimpostas de
poder, e ressaltando, por outro, como o segredo, induzido dessa
maneira, era um modo de fortalecer o grupo. Transportando a
imagem para um terreno pouco menos imoral (ou, pelo menos,
beneficiando-nos pouco de sua imoralidade), poderíamos dizer
que as pequenas tribos que conhecemos, elementos estrutu-
rantes das massas contemporâneas, apresentam características
semelhantes. Do meu ponto de vista, a temática do segredo é,
certamente, uma maneira privilegiada de compreender o jogo
social que se nos oferece aos olhos.

Isso pode parecer paradoxal quando sabemos que importância a aparência ou a teatralidade têm na cena quotidiana. O
colorido de nossas ruas não nos deve levar a esquecer que pode
haver aí uma sutil dialética entre o mostrar e o esconder. E que,
tal como A *carta roubada* de Poe, uma ostentação manifesta pode
ser o meio mais seguro de não ser descoberto. Dessa maneira,
podemos dizer que a multidão e a agressividade dos *looks* citadi-
nos, tal como o borsalino dos *maffiosi*, são o indício mais claro
da vida secreta e densa dos microgrupos contemporâneos.

Em seu artigo sobre "A sociedade secreta", G. Simmel
insiste, aliás, no papel da máscara, da qual se sabe que tem, entre outras funções, a de integrar a *persona* em uma arquitetura
de conjunto. A máscara pode ser uma cabeleira extravagante
ou colorida, uma tatuagem original, a reutilização de roupas
fora de moda, ou ainda o conformismo de um estilo de "bom-
-tom". Em qualquer caso, ela subordina a pessoa a essa sociedade secreta que é o grupo afinitário escolhido. Aí existe a
"desindividualização", a participação, no sentido místico do

termo, em um conjunto mais vasto.[40] Veremos mais adiante que a máscara faz de mim um conspirador contra os poderes estabelecidos, mas desde já pode-se dizer que essa conspiração me une a outros, e isso não acontece de maneira acidental, mas estruturalmente operante.

Nunca será demais reforçar a função unificadora do silêncio, que os grandes místicos compreenderam como a forma por excelência da comunicação. E, ainda que sua comparação etimológica se preste à controvérsia, podemos lembrar que existe um laço entre o mistério, o místico e o mundo; esse laço é o da iniciação que permite partilhar um segredo. Que este último seja insignificante ou, mesmo, objetivamente inexistente não é essencial. Basta que, embora de maneira fantasmática, os iniciados possam partilhar qualquer coisa. É isso que lhes dá força e dinamiza sua ação. E. Renan demonstrou o papel do secreto na constituição da rede cristã, no seu nascedouro: o que provocou inquietações, mas, ao mesmo tempo, seduziu, contribuindo para o sucesso que é conhecido de todos.[41] Cada vez que se deseja instaurar, restaurar, corrigir uma ordem de coisas, uma comunidade, toma-se por base o segredo que reforça e confirma a solidariedade fundamental. Talvez este seja o único ponto que aqueles que falam de "retraimento" para a vida quotidiana viram com clareza. Mas sua interpretação é errônea: o recentramento no que está próximo, a partilha iniciática induzida por este não são um sinal de fraqueza, pelo contrário, são o indício mais seguro de um ato fundador. O silêncio relativo ao político fala do ressurgimento da socialidade.

---

40   Remeto aos capítulos que consagrei à teatralidade. In: M. Maffesoli, *La conquête du présent, pour une sociologie de la vie quotidienne*, Paris (1979), reed. DDB, 1998.
    Sobre o segredo, cf. o notável artigo de G. Simmel, "La société secrète", trad. fr. In: *Nouvelle revue de psychanalyse*, Paris, Gallimard, 1976, n° 14, p. 281-305.

41   Cf. E. Renan, *Marc Aurèle, ou la fin du monde antique, op. cit.*, p. 294.

Nos antigos sodalícios, a refeição em comum implicava que se soubesse guardar o segredo em face do exterior. Dos "assuntos da família", quer fossem os da família *stricto sensu*, os da família ampliada, ou os da máfia, dos assuntos da família, portanto, não se fala. Os policiais, os educadores ou os jornalistas são, frequentemente, confrontados com esse segredo em seu trabalho. E é certo que as travessuras infantis, os crimes de aldeia ou as múltiplas efemérides nunca são de acesso fácil. Ocorre a mesma coisa com a pesquisa sociológica. Ainda que de maneira alusiva, assinalamos que existe sempre uma reticência a se expor aos olhares estranhos. Trata-se de um parâmetro que é importante integrar às nossas análises. Assim, responderei aos que invalidam (ainda que apenas do ponto de vista semântico) o "retraimento" para o quotidiano, que estamos em presença de uma *collective privacy*, de uma lei não escrita, de um código de honra, de uma moral clânica que de maneira quase intencional se protege contra o que é exterior e superimposto.[42] Trata-se de uma atitude que não deixa de ser pertinente aos nossos propósitos.

Na verdade, essa atitude favorece a autoconservação; um "egoísmo de grupo" que faz com que este possa desenvolver-se de maneira quase autônoma no seio de uma entidade mais ampla. Essa autonomia, ao contrário da lógica política, não se faz "pró" ou "contra". Ela se põe, deliberadamente, à parte. Isso se exprime por uma repugnância ao enfrentamento,

---

42   Sobre o sociólogo "estrangeiro", cf. E. Morin, *Commune en France: la métamorphose de Plozevet*, Paris, Fayard, 1967, Le Livre de Poche, p. 37. Sobre o sodalício, remeto a E. Poulat, *Intégrisme et catholicisme intégral*, Paris, Casterman, 1969. Sobre o fantasma redutor do sociólogo, cf. G. Renaud, *À l'ombre du rationalisme*: "A sociedade se transforma em um laboratório e deve se conformar com a realidade definida pelo sociólogo" (p. 235).

por uma saturação do ativismo, por uma distância diante do militantismo; todas coisas que podem ser observadas na atitude geral das novas gerações diante do político, e que são encontradas até mesmo no seio desses caçulas da temática da liberação que são os movimentos feministas, homossexuais ou ecológicos. Muitas almas cândidas qualificam isso de comprometimento, de degenerescência ou de hipocrisia. Como sempre, o julgamento normativo é de pouco interesse. No caso, ele não permite apreender a vitalidade que está em ação nesses modos de vida *por evitamento*. Na verdade, esse evitamento e esse relativismo podem ser táticas para garantir a única coisa pela qual a massa se sente responsável: a perdurância dos grupos que a constituem.

De fato, o segredo é a forma paroxística de autorreferência popular cuja continuidade socioantropológica já demonstrei.[43] Como "forma" social (não falo de suas atualizações particulares, que podem ser o seu exato oposto), a sociedade secreta permite a resistência. Enquanto o poder tende à centralização, à especialização, à constituição de uma sociedade e de um saber universais, a sociedade secreta se situa sempre à margem, é definitivamente leiga, descentralizada e não pode ter um corpo de doutrinas dogmáticas e intangíveis. É sobre essa base que a resistência originária do autocentramento popular pôde prosseguir, sem variação, através dos séculos. Exemplos históricos precisos, tais como o taoísmo,[44] demonstram a ligação destes três termos: segredo, popular, resistência. Mais ainda, descobrimos que a forma organizacional dessa conjunção

---

43 Cf. meu livro, M. Maffesoli, *La conquête du présent, op. cit.* Sobre "o egoísmo de grupo", cf. o artigo de G. Simmel, *op. cit.*, p. 298.

44 Sobre esse assunto, cf. K. Schipper, *Le corps taoïste*, Paris, Fayard, 1982, p. 28-37. Ele demonstra muito bem como as sociedades secretas se baseiam no "país real".

é a rede, causa e efeito de uma economia, de uma sociedade, talvez mesmo de uma administração paralela. Existe, pois, aí, uma fecundidade própria que merece atenção, ainda que não se expresse através das categorias às quais nos havia habituado a ciência política moderna.

Trata-se de um caminho de pesquisa que pode ser cheio de ensinamentos, mesmo se (e porque) raramente é seguido. Proponho chamar isso de a *hipótese da centralidade subterrânea*:

> Às vezes, o segredo pode ser o meio de estabelecer contato com a alteridade no quadro de um grupo restrito; ao mesmo tempo ele condiciona a atitude deste último diante do exterior, qualquer que seja ele.

Essa hipótese é a da socialidade. Suas expressões podem ser, na verdade, muito diferenciadas, mas sua lógica é constante: o fato de partilhar um hábito, uma ideologia, um ideal determina o estar-junto, e permite que este seja uma proteção contra a imposição, venha ela do lado que vier. Ao contrário de uma moral imposta e exterior, a ética do segredo é, ao mesmo tempo, federativa e equalizadora. O rude chanceler Bismarck, ao falar de uma sociedade de homossexuais em Berlim, não deixa de notar esse "efeito *equalizador* da prática coletiva do proibido".[45] A homossexualidade não estava na moda, então, nem a igualdade tampouco. E quando conhecemos o senso das distâncias sociais que caracterizava os *junkers* prussianos, podemos apreciar melhor, no sentido que acabo de apontar, a natureza e a função do segredo nessa sociedade de homossexuais.

---

45   Cf. as lembranças de Bismarck citadas por G. Simmel, *La société secrète, op. cit.*, p. 303. Para uma boa introdução sobre a homossexualidade, cf. G. Ménard, *L'homosexualité démystifiée*, Ottawa, Leméac, 1980.

A confiança que se estabelece entre os membros do grupo se exprime por meio de rituais, de signos de reconhecimento específicos, que não têm outro fim senão o de fortalecer o pequeno grupo contra o grande grupo. Sempre esse duplo movimento formulado *supra*; da criptolalia erudita ao "*verlan*" (linguagem *al reves*)[46] de nossos malandros, o mecanismo é idêntico: a partilha secreta do afeto, ao mesmo tempo que confirma os laços próximos, permite resistir às tentativas de uniformização. A referência ao ritual sublinha que a qualidade essencial da resistência dos grupos e da massa é a de ser mais ardilosa do que ofensiva. Isso posto, ela pode se exprimir por meio de práticas consideradas alienadas ou alienantes. Eterna ambiguidade da fraqueza que pode ser a máscara de uma inegável força. Assim, por exemplo, a mulher submissa que não deseja os signos exteriores do poder, porque está certa de ser um verdadeiro tirano doméstico. Ou, ainda, a análise que faz E. Canetti de Kafka: como uma humilhação aparente assegura, em troca, uma força real àquele que se submete a ela. Em seu combate contra as concepções conjugais de Felícia, Kafka pratica uma obediência a contratempo. Seu mutismo, seu gosto pelo segredo "devem ser considerados exercícios necessários na sua obstinação".[47] Trata-se de um procedimento que pode ser reencontrado na prática grupal. O ardil, o silêncio, a abstenção, o "corpo mole" do social são armas temíveis das quais há razão para se desconfiar. Da mesma forma, a ironia e o risco que desestabilizaram, a médio ou longo prazo, as mais sólidas opressões.

---

46 N. T.: A gíria portenha do lunfardo tem uma forma equivalente. É o *resve* (linguagem *al reves*).

47 E. Canetti, *La conscience des mots*, Paris, Albin Michel, 1984, p. 164, reed. Le Livre de Poche, 1989.

A resistência adota um perfil baixo com relação às exigências de uma batalha frontal, mas tem a vantagem de favorecer a cumplicidade entre aqueles que a praticam, e isso é o essencial. O combate tem sempre algo para além dele mesmo, para além daqueles que o praticam; ele tem sempre um objetivo a atingir. As *práticas do silêncio*, pelo contrário, são, antes de tudo, orgânicas. Quer dizer: o inimigo tem menos importância do que o laço social que elas tecem. No primeiro caso, estamos em presença de uma história que se faz, sozinho ou associado contratualmente. No segundo, estamos diante de um destino aprontado coletivamente, ainda que, apenas, pela força das circunstâncias. Neste último caso, a solidariedade não é uma abstração, ou o fruto de um cálculo racional, é uma necessidade imperiosa que leva a agir passionalmente. Trabalho de fôlego que suscita a obstinação e o ardil de que falamos; pois, não tendo objetivo particular, o povo tem apenas um, essencial, o de assegurar a longo prazo a sobrevivência da espécie. Certamente, esse instituto de conservação não é algo consciente. Ele não envolve uma ação ou uma determinação racionais. Mas, para sua maior eficácia, esse instinto deve ser exercido sobre o que está mais próximo. É precisamente isso que justifica a ligação por mim postulada entre os pequenos grupos e a massa. É o que faz, igualmente, com que aquilo que chamamos de "modos de vida", e que são da ordem da proxemia, sejam tão atuais.

Será necessário retornar a isso de maneira mais precisa, mas já podemos sublinhar que a conjunção "conservação do grupo solidariedade-proximidade" tem na noção de família uma expressão privilegiada. Esta família deve, naturalmente, ser compreendida no sentido de família ampliada. Desse ponto de vista, é admirável observar como essa constante antropológica não deixa de ser eficaz, ainda que os historiadores e os analistas sociais se esqueçam, frequentemente, de o assinalar. Ora, das cidades da Antiguidade até as nossas cidades modernas, a "família" assim compreendida tem por função proteger, limitar as usurpações do poder superimposto, servir de muralha contra o exterior. Toda a temática dos *padroni*, do clientelismo e das diversas formas de máfia encontra aí a sua origem. Para retornar ao período da Antiguidade tardia, tão pertinente ao nosso propósito, pode-se sublinhar que Santo Agostinho concebe seu papel de bispo neste sentido: a comunidade cristã é a *familia Dei*. A extensão da Igreja, em seu início, se deve à qualidade de seus patronos e de suas redes de solidariedade, que protegiam os seus membros das exações do Estado.[48]

Se essa estruturação social está particularmente bem representada no circuito mediterrânico, se toma aí formas paroxísticas, não está no entanto limitada a esse circuito. É preciso reforçar a afirmativa de que mesmo sendo elas temperadas pela preocupação com a objetividade, as estruturações sociais de que as histórias nos falam, até e inclusive as mais contemporâneas e as mais racionais, são todas perpassadas pelos mecanismos afinitários dos quais acabei de falar. O familiarismo e o nepotismo, no sentido estrito ou metafórico, têm aí o seu lugar. Através dos "corpos", das escolas, dos gostos sexuais e das ideologias, eles recriam nichos protetores e territórios particulares, no seio dos grandes conjuntos políticos, administrativos, econômicos ou sindicais. É a eterna história da comunidade ou da "paróquia" que não ousam revelar-se. E, nesse sentido, naturalmente, não se regateiam os meios, ainda que os menos honrosos. Diversas pesquisas trouxeram à luz o procedimento informal do "pistolão" em favor da "família". E, desde os quadros de alto nível saídos das Grandes Escolas parisienses aos *dockers* de Manchester que se valem

---

48 Nesse sentido, cf. a notável biografia de P. Brown, *La vie de saint Augustin*, trad. fr., Paris, Seuil, 1971, p. 226.

da afiliação sindical, a ajuda mútua é sempre a mesma. E, no que se refere ao nosso assunto, exprime perfeitamente um mecanismo de astúcia que reforça uma sociedade específica.[49] Seria interessante ressaltar esse *ilegalismo* que atua dentro das camadas sociais que se dizem fiadores da mais pura moralidade: os grandes funcionários do Estado, a alta *intelligentsia*, os editorialistas e outras elevadas consciências. Basta assinalar que não existem "justos" aos olhos do Universal, deixemo-nos de ilusões a respeito. E para felicidade nossa, acrescentaria eu. Pois, no fim das contas, por menos que esses diversos ilegalismos se contrabalancem, à imagem e semelhança da guerra dos deuses de M. Weber, eles acabam por se relativizar e neutralizar. Retomando uma expressão de Montherlant, é possível dizer que sempre existe "uma certa moral dentro da imoralidade... uma certa moral que o clã forjou somente para si mesmo", e que tem por corolário a indiferença diante da moralidade em geral.[50]

A reflexão sobre o segredo e sobre os efeitos do segredo, ainda que sejam anômicos, leva a duas conclusões que podem parecer paradoxais. Por um lado, assistimos à saturação do princípio de individuação, com as inevitáveis consequências econômicas que resultam daí. Por outro, podemos ver como se projeta um desenvolvimento da comunicação. É esse processo que permite constatar que a multiplicação dos microgrupos só é compreensível em um contexto orgânico. Tribalismo e massificação caminham lado a lado.

---

49   Remeto aqui à pesquisa sobre os quadros de A. Wickham e M. Patterson, *Les carriéristes*, Paris, Ramsay, 1983. Sobre os estivadores, cf. as pesquisas citadas por M. Young e P. Willmott, *Le village dans la ville*, trad. fr., Paris, CCI, Centre Georges-Pompidou, 1983, p. 124 e segs.

50   Cf. H. de Montherlant e R. Peyrefitte, *Correspondance*, Paris, Plon, 1983, p. 53.

Ao mesmo tempo, na esfera da proximidade tribal, bem como na esfera da massa orgânica, é utilizado, cada vez mais, o recurso da "máscara" (no sentido indicado *supra*). Quanto mais se avança mascarado, mais se fortalece o laço comunitário. Com efeito, trata-se de um processo circular: para se reconhecer é necessário o símbolo, isto é, a duplicidade, que engendra o reconhecimento.[51] A meu ver, é assim que se pode explicar o desenvolvimento do *simbolismo* sob suas diversas modulações, tal como podemos observar em nossos dias.

> O social repousa na associação racional de indivíduos que têm uma identidade precisa e uma existência autônoma; a socialidade, por sua vez, se fundamenta na ambiguidade básica da estruturação simbólica.

Continuando a análise, podemos dizer que a autonomia, que não é mais da competência individual, se desloca para a "tribo", para o pequeno grupo comunitário. Inúmeros analistas políticos observaram essa autonomização galopante (em geral para inquietar-se com ela). É nesse sentido que o segredo pode ser considerado como uma alavanca metodológica para a compreensão dos modos de vida contemporâneos, pois, para retomar a fórmula lapidar de Simmel: "A essência da sociedade secreta é a autonomia", autonomia que ele aproxima da anarquia.[52] A esse respeito, basta lembrar que, antes de mais nada, a anarquia está à procura de uma "ordem sem o Estado". De certa maneira, é o que se esboça na arquitetura, que atua no interior dos microgrupos (tribalismo), e entre os

---

51 Sobre a duplicidade do símbolo, além do que se sabe pela tradição ocidental, pode-se remeter à função de seu equivalente chinês expresso pela palavra "Fou". Cf. K. Schipper, *Les corps taoïste, op. cit.*, p. 287, nota 7.

52 G. Simmel, *La société secrète, op. cit.*, p. 293.

diversos grupos que ocupam o espaço urbano de nossas megalópoles (Massa).

Concluindo, podemos afirmar que o "desregramento",
talvez fosse melhor dizer a desregulamentação, introduzido
pelo tribalismo e pela massificação, o segredo e o clientelismo
induzidos por esse processo, tudo isso não deve ser considerado como um fato novo, nem de maneira puramente negativa.
Por um lado, trata-se de um fenômeno que é frequentemente
reencontrado nas histórias humanas, em particular nos períodos de mudança cultural (desse ponto de vista, o exemplo da
Antiguidade tardia é muito instrutivo). Por outro, rompendo a
relação unilateral com o poder central, ou com seus delegados
locais, a massa, por meio de seus grupos, vai jogar com a competição e com a reversibilidade: competição dos grupos entre
si, e, no interior destes, concorrência dos diversos "patrões".[53]
Aliás, é esse politeísmo que permite dizer que a massa é bem
menos involutiva do que dinâmica. Na verdade, o fato de
constituir uma "panelinha", tal como ocorre nas redes sociais,
não significa o fim do estar-junto, mas simplesmente que este
foi investido em outra parte que não as formas reconhecidas
pela legalidade institucional. O único problema sério é o do
limiar a partir do qual a abstenção, o fato de constituir uma
"panelinha", provoca a implosão de uma dada sociedade. Trata-se de um fenômeno que já pudemos observar,[54] e que não
espantará o sociólogo que, para além de suas preferências, de
suas convicções, ou mesmo de suas nostalgias, está, antes
de tudo, atento ao que está nascendo.

---

53   Sobre a ligação com a Antiguidade, cf. P. Brown, *La société et le sacré
dans l'Antiquité tardive*, trad. fr., Paris, Seuil, 1985, p. 110.
54   Sobre as consequências do fenômeno de "panelinha" na sociedade
romana por exemplo, cf. E. Renan, *Marc Aurèle, ou la fin du monde
antique*, Paris, Le Livre de Poche, 1984, p. 77.

6. Massas e estilos de vida

Quer se lhe dê o nome de modos de vida, ou ainda (so-ciologia da) vida quotidiana, o certo é que essa temática não pode mais ser silenciada. Da mesma forma, não é mais possível contentar-se em lhe fazer crítica, seja ela "crítica" em nome de uma vida não alienada ou em nome de uma lógica do dever ser. De minha parte, considero que esse (res)surgimento é significa-tivo da mudança de paradigma que está ocorrendo atualmente. Vou colocar, mais precisamente, como postulado que o dina-mismo societal, que, de modo mais ou menos subterrâneo, perpassa o corpo social, deve ser relacionado com a capacidade que têm os microgrupos de se criarem. Talvez seja essa a *criação* por excelência, a criação pura. Quer dizer: as "tribos" das quais nos ocupamos podem ter um objetivo, uma finalidade, mas não é isso o essencial. O importante é a energia dispendida para a constituição do grupo *como tal*. Dessa maneira, elaborar novos modos de viver é uma criação pura à qual devemos estar atentos. É importante insistir nesse ponto, pois existe uma "lei" sociológica que leva a julgar todas as coisas com base no que está instituído. Essa carga nos faz passar ao largo do que está em vias de surgir. O vaivém entre o anômico e o canônico é um processo de que não descobrimos toda a riqueza. Assim, para definir melhor o meu postulado, direi que *a constituição em rede dos microgrupos contemporâneos é a expressão mais acabada da criatividade das massas*.

Isso nos remete à antiga noção de comunidade. Parece que a cada momento fundador – eu o chamarei de momento cultural, em oposição ao momento civilizacional que lhe se-gue – a energia vital se concentra na criação de novas formas comunitárias. Pergunto aos historiadores: não é verdade que cada grande fissura no devir humano – revolução, decadên-cia, nascimento de império – é acompanhada de uma multiplicação de novos estilos de vida? Estes podem ser efervescentes, ascéticos, voltados para o passado ou para o futuro. Como característica comum, têm, por um lado, a de romper com o que, comumente, é admitido, e por outro, a de acentuar o aspecto orgânico, a agregação social. É nesse sentido que o "grupo em fusão" do momento fundador se inscreve no simbolismo do qual estivemos tratando. Da mesma maneira que da cidade no campo do célebre humorista A. Allais, assistimos ao desenvolvimento do que poderíamos chamar de "as aldeias na cidade", quer dizer, dessas relações face a face que caracterizam as células de base. Isso pode ocorrer em função das solidariedades, da vida quotidiana, das práticas culturais, ou mesmo das pequenas associações profissionais.

Nesses diversos pontos, as análises históricas poderiam permitir o esclarecimento do devir das megalópoles e das metrópoles contemporâneas.[55] Na verdade, o que se chama de "A Crise" não pode ser outra coisa senão o fim das grandes estruturas econômicas, políticas ou ideológicas. E em cada um desses domínios é suficiente referir-se às experiências de todo tipo, às descentralizações e outras autonomias minúsculas, à fragmentação dos saberes e à performatividade das entidades de escala humana, para avaliar a pertinência do *paradigma tribal* que estou propondo. Esse paradigma, precisamos enfatizá-lo, é absolutamente estranho à lógica individualista. Na verdade, contrariamente a uma organização na qual o indivíduo pode (*de jure* senão *de facto*) bastar-se a si mesmo, o grupo não é com-

---

55   Sobre o "grupo em fusão", cf. naturalmente J.-P. Sartre, *Critique de la raison dialectique*, Paris, Gallimard, 1960, p. 391. Para a criatividade das formas comunitárias, para a Antiguidade, cf. P. Brown, *Genèse de l'Antiquité tardive*, trad. fr., Paris, PUF, 1984, p. 22. Sobre a perdurância e manutenção da solidariedade, cf. G. Renaud, À *l'ombre du rationalisme, La société québécoise*, Montreal, Éd. St. Martin, 1984, p. 179.

preensível senão no interior de um conjunto. Trata-se de uma perspectiva essencialmente *relacionista*. Se a relação é atraente ou repulsiva não vem ao caso. A organicidade, de que se trata, é outra maneira de falar da massa e de seu equilíbrio.

Para além de uma dominante que enfatiza a perspectiva macropolítica ou macroeconômica, a pesquisa sobre a vida urbana contemporânea revelaria grande inspiração se trouxesse à luz a relação simbólica que (re)estrutura nossos bairros. E isso não da boca para fora, mas efetivamente. A família nuclear atomizada, desenraizada, o isolamento que estaria resultando daí, todas essas análises feitas, naturalmente, em nome das boas intenções reformadoras ou revolucionárias não resistem à observação ou ao passeio urbano sem preconceito. Prova disso é a "verdadeira surpresa" de Young e Willmott, que, em suas pesquisas sobre a Zona Leste de Londres, falam de um "sistema de parentesco e de comunidade quase tribal".[56] Este "quase" muito prudente não está mais em questão; agora que estão caindo as barreiras ideológicas e que o tribalismo é verificado quotidianamente. Para o melhor e para o pior, é necessário acrescentar, pois, se a tribo é o penhor da solidariedade, é também a possibilidade do controle, e ela pode ser, também, a fonte do racismo e do ostracismo aldeão. Ser membro de uma tribo pode levar alguém a sacrificar-se pelo outro, mas possibilita-lhe, ao mesmo tempo, tanta abertura de espírito quanto o permita o chauvinismo do dono do armazém. A caricatura do "carneiro"[57] feita por Cabu é muito instrutiva a esse respeito.

Seja como for, para além de qualquer atitude judicativa, o tribalismo, sob seus aspectos mais ou menos reluzentes, está

---

56 M. Young, P. Willmott, *Le village dans la ville*, trad. fr., Paris, CCI, Centre Georges-Pompidou, 1983, p. 18, 153.

57 **N. T.:** *Beauf* corresponde, *grosso modo*, ao indivíduo indiferente e limitado que se dilui no conjunto de seus iguais.

impregnando cada vez mais os modos de vida. Eu tenderia a dizer que ele está se tornando um fim em si. Isto é, através de bandos, clãs e *gangs* ele recorda a importância do afeto na vida social. Como observa, com pertinência, uma pesquisa recente sobre os "grupos secundários", as mães solteiras, os movimentos das mulheres ou dos homossexuais não procuram um "arranjo pontual de situações individuais". Trata-se de uma "reconsideração do conjunto das regras de solidariedade".[58] O benefício é secundário. Não é sequer certo que o sucesso seja desejado, pois ele arriscaria o aspecto caloroso do estar-junto. O que acabamos de dizer para os movimentos organizados em questão é ainda mais verdadeiro no que concerne à multiplicidade dos grupos fragmentários, cujo único objetivo é se manterem aquecidos. E parece que tal objetivo não deixa de, gradualmente, repercutir sobre o conjunto social.

É essa rede, justamente, conforme já disse, que liga o grupo e a massa. Essa ligação não tem a rigidez dos modos de organização que conhecemos. Remete, antes, a uma ambiência, a um estado de espírito, manifesta-se, de preferência, através dos estilos de vida que privilegiam a aparência e a "forma".[59] Trata-se, de algum modo, de um *inconsciente* (*ou não consciente*) *coletivo* que serve de matriz à multiplicidade das experiências, das situações, das ações ou das deambulações grupais. Desse ponto de vista, é chocante observar que os ritos de massa

---

58   E. Raynaud, "Groupes secondaires et solidarité organique: qui exerce le contrôle social?". In: *L'année sociologique*, Paris, 1983, p. 184. Sobre a importância das *gangs*, cf. E. Morin, *L'esprit du temps*, Paris, Le Livre de Poche, 1983, p. 130.

59   Cf. meu artigo, M. Maffesoli, "Le paradigme esthétique: la sociologie comme art". In: *Sociologie et société*, Montreal, v. XVII, nº 2, out. 1985. Cf. também *La connaissance ordinaire*, Paris, Klincksieck, 1985, cap. IV: "Vers un 'formisme' sociologique".

contemporâneos resultam dos microgrupos que, por um lado, são bem diferenciados, e, por outro, formam um conjunto indistinto e um tanto confuso; o que nos remete à metáfora orgiástica e à superação da identidade individual.

Sigamos o paradoxo: esses ritos de massa tribais (ritos de massa *e* ritos tribais) são perceptíveis nos diversos ajuntamentos esportivos, que, pelo viés do processo mediático, assumem a importância que todos conhecemos. Vamos encontrá-los na fúria consumista (consumatória?) das grandes lojas de departamentos, dos hipermercados, dos centros comerciais que, é certo, vendem produtos, mas, antes de tudo, destilam simbolismo, quer dizer, a impressão de pertencer a uma espécie comum. Podemos observá-lo, igualmente, nesse caminhar sem rumo definido que se pode observar nas avenidas de nossas grandes cidades. Quando observamos com atenção, esse ombro a ombro indistinto, que se assemelha às peregrinações animais, é, de fato, constituído por uma multidão de pequenas células que entram em interação. Ele é, igualmente, pontuado por uma série de reconhecimentos, de pessoas e de lugares, que fazem desse caldo de signos de cultura um conjunto bem ordenado. É certamente necessário que nosso olho se acostume a esse fluxo incessante. Se, no entanto, como uma câmera invisível, ele souber levar em conta uma globalidade e, ao mesmo tempo, focalizar os detalhes, não poderá deixar de estar atento à potência arquitetônica que estrutura essas deambulações. Lembremos ainda que esses fenômenos não são novos. A Ágora antiga, ou, mais próxima de nós, a *passegiata* italiana, o passeio vespertino, no sul da França, apresentam as mesmas características, e constituem lugares não negligenciáveis de socialidade.

Finalmente, na mesma ordem de ideias, esses rituais de evasão que são as férias de verão oferecem o espetáculo de praias atravancadas, o que não deixa de entristecer inúmeros observadores, que deploram a promiscuidade e os incômodos suscitados por essa aglomeração. É preciso lembrar ainda que esse ritual permite, por um lado, viver uma forma de comunhão eufemizada, e, como indica G. Dorflès, "abolir todo intervalo entre o eu e os outros, construir um amálgama único".[60] Ao mesmo tempo, tal amontoado apresenta sutis diferenciações, e as preferências quanto às roupas, ou quanto aos hábitos sexuais, aos esportes, aos bandos e aos próprios lugares não deixam de dividir o território, recriando, assim, um conjunto comunitário com funções diversificadas e complementares. Em um país como o Brasil, onde a praia é uma verdadeira instituição pública, monografias ressaltam que no Rio a numeração dos "Postos" (postos de vigilância que se escalonam ao longo das praias) permite a cada qual reconhecer o seu território (número X "gente de esquerda", número Y homossexuais, número Z *jeunesse dorée* etc.); da mesma forma na Bahia as diferentes partes das praias são outros tantos lugares distintos de encontro, conforme o grupo a que se pertence.

O que podemos reter dessas histórias é que existe um constante movimento de vaivém entre as tribos e a massa, que se inscreve em um conjunto que tem medo do vazio. Esse *horror vacui*, que se manifesta, por exemplo, na música *non-stop*, nas praias, nas lojas, em inúmeras ruas de pedestres, é uma ambiência que talvez lembre o ruído permanente, a agitação desordenada das cidades mediterrâneas e orientais. Seja como for, nenhum domínio é poupado por essa ambiência, e se nos lembrarmos, resumindo e concluindo, que o teatro é um bom espelho para apreciar o estado de uma dada sociedade, basta lembrar, por um lado, o que a agitação de nossas cidades deve aos diversos espetáculos de rua, e, por outro, o desenvolvimento

---

60   G. Dorflès, *L'intervalle perdu*, trad. fr., Paris, Librairie des Méridiens, 1984, p. 30 e segs. É óbvio que não compartilho o temor de G. Dorflès com respeito ao tribalismo contemporâneo e seu "medo do vazio".

do "teatro bárbaro", e o (res)surgimento dos diversos cultos de possessão de origem africana, brasileira ou hindu. Não se trata de analisar, aqui, esses fenômenos. Quero apenas mostrar que eles se apoiam em uma lógica tribal, que não pode existir senão inserida na massa, através do encadeamento da rede.[61]

Todas essas coisas se contrapõem à seriedade, ao individualismo, à "separação" (no sentido hegeliano do termo) que caracterizam o produtivismo e o burguesismo modernos. Estes fizeram de tudo para controlar ou para assepticar as danças de possessão e outras formas de efervescência popular. Ora, talvez seja necessário ver nisso a justa vingança dos valores do Sul contra os do Norte. As "epidemias coreográficas" (E. de Martino) tendem a se desenvolver. É preciso lembrar que elas tinham uma função agregadora. O fato de lamentar-se e alegrar-se *em grupo* tinha por resultado, ao mesmo tempo, cuidar e reintegrar na comunidade o membro doente. Esses fenômenos característicos do circuito mediterrânico (menadismo, tarentismo, bacanais diversas), da Índia (tantrismo) ou do espaço africano ou latino-africano (candomblé, Xangô), são do

---

61   Sobre o "teatro bárbaro", cf. as referências e as pesquisas às quais remete G. Dorflès, *ibid.*, p. 163. O tarentismo é bem analisado por E. de Martino, *La terre du remords*, trad. fr., Gallimard, 1966. Sobre o candomblé, remeto a R. da Matta, *Cidade e devoção*, Recife, 1980, e "Le syllogisme du sacré". In: *Sociétés*, Paris, Masson, 1985, nº 5, e V. Costa Lima, *A família de santo nos candomblés jeje-nagôs da Bahia*, Salvador, 1977.
     A. Schutz, "Making music together" está traduzido na revista *Sociétés*, Paris, Masson, v. 1, nº 1, 1984.
     Sobre o tantrismo, cf. J. Varenne, *Le tantrisme*, Paris, 1977.
     Sobre as seitas, remeto naturalmente ao belo artigo de J. Zylberberg e J. P. Montminy, *L'esprit, le pouvoir et les femmes, polygraphie d'un mouvement culturel québécois. Recherches sociographiques*, XXII, 1, 1981. Assim como à tese de P. Coté, *De la dévotion au pouvoir: les femmes dans le renouveau charismatique*, Montreal, Université Laval, 1984.

mais alto interesse para compreender as terapias de grupo, as redes de medicina paralela, as diversas manifestações do que Schutz chamou: *making music together*, ou ainda o desenvolvimento sectário, todas elas modulações contemporâneas da "epidemia coreográfica".

De fato, não são tais ou tais estilos de vida que podem ser considerados proféticos, a sua mistura é que é profética. Com efeito, se é impossível dizer o que vai destacar-se para formar uma nova cultura, podemos, em contrapartida, afirmar que esta será, essencialmente, plural, contraditória. Bouglé via, no sistema de castas, a união no culto da divisão. Tensão paradoxal que suscita esses sentimentos coletivos intensos "que se elevam acima dessa poeira de grupos".[62]

Linda lucidez essa, que, para além do julgamento moral, pode ver a sólida organicidade de um conjunto! Poderíamos dizer, por nossa vez, que a Modernidade viveu um outro paradoxo: o de unir, apagando a diferença, e a divisão que esta induz. Ou, pelo menos, tentando atenuar seus efeitos; ao que, temos de convir, não falta nem grandeza nem generosidade. *Toda a ordem do político* está construída sobre isso. Mas, à semelhança de outras épocas ou de outros lugares, podemos imaginar que o cimento de um dado conjunto seja, justamente, constituído por aquilo que divide (cf. a polemologia conjugal). A tensão das heterogeneidades, umas com as outras, tenderia a assegurar a solidez do conjunto. Os mestres-de-obras da Idade Média sabiam algo a respeito, e construíram as catedrais com base nesse princípio. Essa é *a ordem da massa*. Dessa maneira, modos de vida estranhos uns aos outros podem engendrar, em pontilhado, uma forma de viver em comum. E isso permanecendo curiosamente fiéis à especificidade de cada um. Foi isso que fez, no instante de sua fundação, a fecundidade dos grandes momentos culturais.

---

62   C. Bouglé, *Essais sur le système des castes*, Paris, PUF, 1969, p. 152.

CAPÍTULO 5

O Policulturalismo

1. Da triplicidade

Se a Modernidade pôde ser obnubilada pela política, a pós-modernidade poderia sê-lo pelo clã. O que não deixa de modificar a relação com a Alteridade, e mais precisamente com o Estrangeiro.[1] Com efeito, o que tende a predominar é uma solidariedade mecânica dos indivíduos racionais entre si, e de seus conjuntos com o Estado. Ao contrário, no caso da tribo, seremos confrontados com uma solidariedade orgânica que acentua, especialmente, o todo. Retomando uma fórmula de G. Simmel, poderíamos dizer que, na perspectiva individualista (e política), o genérico é "aquilo de que todos fazem parte, mais do que aquilo que é comum a todos".[2] Ora, é esse

---

1   **N.T.:** Em francês, *l'Étranger*, que guarda ambivalência semântica difícil de se passar na tradução (*Estranho* ou *Estrangeiro*).

2   Parece-me efetivamente necessário inverter a utilização desses conceitos durkheimianos; cf. minha proposição: M. Maffesoli, *La violence totalitaire*, Paris, PUF (1979), reed. DDB, 1999, p. 210, nota 1. (Ver ed. bras.: *A violência totalitária*, Porto Alegre, Sulina.) G. Simmel, *Problèmes de philosophie de l'histoire*, Paris, PUF, 1984, p. 131. Cf. a noção de "heterocultura" introduzida por J. Poirier.

"comum a todos", seja ele partilhado pelos pequenos grupos, que parece pertinente hoje em dia. A partir daí, para além de um individualismo ou de um narcisismo de fachada, será mais importante ficar atento às atitudes grupais que tendem a se desenvolver em nossas sociedades. Atitudes que, do meu ponto de vista, se inscrevem na lógica dionisíaca da socialidade. É evidente que a multiplicação de pequenos grupos afinitários, em nossas megalópoles modernas, coloca o problema de suas relações mais ou menos conflituais. Em todo caso, esse neotribalismo nos lembra que o *consensus* (*cum-sensualis*) não é apenas racional, o que, frequentemente, tendemos a esquecer.[3] É certo que essa hipótese do "sentimento partilhado" obriga a repensar o papel do Terceiro, quer dizer, do plural na estruturação societal. A relação conjugal Indivíduo-Estado podia sofrer algum percalço, sua órbita, entretanto, estava bem delimitada. A intrusão do terceiro nos faz penetrar em uma tempestade cujas consequências é difícil avaliar. E é muito interessante analisar alguns elementos essenciais dessa efervescência.

Sabemos que foi Julien Freund quem, após C. Schmidt e G. Simmel, sublinhou inúmeras vezes a importância do número três na vida social. A noção de terceiro apresenta uma dimensão epistemológica que deixa mal as simplificações redutoras.[4] Com o número "3" nascerá a sociedade e, logo, a sociologia.

---

3   Cf. o Prefácio à segunda edição de M. Maffesoli, *L'ombre de Dionysos*, Paris (1985), reed. Le Livre de Poche, 1991. A respeito desse "nós-Dionísio", remeto também ao artigo de M. Bourlet: "Dionysos, le même et l'autre", *Nouvelle revue d'ethnopsychiatrie*, nº 1, 1983, p. 36. Cf. também M. Xiberras, *La société intoxiquée*, Klincksieck, 1989.

4   Cf. J. Freund, *Sociologie du conflit*, Paris, PUF, 1983, p. 14. É necessário, naturalmente, remeter a *L'essence du politique*, Paris, Sirey, 1965, cap. VII. Para uma boa análise do terceiro, pode-se remeter a J. H. Park, sociólogo em Pusan (Coreia), *Conflit et communication dans le mode de penser coréen*, Tese, Paris V, 1985, p. 57 e segs.

Não se trata de atacar de frente essa questão. Digamos que, das pesquisas antropológicas (Lévi-Strauss, Dumézil, Durand) às experiências psicológicas da Escola de Palo Alto, reencontramos o caráter marcante do triadismo.[5] No sentido estrito do termo, o dinamismo cultural e individual se apoia na tensão de elementos heterogêneos. Trata-se de uma perspectiva que assume, cada vez mais, importância, à medida que ressurge uma visão simbolista do mundo social.[6] Estamos longe, naturalmente, da Unidade que foi, desde os começos da Modernidade, o objetivo do racionalismo ocidental. A metáfora do triadismo permite fazer ressaltar o paradoxo, o estilhaçamento, o dilaceramento, o contraditório em ação em uma palavra, a pluralidade constitutiva desse neotribalismo contemporâneo.

Dessa maneira, à sonhada Unidade está se sucedendo uma espécie de *unicidade*: o ajustamento de elementos diversos. À imagem de cenestesia que sabe integrar, no quadro de uma harmonia conflitual, os funcionamentos e os disfuncionamentos corporais, a noção do Terceiro acentua o aspecto fundador da diferença. E não na perspectiva unanimista da tolerância, mas antes em referência ao que se pode chamar de a organicidade dos contrários. A famosa *coincidentia oppositorum*, de antiga memória, que dos alquimistas medievais aos taoístas do Extremo Oriente fecundou muitas organizações e

---

5   Como exemplo sobre as contradições das "organizações ditas dualistas", cf. Lévi-Strauss: *Anthropologie structurale*, Paris, Plon, 1974, p. 179; assim também G. Dumézil, *Jupiter, Mars, Quirinus*, Paris, Gallimard, 1941, e G. Durand, *L'âme tigrée, les pluriels de psyché*, Paris, Denoël-Médiation, 1980, p. 83-84. E a experiência psicológica de que fala P. Watzlawick, *La réalité de la réalité*, Paris, Seuil, 1978, p. 90.

6   Sobre o triadismo a partir de uma visão simbolista, cf. G. Durand, *La foi du cordonnier*, Paris, Denoël, 1984, p. 90; igualmente M. Lalive d'Épinay, *Groddeck*, Paris, Édition Universitaire, 1983, p. 56-57. A repartição trinitária no pensamento desse psicanalista.

188 O Tempo das Tribos ◈ Michel Maffesoli

muitas representações sociais. Para o taoísmo em particular, na descrição do "país interior", o campo de cinábrio, raiz do homem, se situa "a três polegadas abaixo do umbigo para exprimir a trindade do céu, da Terra e do Homem". Da mesma forma, para melhor sublinhar sua riqueza, o três para o Tao é o que dá nascimento "aos Dez mil seres".[7]

Tudo isso foi seguidamente analisado, basta indicá-lo, ainda que de maneira alusiva, para insistir no fato de que é a multiplicidade que é o princípio vital. Aos que defendem os sistemas monistas ou dualistas, é bom lembrar que a efervescência e a imperfeição do três estão sempre na origem da vivacidade e do dinamismo prospectivos.

Há momentos em que esse pluralismo é ora negado, ora esquecido. Assistimos, então, à constituição de entidades tipificadas, concebidas sobre modelos homogêneos: nações unificadas, sujeitos históricos (proletariado), progresso linear etc. Mas essas três personalidades distintas não resistem à usura do tempo e às suas duras leis. Quer isso ocorra para as massas e seus comportamentos, quer para as estruturações políticas, as realidades diferenciais terminam por prevalecer. E numerosos são os exemplos que mostram como após um processo de centralização e de unificação assistimos ao retorno do particularismo e do localismo, e isso em todos os domínios. Desse ponto de vista, o exemplo da história política da França não deixa de ser esclarecedor. Toda entidade unificada é provisória. E levar em conta a diversidade, a complexidade, é uma atitude de bom senso que os intelectuais, frequentemente, tendem a recusar, sob o pretexto de que isso vai contra a simplicidade do conceito.

---

7   Cf. K. Schipper, *Le corps taoïste*, Paris, Fayard, 1982, p. 146 (grifo meu) e 16. Cf. também a tese de Wonki Choi, *Étude sur la méthodologie non dualiste*, Paris V, 1996.

Com o terceiro, é o infinito que começa. Com o plural, é o vivo que se integra na análise sociológica. Certamente, isso não simplifica a nossa tarefa, tanto é assim que, para retomar uma expressão de Morin, o pluralismo em ação no povo torna este último "polífono, para não dizer cacófono".[8] Mas é necessário aceitar o risco, pois, por um lado, a unanimidade, a Unidade, são frequentemente perniciosas para a estruturação da cidade (cf. Aristóteles – *Política*, II, 1261, b-7), e se, por outro lado, atualmente estamos sensíveis ao espírito do tempo, não podemos senão reconhecer o irreprimível impulso do *plural*, em todas as suas formas, em nossas sociedades. O pluriculturalismo que isso induz não é, certamente, sem risco. Mas, sendo originário da conjunção de um princípio lógico com um princípio de realidade, é, no mínimo, inútil negar a sua importância. Como para qualquer período de efervescência, essa heterogeneização é a matriz dos valores sociais que virão. Assim, constatando inicialmente a heterogeneização, e analisando, em seguida, seus componentes, poderemos apontar tudo o que constitui a questão social do nosso final de século, e que se esboça, pouco a pouco, nessa nebulosa que podemos chamar de *socialidade*.

Na falta de uma direção segura, indicamos, uma vez mais, a orientação que pode tomar esta última. Ela não mais se apoiaria na monovalência faustiana do "fazer" e no seu correlato, o associacionismo contratual e finalizado, que resumirei pela fórmula: "economia-política do eu e do mundo". Muito pelo contrário (daí a metáfora "orgiástica" que não me

---

8   Cf. E. Morin, *La nature de l'URSS*, Paris, Fayard, 1983, p. 181. Sobre as "realidades" diferenciais, cf. G. Simmel, *Problèmes de la sociologie des religions*, Paris, CNRS, 1964, n⁰ 17, p. 13. Para uma análise do texto de Aristóteles, cf. J. Freund, *Sociologie du conflit, op. cit.*, p. 36 e segs.

canso de empregar),[9] a socialidade que se esboça integra uma boa parte de comunicação, de fruição do presente, e de incoerência passionais. Tudo isso são coisas que, naturalmente, induzem *ao mesmo tempo* o reencontro e a rejeição. Essa ambivalência foi, muitas vezes, analisada de uma perspectiva psicológica. Basta apreciá-la nos incidentes sociais e observar que ela se dá muito bem com o desenvolvimento tecnológico. Podemos observar, com efeito, que, com o auxílio da microinformática, essas formas de associações em vias de extensão que são as *redes* (o neotribalismo contemporâneo) se apoiam na integração e na recusa afetiva. Esse paradoxo, signo patente de vitalidade, é, em todo caso, uma chave das mais úteis para qualquer procedimento compreensivo.

2. Presença e afastamento

Dessa maneira, apoiando-se na dicotomia clássica entre cultura e civilização, podemos notar que aquela, no seu dinamismo fundador, não tem, de modo algum, medo do Estrangeiro. Muito pelo contrário, ela sabe entrar em acordo com tudo o que lhe vem do exterior, o que não a impede de permanecer ela mesma.

É necessário, desse ponto de vista, remeter a todos os exemplos que nos fornecem as histórias humanas: estar seguro de si – o que é uma forma de autonomia e, portanto, é a exclusão do outro – favorece o acolhimento desse outro. Louis Réau, analisando com erudição o desenvolvimento da língua e da cultura francesa na Europa, sublinha que nos séculos XVII e XVIII os estrangeiros estavam seguros de receber,

---

9   Cf. a análise de "comunicação geral" que faz P. Tacussel, *L'attraction sociale*, Paris, Librairie des Méridiens, 1984. Sobre as redes, cf. a tese de F. Casalegno, *Cybersocialités*, CEAQ, Paris V, jun. 2000, e S. G. Lee, *Médias et expérience de l'espace public*, Paris V, 1999.

na França, o acolhimento "o mais amável e o mais lisonjeiro. Nunca a xenofilia, eu diria quase a xenomania, foi levada tão longe".[10] Eis alguma coisa que não deixa de ser instrutiva: os "estrangeiros são mimados", e, ao mesmo tempo, um modo de vida e um modo de pensar especificamente francês tendem a se tornar hegemônicos. Podemos dizer que é assim cada vez que alguma coisa autenticamente forte está nascendo. A potência, já tive ocasião de demonstrá-lo,[11] não tem nada a ver com o poder e com o que lhe é ligado: a saber, o temor e o medo, sofridos e infligidos. É a fraqueza que engendra, ao mesmo tempo, o retraimento e a agressividade. Enquanto a civilização se enclausura enregelada de medo, a cultura pode se expandir e aceitar o terceiro. É isso certamente que explica o que Réau sublinha com espanto (*ibid.*, p. 314): nenhum esforço é feito para expandir o uso do francês no século XVIII, quando se sabe de sua formidável expansão nesse momento.

De Atenas, no mundo antigo, à Nova Iorque de nossos dias, passando pela Florença do *quattrocento*, encontramos, constantemente, esses polos de atração, que funcionam, de fato, como processos de metabolização de elementos estrangeiros.

Desse modo foi possível estabelecer uma relação entre a vitalidade de uma região como a Alsácia e "a contribuição constante de sangue estrangeiro". Segundo F. Hoffet, é essa mestiçagem que está na origem das "obras capitais" produzidas na região.[12]

---

10 L. Réau, *L'Europe française au siècle des Lumières*, Paris, Albin Michel, 1951, p. 303 e segs.
11 M. Maffesoli, *La violence totalitaire*, Paris (1979), reed. DDB, 1999.
12 F. Hoffet, *Psychanalyse de l'Alsace*, Estrasburgo, 1984, p. 48, 38. Poder-se-ia igualmente fazer referência à Sicília e à ação do imperador Frederico II.

É certo que se existe uma tragédia da fronteira (*Grenze* Tragödie), ela não deixa de ser dinâmica. Pontes e Portas, para retomar uma imagem de G. Simmel; as regiões fronteiriças vivem, por atacado, as braçagens, desequilíbrios e inquietudes consecutivas aos movimentos de populações. Mas, ao mesmo tempo, ao lado da exogamia que isso suscita, vemos nascer criações originais que exprimem, da melhor maneira possível, a sinergia das qualidades próprias à estática e à labilidade do dado social. Sinergia que se encontra resumida na expressão "enraizamento dinâmico". É preciso não esquecer que é essa tensão "fronteiriça" que permite explicar pensamentos como os de Espinosa, Marx, Freud, Kafka... todos, ao mesmo tempo, integrados e distantes. A força de seus pensamentos vem, talvez, do fato de eles se apoiarem em uma polaridade dupla.[13] Presença e afastamento. Essas regiões determinadas e essas obras geniais vivem ou indicam, de maneira extrema, o que, aliás, constitui, a varejo, a vida quotidiana do povo. Antes de ser o racista, o nacionalista, ou, de uma maneira mais trivial, o "carneiro" que tanto se gosta de descrever, "sabe" por um saber incorporado que, aquém (ou além) dos grandes ideais bem longínquos e mais ou menos impostos, sua vida quotidiana é constituída pela mistura, pela diferença, pelo ajustamento com o outro, seja esse "outro" o estrangeiro ou o anômico de costumes estrangeiros.

Primeiramente, liguemos pois a massa e a cultura em seu momento fundador. Não se trata de uma ligação fortuita ou abstrata: cada vez que uma época começa, que uma cidade se expande ou que um país se epifaniza, é a partir de uma potência popular que isso pode acontecer. E não é senão em segui-

---

13   Cf. a anotação feita nesse sentido por O. Revault d'Allones. In: *Musiques, variations sur la pensée juive*, Paris, Édition C. Bourgeois, 1979, p. 47.

da que ocorre a confiscação (da época, da cidade, do país...) por alguns que se fazem de gerentes, proprietários ou letrados detentores da legitimidade do saber.

Em segundo lugar, reconheçamos a essa conjugação, ao mesmo tempo, uma capacidade de absorção e de difusão. Os exemplos dados provam-no suficientemente, uma entidade segura de si mesma integra e irradia. Arrisquemos uma imagem organicista, um corpo em forma sabe ser flexível. Nada de rigidez e de prudência, nada de precauções e de mesquinharias! Para empregar um termo bem ilustrado por G. Bataille, existe uma espécie de soberania que resulta dessa conjunção, uma espécie de animalidade triunfante que "sente" como dosar a particularidade preservada e o geral que nos integra ao vasto devir mundano. Trata-se daquele vaivém entre o nomadismo e o sedentarismo, que constitui a aventura humana, entre o sim e o não na base de qualquer representação.

Entre a multidão de exemplos históricos que nos ocorrem, existe um que é particularmente expressivo, e, o que é mais importante, que pode ser considerado como programático para os nossos tempos. É o exemplo da querela do donatismo, momento tão difícil para o cristianismo nascente.

Em mais de um sentido, me parece que esse período chamado de "Antiguidade tardia" é muito semelhante ao nosso. Para resumir: uma civilização se encerra, uma cultura está nascendo. O historiador P. Brown, em sua notável obra sobre Santo Agostinho, analisa com pertinência aquilo que opõe os donatistas ao bispo de Hipona.[14] Na ótica do que nos ocupa, pretendo reter, simplificando-o, apenas um elemento essencial da *disputatio*: para os primeiros, é necessário isolar-se, permanecer uma Igreja de puros, separar-se do mundo com

---

14   Cf. P. Brown, *Saint Augustin*, Paris, Seuil, 1971, p. 251-259.

todas as consequências que uma tal discriminação induz. Para Agostinho, pelo contrário, é preciso sentir-se muito forte para assimilar "o outro", ser flexível para ganhar o mundo. E isso porque ele está seguro da validade, da universalidade e, sobretudo, do aspecto prospectivo da mensagem evangélica. Por isso nosso bispo, que, como antigo maniqueísta, conhece as delícias do purismo maximalista, não hesita em recolher, na herança literária e filosófica do mundo pagão, aquilo que pode confirmar a mensagem da qual é o arauto. No momento em que se inaugura um novo mundo, a questão é de grande importância: à tranquila segurança da seita encerrada em si mesma Santo Agostinho prefere uma *ecclesiam* ampliada e aberta à efervescência de correntes e de homens vindos de horizontes múltiplos. A cidade de Deus que ele pretende construir tem a medida do vasto mundo, é normal que tenha dele, também, as turbulências. É a esse preço que ela pode perdurar. Visão genial de um fundador de uma nova cultura!

Ainda uma palavra sobre esse assunto, mas sobre um outro tempo, o tempo mítico (aliás, cabe perguntar: será que ele é mais mítico do que o anterior?). Se retomarmos o tema dionisíaco, pertinente, ele também, para compreender nosso presente, podemos notar que na cidade de Tebas civilizada, gerida racionalmente e um tanto lânguida, a irrupção de Dionísio é a irrupção do Estrangeiro. Efeminado, perfumado, vestido de maneira diferente, sua aparência, os modos de vida e de pensamento que ele propaga são chocantes sob vários pontos de vista.[15] Ora, a irrupção dessa estranheza corresponde à passagem do helenismo clássico para o período helenístico. Dionísio, deus (semideus?) tardio, perturba o helenismo clássico,

---

15   Remeto aqui a um artigo erudito e exaustivo que foi publicado após o término de meu trabalho sobre o dionisíaco, M. Bourlet, "Dionysos, le même et l'autre". In: *Nouvelle revue d'ethnopsychiatrie, op. cit.*

mas permite que ocorra a eclosão do helenismo. Aquilo que se esgota, mesmo na sua completude, necessita de uma disfunção vinda do exterior, para que se redinamize. Na maior parte do tempo, aliás, o elemento estranho não faz senão atualizar uma potencialidade que se havia negligenciado ou reprimido. Na lógica que indiquei anteriormente, a tensão e o paradoxo são, portanto, necessários, algo assim como uma poda que permite a árvores esgotadas dar novamente belos frutos.

Essa intrusão da estranheza pode funcionar como *anamnese*: ela lembra a um corpo social que tinha tendência a esquecê-lo que ele é estruturalmente heterogêneo; mesmo que, por facilidade, tenha tido a tendência de dirigir tudo para a unidade. Esse apelo do politeísmo dos valores é particularmente flagrante nas cerimônias dionisíacas. Dionísio, deus vindo de "alhures", se consagrou a integrar esses "outros" que estão na cidade grega, o meteco e o escravo. Parece (cf. M. Bourlet) que o *thiase* os associa aos cidadãos. Assim, mesmo que não seja senão pontual e ritualmente, a comunidade torna a se representar como junção do aqui e do alhures. Podemos lembrar que o culto de Aglaura celebrava a cidade como *Unidade*, o *thiase* orgiástico lembra que ela é também unicidade, isto é, conjunção de contrários.

Em suma, para retomar nosso propósito inicial, "a civilização enlanguescente necessita dos bárbaros para regenerá--la".[16] Seria paradoxal observar que o Estrangeiro permite a instauração de uma nova cultura? O papel dos romanos com relação à civilização grega, o dos bárbaros do Império Roma-

---

16   M. Maffesoli, *La connaissance ordinaire, précis de sociologie compréhensive*, Paris, Klincksieck, 1985, p. 132. Sobre a Revolução Francesa, cf. L. Réau, *L'Europe française au siècle des Lumières, op. cit.*, p. 368. Cf. também a obra de Coeurderoy, *Hourra, la révolution par les cosaques*, Paris, Éd. Champ Libre, 1972.

no agonizante, mais perto de nós a denominação "Hunos do Ocidente" (*die Westhunnen*) que foi dada aos protagonistas da Revolução Francesa, ou ainda este toque de recolher: "*Hourra la révolution par les cosaques*", que foi o grito de certos anarquistas cansados da fraqueza do burguesismo, tudo isso sublinha a importância cultural da estranheza fundadora. E o recente filme de Moscou "*Des terroristes à la retraite*" mostra, à vontade, que, durante a resistência contra a opressão nazista, inúmeros defensores da ideia França, e alguns dos mais vigorosos, foram apátridas de vários países. Menos entorpecidos do que certos bons franceses, eles lutaram e ofereceram suas vidas em nome dos ideais que, para eles, simbolizavam esse país escolhido como terra que os acolheu.

O certo, porém, é que todos os grandes impérios de que nos falam as histórias humanas se originaram desses caldeamentos. As tantas notações superficiais feitas aqui dizem respeito a trabalhos de historiadores que abordaram esse problema, e que podemos resumir nesta citação do notável livro de Marie-Françoise Baslez que, com matiz e erudição, observa que "muitas cidades deveram sua fortuna a um povoamento heterogêneo".[17] O que se pode completar apresentando a hipótese de que foi a falta de abertura, o temor diante do estrangeiro que conduziram inúmeras cidades à sua perda. Sabe-se que "Roma não está mais em Roma", mas a partir de um momento deve medir-se com a alteridade, quer dizer, com seu império heterogêneo. Tentei mostrar que se tratava de uma estrutura socioantropológica. Não vale a pena retornar à análise que G. Simmel consagrou ao Estrangeiro; ela é por demais conhecida. Em compensação, fiel ao seu espírito (e, no caso, literalmente), é necessário que o sociólogo saiba repensar a

---

17   M.-F. Baslez, *L'étranger dans la Grèce antique*, Paris, Édition Les Belles Lettres, 1984, p. 75.

importância dessa "forma" social. Ela não pertence, apenas, ao domínio do passado; a Escola de Chicago, Sorokin mostraram como é fértil para nossa modernidade. Gilberto Freyre soube, também, sublinhar como, seguindo o exemplo de Portugal, o Brasil se constituiu e dinamizou graças à miscigenação e à mobilidade em todos os sentidos do termo.[18]

A *fortiori*, no que diz respeito à nossa pós-modernidade, já é hora de extrair as consequências da heterogeneidade constitutiva das nossas sociedades. Heterogeneidade que, por sinal, está apenas em seus inícios. Nesses caldos de cultura que são as megalópoles contemporâneas, não é mais possível negar o Estrangeiro, ou denegar seu papel. E os exemplos históricos ou míticos que dei são como outras tantas metáforas que nos permitem pensar a eflorescência das imagens, o hedonismo e o vitalismo, que podemos qualificar de dionisíacos. Coisas que, por serem vividas em pequenos grupos, de maneira diferenciada, por não serem dependentes de um laço particular e não remeterem a representações unificadas, vendam qualquer explicação unidimensional. Os valores da *Aufklärung* que, exportados, se transformaram em modelos para o mundo inteiro, parecem saturados. E em seu lugar, como em outros períodos da história, vemos aparecer uma efervescência societal que favorece o caldeamento, a miscigenação, a mistura do Ocidente com o Oriente. Em síntese, o politeísmo dos valores. Politeísmo bem informe, indefinido, mas ao qual é preciso estar atento, pois é prenhe do futuro.

---

18 G. Freyre, *Maîtres et esclaves*, Paris, Gallimard, Tel, 1974, por exemplo, p. 210. (Cf. *Casa-grande & senzala*, Rio de Janeiro, José Olympio.) Cf. ainda R. Motta, "La sociologie au Brésil", *Cahiers Internationaux de Sociologie*, Paris, PUF, v. LXXVIII, 85. Para o que diz respeito a G. Simmel, cf. *L'École de Chicago*, Paris, Aubier, 1984. Cf. também meu livro, M. Maffesoli, *Du nomadisme*, Paris, Le Livre de Poche, 1997.

Os bárbaros estão dentro de nossas muralhas. Mas será necessário inquietar-nos, já que, em parte, também somos bárbaros?

3. O politeísmo popular, ou a diversidade do deus

Após haver indicado a importância que é preciso dar ao "terceiro", e apresentado algumas noções de seu papel na história das sociedades, talvez seja interessante destacar uma de suas características essenciais. Característica lógica, de certa forma, e que pode ser mais bem descrita pela expressão weberiana "politeísmo dos valores". É necessário reforçar essa temática, pois ela continua sendo muito mal compreendida; preocupados que estamos de trazê-la de volta para a órbita do político.

Para ser mais preciso: o fato de que uma certa direita utilize a mitologia politeísta para o seu combate cultural e político não é suficiente para invalidá-la ou restringi-la a um campo. Quer me parecer, até, que o politeísmo ultrapassa a ordem do político. Estruturalmente, poderíamos dizer, já que a relativização dos valores, uns pelos outros, conduz à *indecidibilidade*. O que pode haver de mais oposto à ordem do político? Além disso, se quisermos ser mais precisos, ou mais fiéis ao espírito que preside esta reflexão, talvez seja necessário falar de "henoteísmo", como o faz C. Bouglé para a religião védica, na qual "todos os deuses se tornam soberanos por sua vez".[19]

É com esse matiz, e, vale a pena insistir, de maneira metafórica, que convocamos os deuses para nos esclarecer a respeito do social. Com efeito, propus relacionar o povo e o ato fundador da cultura. Parece-me que essa conjunção permite acolher o estrangeiro embora permanecendo como si mesmo

---

19   C. Bouglé, *Essais sur le régime des castes*, Paris, PUF, 1969, p. 203, nota 2.

(ou, melhor ainda, a fecundar esse si mesmo pelo estrangeiro).
É em consequência disso que podemos apresentar o politeísmo como o indício mais seguro do "não racismo" popular.[20]
Pratiquemos uma vez mais a digressão. Uma particularidade essencial da tradição judaica, e depois do cristianismo,
foi o seu monoteísmo intransigente. Trata-se de uma linha de
demarcação essencial à qual não vale a pena retornar. Pelo contrário, o que podemos recordar é que, uma vez colocado esse
princípio, existem mil e uma maneiras de transgredi-lo na vida
cristã. A partir de seu observatório na Saboia, Gilbert Durand
analisou, de um ponto de vista antropológico e de maneira notável, a fé e as práticas populares que tão bem conhece. À minha maneira mostrei, também, que o culto dos santos poderia
ser uma brecha politeísta no rigor do monoteísmo. Tanto isso
é verdade que a distinção teológica entre o culto da "latria",
dirigido só a Deus, e o da "dulia", dirigido aos santos, é um
casuísmo de muito pouco efeito na vida quotidiana. Enfim,
nem mesmo a sociologia religiosa, com alguma desconfiança, é
verdade, negligenciou esse problema.[21] Trata-se menos de atacá-
lo frontalmente do que de apontar para o assunto em questão,

---

20   N. A.: É com esse fim que emprego essa expressão, em referência ao
     "não lógico" de Pareto. Pode haver algo de ilógico no "não lógico",
     mas não é, no sentido forte do termo, sua *qualidade* inicial. Poder-se-
     -iam fazer desenvolvimentos análogos para o "não-racismo".

21   A respeito dessa distinção e do politeísmo cristão, remeto a *L'ombre
     de Dionysos, op. cit.* Para a obra de G. Durand, cf., especialmente, *La
     foi du cordonnier*, Paris, Denoël, 1984. Sobre uma análise da religião
     popular, remeto a Y. Lambert, *Dieu change en Bretagne*, Paris, Cerf,
     1985. Pode-se ressaltar esta frase: "Os equívocos sobre a religião po-
     pular não seriam tão tenazes se a maior parte dos especialistas não se
     contentasse em interrogar os militantes, os responsáveis... os quais
     não pedem senão isto mesmo..." (p. 17). Cf. também D. Jeffrey,
     Jouissance du sacré, Paris, Armand Colin, 1998.

ainda que estejamos diante de uma atualização da tradicional *coincidentia oppositorum*, que como um fio condutor percorre a vida religiosa e, portanto, social.

J. Böhme e Eckartshausen, por exemplo, são testemunhas de que a mística e a teosofia cristã sempre souberam manter essa preocupação bem viva. A recente tese da Sra. M. E. Coughtrie: "Rhythmomachia, a propaedeutic game of the middle Ages", demonstrou muito bem que na tradição monástica encontramos jogos que exprimem esse pluralismo irredutível. Como, por exemplo, a *Rhythmomachia* apoiada em uma alta formalização matemática. Dessa maneira, nas práticas populares (peregrinações, culto dos santos), na expressão mística ou na sofisticação lógica, a alteridade, o estranho ou o estrangeiro têm tido numerosos dispositivos de conservação que permitiram resistir à simplificação e à redução unitária.[22] O êxtase, bem como a fusão das festas votivas, permite exprimir, ao mesmo tempo, o idêntico e o diferente. A "comunhão dos santos", que é uma das bases da prece monástica, e a efervescência popular remetem, de maneira eufemizada ou atualizada, a um estar-junto que é, por construção, diverso e polifônico.

Essa perspectiva jamais se perdeu naquilo que se apresenta como o monoteísmo cristão. Assim Émile Poulat, com sua notória obsessão pelo detalhe, em sua análise do catolicismo dos séculos XIX e XX, se interroga sobre o que permite ao "discordante coexistir sem conflito". Qual é, pois, o "patrimônio hereditário deste estranho *phylum*, capaz de chegar a formas tão pouco compatíveis como a contrarrevolução católica,

---

22   Cf., por exemplo, A. Faivre, *Eckartshausen et la théosophie*, Paris, Édition Klincksieck, 1969, p. 14, e M. E. Coughtrie, *Rhythmomachia, a propaedeutic game of the middle Ages*, Universidade Cape Town, 1985, p. 26.

as democracias cristãs, os revolucionários cristãos?"[23] É certamente a ideia do Povo de Deus, *analogon*, por excelência, da *coincidentia oppositorum* da divindade. "Catolicismo popular, catolicismo interclassista", diz ainda Poulat, e ele está seguro de que, para além de suas diversas expressões politistas, essa base popular está firmemente ligada à pluralidade das maneiras de pensar e dos modos de ser. Nesse sentido constitui um *phylum*, um embasamento inquebrantável e permanente. Certeza de que a vida perdura graças à multiplicidade de suas expressões, ao passo que um valor hegemônico, mesmo perfeito, tende a esgotá-la. Podemos ligar essa *coexistência* estrutural ao pensamento contraditorial (Lupasco, Beigbeder), que é a forma lógica do politeísmo. A instituição do *simultaneum*, que permite, em certas aldeiazinhas alsacianas, que católicos e protestantes rezem, em momentos distintos, na mesma igreja, pode ser uma boa metáfora, para além de todas as contingências conhecidas, dessa contraditorialidade em ação. Assim, o politeísmo *stricto sensu*, o cristianismo plural nos indicam que convém encontrar, sempre e de novo, um *modus vivendi* para integrar "o outro". A comunidade, a comunhão dos santos, o corpo místico existem a esse preço. E a guerra que os diversos deuses movem uns contra os outros, ou os conflitos às vezes sangrentos, que resultam das diferentes interpretações do mesmo Deus, tudo conduz, no fim das contas, à consolidação do corpo social. Aqui, a mitologia se reúne aos resultados das

---

23   E. Poulat, *Église contre bourgeoisie*, Paris, Éd. Casterman, 1977, p. 59 e 130, sobre o *Simultaneum*, cf. p. 87, e *Catholicisme, démocratie et socialisme*, Paris, Éd. Casterman, 1977, p. 486. Eu mesmo conheci uma aldeia assim, Wangen, onde o culto e a missa eram celebrados à sombra tutelar de um *vitrail* onde figurava o olho do Criador enquadrado em um triângulo isóscele. Símbolo maçônico, por excelência, e metáfora acabada do triadismo!

pesquisas de ponta em lógica ou cibernética: a disfunção, o contraditório têm um lugar, de modo algum desprezível, na estruturação do real e da representação que dá conta dele. Vai juntar-se, igualmente, a certas análises weberianas, como essa constatação famosa que merece ser novamente citada: "A sabedoria popular nos ensina que uma coisa pode ser verdadeira ainda que não seja, e quando não é realmente nem bela, nem santa, nem boa. Mas estes são os casos mais elementares da luta que opõe os deuses das diferentes ordens e dos diferentes valores."²⁴ Nesse texto, M. Weber, que faz aí referência explícita ao politeísmo, relaciona-o estreitamente com o popular. Talvez fosse necessário dizer que existem períodos em que a massa, saturada das explicações e dos procedimentos racionais, acabados, produtivistas, economicistas, volta-se para o substrato natural, eu diria "ecológico", de toda vida social, e é então que ela reencontra o vaivém que se estabelece entre a variedade da natureza e a multiplicidade do divino. O que não acontece sem que se cometam algumas crueldades, pois quem diz politeísmo diz antagonismo. O que remete à natureza remete também às suas duras leis, daí a violência e a morte. Mas a luta dos deuses, ou, ainda, a luta dos grupos uns contra os outros, é, de qualquer modo, melhor do que a denegação do Estrangeiro. Na guerra, esse estrangeiro tem um rosto humano. Ele existe. E mesmo que seus costumes contradigam os meus, mesmo que não os considere "belos", "santos", ou "bons", mesmo que eu os combata, não posso negar-lhes o ser. É esse reconhecimento que permite estabelecer uma analogia entre as categorias religiosas e as relações sociais.

24　M. Weber, *Le savant et le politique*, trad. fr. de J. Freund, Paris, Plon, 1959, p. 93.

O sociólogo G. Simmel nos convida a verificar, com a mesma sensibilidade teórica de Weber, que para ele Deus se caracteriza "como *coincidentia oppositorum*, centro onde se fundem as antinomias da vida". No mesmo texto, faz referência à tribo ("a comunidade religiosa original era a tribo"), e à dependência do indivíduo com relação a ela. À dependência do Deus como sendo, de fato, uma "estilização" (quer dizer ao mesmo tempo o aspecto marcante e eufemizado) da primeira.[25] As tribos e suas lutas, a forte interdependência que constitui essas tribos, e ao mesmo tempo a necessidade de um Deus que una os contrários, eis aí o quadro epistemológico-mítico no qual se insere a dialética "do amor e do afastamento" que parece ser a base de toda estruturação social. Que a religião (*re-ligare*) seja a expressão de uma socialidade plural, no sentido que acabo de formular, não é de nenhuma forma surpreendente. Com efeito, convém lembrar que antes de institucionalizar-se, com sabida rigidez, as reuniões religiosas servem, antes de tudo, para manter o calor, para cerrar fileiras diante da dura "ordem das coisas", social ou natural.

Não é menos verdade que essas reuniões e a interdependência por elas induzida são uma mistura estreita de comunicação e de conflito. Para citar, uma vez mais, G. Simmel, o "lado a lado", o viver-junto, o "um pelo outro" podem muito bem ser a mesma coisa que o "um contra o outro" (Simmel, *ibid.*, p. 17). Retornaremos a isso mais adiante, mas tanto a harmonia quanto o equilíbrio podem ser conflituais. Nessa perspectiva, os diversos elementos do todo social (bem como do todo natural) entram em uma relação mútua, estreita, dinâmica, em suma, designam essa labilidade, que é sinônimo

---

25 Divago livremente a partir do texto de G. Simmel, "Problèmes de la sociologie des religions", trad. fr. de J. Séguy. In: *Archives de sociologie des religions*, Paris, CNRS, 1964, n° 17, p. 19.

do que está vivo. A complexidade de que nos fala E. Morin apresenta as mesmas características, e, nesse sentido, o desvio que propomos não é tão inútil quanto poderia parecer à primeira vista. Posto que, juntamente com o medo ou a realidade do racismo, a multiplicação dos grupos religiosos, o pluriculturalismo, as redes afetivas ocupam cada vez mais espaço na complexidade das megalópoles contemporâneas.

Obcecados pelo modelo individualista e economista, dominante durante a modernidade, esquecemos que as agregações sociais se apoiam, igualmente, na atração e na rejeição afetivas. A paixão social, pensem a respeito dela o que quiserem, é uma realidade incontornável. E, a não ser que nos decidamos a transformá-la em um engrama de nossas análises, estaremos nos impedindo de compreender as múltiplas situações que não podem ser relegadas à rubrica "crônicas" de nossos jornais. E posto que, nos momentos de fundação "cultural", irrompe o acontecimento multirracial. Sem nos escondermos por trás de um ancestral fundador, poderíamos ler nessa perspectiva uma parte da *Divisão do trabalho social*, de Durkheim. Apesar dos seus epígonos, autodesignados guardiães do templo, a amizade, a simpatia e, naturalmente, os seus contrários fazem parte, de maneira não negligenciável, da análise da solidariedade. São testemunha disso frases do gênero: "Todo mundo sabe que gostamos daqueles que são parecidos conosco, que pensam e sentem como nós. Mas o fenômeno contrário também é frequente. Acontece muitas vezes que nos sentimos atraídos por pessoas que não se parecem conosco, exatamente porque elas não se parecem conosco" (p. 17). Ou ainda "Heráclito acha que não se ajusta senão aquilo que se opõe, que a mais bela harmonia nasce das diferenças, que a discórdia é a lei de todo futuro. A dessemelhança, da mesma forma que a semelhança, pode ser uma causa de atração mútua" (p. 18). Ele chama isso de *"uma e a outra* amizade" que seriam da natureza.[26] Colocar como preliminar do seu trabalho isto que eu chamaria de uma amizade contraditória explicaria essa solidariedade que permite compreender de maneira lógica que aquilo que difere se completa.

Sem dúvida, existe um tanto de funcionalismo nessa perspectiva, mas isso pouco importa, na medida em que ela não elimina a contradição de uma maneira abstrata, e nos permite pensar a Alteridade e sua dinâmica específica. Até agora havíamos deixado à antropologia ou à etnologia o monopólio da pesquisa sobre o outro. Tal como a teologia deveria se interessar pelo Outro absoluto. Atualmente está difícil manter essas separações. A sociologia do quotidiano, particularmente, soube atrair a atenção para a duplicidade, o aspecto dúplice e duplo de toda situação social, para o "autorreferência" e a pluralidade intrínseca daquilo que parecia homogêneo. Não voltaremos mais a isso.[27] Em compensação, daqui por diante, podemos orientar a nossa reflexão firmemente no sentido da arquitetura fabulosa que se constrói a partir de suas duplicidades e de suas sinergias. Tudo isso está cheio de vitalidade. Vitalidade desordenada, cacofônica, como já foi dito anteriormente, efervescente também, mas que é muito difícil negar.

Já fiz referência à Antiguidade tardia e à sua análise como paradigmas que nos ajudam a pensar o nosso tempo. Foi uma época repleta de "deuses falantes", como os chama P. Brown.

---

26 E. Durkheim, *De la division du travail social*, Paris, Félix Alcan, 1926, p. 17, 18 e segs. Sobre a diferença na sociedade conjugal, cf. I. Pennacchioni, *La polémologie conjugale*, Paris, Mazarine, 1986.

27 Sobre o trivial que "oculta uma diversidade fundamental", cf. M. de Certeau e L. Giard, *L'ordinaire de la communication*, Paris, Dalloz, 1983, p. 21. Sobre a "duplicidade", remeto ao capítulo que lhe consagro: M. Maffesoli, *La conquête du présent, pour une sociologie de la vie quotidienne*, Paris (1979), reed. DDB, 1998.

E ele acrescenta que, quando os deuses falam, "podemos estar seguros de que temos algo a ver com grupos que podem ainda encontrar uma expressão coletiva".[28] Aplicando isso ao nosso tema, podemos dizer que a polifonia contemporânea dá conta de uma pluralidade de deuses em ação no construir de uma nova "cultura". Usei o termo paradigma para melhor insistir na eficácia dessa referência histórica, pois nós que estamos realizando a conquista do espaço, frequentemente, esquecemos que é possível reduzir também o afastamento do tempo. "Tempo einsteinizado", que subitamente nos permite ler o presente "transportando imagens" (metáforas) do passado. Assim, insistindo na vitalidade dos deuses, na sua diversidade, não fazemos senão estilizar a efervescência de nossas cidades. Mas deixemos, aqui, falar o poeta:

> "Parece-me que o homem está cheio de deuses como uma esponja embebida no céu. Esses deuses vivem, atingem o apogeu de sua força, depois morrem, deixando para outros deuses os seus altares perfumados. Eles são o próprio princípio da transformação de todas as coisas. Eles são a necessidade de movimento. Vou, pois, passear, com embriaguez, em meio a mil concreções divinas" (Aragon, *Le paysan de Paris*).

É esse movimento que vai da cultura à civilização, depois, outra vez, à criação da cultura que pode ser lido no politeísmo (antagonismo) dos valores que estamos vivendo hoje. Decadência, dirão alguns. Por que não, se considerarmos decadência o fato de aquilo que está morrendo conter, ao mesmo tempo, tudo que vai nascer. As flores que se despetalam esgotadas em sua perfeição são a promessa de belos frutos.

---

28   P. Brown, *Genèse de l'Antiquité tardive*, Paris, Gallimard, 1983, p. 83.

4. O equilíbrio orgânico

As culturas se esgotam, as civilizações morrem, tudo se encaixa no mecanismo de saturação tão bem descrito pelo sociólogo P. Sorokin. Sabemos disso. Mas existe uma questão mais interessante: o que é que faz a vida perdurar? O início dessa resposta poderia ser encontrado no pensamento de Heráclito ou de Nietzsche: a destruição é, ao mesmo tempo, construção. Se, tradicionalmente, a homogeneização política se satura, por si mesma, pela indiferença ou sob a ocupação do estrangeiro, isso ocorre porque seus efeitos úteis cumpriram seu tempo. A partir daí, o equilíbrio que ela havia acionado termina. E esse equilíbrio tinha sido logrado em detrimento do que poderia ser resumido na palavra *diferença*. Agora será necessário ver como esse "terceiro", estrutura antropológica, que seguimos passo a passo, veio se integrar em um novo equilíbrio. Com efeito, dentro da lógica de nossa argumentação, e com referência a numerosas situações históricas, podemos postular um equilíbrio capaz de se fundamentar no hoterogêneo. Para retomar um movimento oscilatório, utilizado anteriormente: à Unidade do burguesismo pôde suceder a unicidade popular. Não mais o povo como sujeito histórico, papel que representaram a burguesia e o proletariado, mas como entidade contraditorial; ou, ainda, como prática quotidiana em que o "mal", o estrangeiro, o outro não sejam mais exorcizados, mas integrados segundo medidas e regras variáveis, ainda que homeopáticas.

Vamos deixar claro ainda que, na perspectiva da paixão social, que não pode ser desprezada, o problema que se coloca para nossas sociedades é o de equilibrar essas paixões que se opõem e cujo antagonismo se acentua a partir do momento em que se reconhece uma pluralidade de natureza, uma pluralidade das naturezas.[29] É nesse sentido que falo de harmonia conflitual, pois o equilíbrio é mais difícil de atingir quando a paixão prevalece sobre a razão. O que, atualmente, é muito visível, tanto na vida quotidiana quanto na vida pública.

Vamos iniciar por uma noção que, hoje em dia, é muito difícil de aceitar, e que, em geral, ninguém se dá ao trabalho de encarar com seriedade: a noção de hierarquia. Bouglé observa que o panteísmo tão acolhedor na Índia, seu politeísmo efetivo estão ligados estreitamente ao sistema de castas.[30] O caráter acolhedor e o não dogmatismo doutrinário da religião dos hindus se baseia no agudo senso da hierarquia. Trata-se de uma situação extremada que, como tal, não pode ser exportada nem servir de modelo, mas que mostra muito bem como uma sociedade pôde construir seu equilíbrio sobre a coexistência das diferenças, codificá-las com o sabido rigor, e, a partir daí, construir uma arquitetura à qual não falta solidez. Por seu lado, L. Dumont, em seu livro *Homo hierarchicus*, demonstrou a interdependência real, o ajustamento das comunidades que esse sistema havia produzido. É verdade que ele não deixa espaço para o individualismo, mas propõe, de maneira surpreendente, uma compreensão holística da sociedade. Esses trabalhos são agora bastante conhecidos. Não é necessário comentá-los, basta que nos sirvamos deles como base para compreender que o ajustamento de pequenos grupos, distintos quanto ao modo de vida e diferentes quanto à ideologia, representa uma forma social que pode ser equilibrada.

---

29   Para uma constatação desse gênero, de um ponto de vista freudiano, cf. A. G. Slama, *Les chasseurs d'absolu, genèse de la gauche et de la droite*, Paris, Grasset, 1980, p. 21, 22 e 24 sobre Heráclito.

30   Cf. C. Bouglé, *Essais sur le régime des castes*, Paris, PUF, 1935, 4. ed., 1969, p. 59.
      L. Dumont, *Homo hierarchicus*, Paris, Gallimard, 1967.

O que o sistema de castas propõe, de maneira extrema, pode ser encontrado, de maneira atenuada, na teoria dos "Estados" da Idade Média. A teorização da doutrina vem de quebra, já que isso é reforçado, por exemplo, pelo tomismo católico. Este último elabora, a partir da existência desses "Estados", uma ideia de democracia que, como observa E. Poulat, tem um sentido diferente do que costumamos dar a essa palavra. Assim, essa "democracia não mais opõe as classes inferiores às outras, nem tampouco preconiza seu nivelamento, mas se opõe a todas as forças sociais que comprometam sua harmonia... ela sustenta *a igualdade proporcional na ordem hierárquica*, sempre se referindo, historicamente, à tradição medieval da comuna".[31] Quero acrescentar que se trata de uma forma social encontrada, para além dos exemplos citados, no populismo, nas construções utópicas (como a de C. Fourier), no solidarismo e em suas realizações concretas, que de maneira mais ou menos sofisticada aparecem em nossas sociedades desde o século XIX.

É óbvio que, apesar de todas as precauções ("igualdade proporcional", por exemplo), estamos longe do igualitarismo, ao menos verbal, que caracteriza a modernidade desde que a Revolução Francesa fez dele um ideal universal. Não é menos verdade que encontramos nesse travejamento cultural ao mesmo tempo uma solidariedade real, ainda que limitada ao grupo ou, pelo menos, ao que é proxêmico, e uma maneira de viver o antagonismo. Lembramos que Fourier propunha, nos seus falanstérios, a *guerre des petits pâtés*, forma de competição culinária que simbolizava muito bem a atração/repulsa de toda socialidade. O que não deixa de lembrar a antiga *philotimia*, excluído o seu aspecto frívolo.

---

31 E. Poulat, *Catholicisme, démocratie et socialisme*, Paris, Casterman, 1977, p. 85, nota 33, e p. 86.

Com efeito, esta última permitia aos poderosos deste mundo, aos ricos ou aos afortunados reinvestir na comunidade uma parte do que haviam ganho, através das construções públicas, das edificações de lugares de culto ou de construções para os necessitados. A *philotimia* tinha também uma dimensão competitiva, já que esses favorecidos pelo destino, e, é óbvio também, os seus agentes, dirigiam uns aos outros desafios difíceis de recusar. Assim, a ordem hierárquica permitia uma espécie de *equilíbrio orgânico*, que, de maneira cenestésica, correspondia às necessidades da comunidade. De certo modo um jogo ritualizado da diferença. Nada da proclamada e programada igualdade, mas um ajustamento, uma compensação reais; e que além de tudo é uma *libido dominandi* (a violência legítima) que consegue se exprimir, com o mínimo esforço, para o conjunto do corpo social. P. Brown fala, a propósito, de "modelo de paridade".[32]

Essa perspectiva tem a vantagem de levar em consideração os dois elementos de toda vida mundana: o conflito e a comunicação, e que ainda mais, ela oferece um modelo de "rentabilização" de sua existência *conjunta*. É nesse sentido que ela não é anacrônica. Aplicando-a ao caso particular da formação do Brasil, Gilberto Freyre fala mesmo de "processo de equilíbrio".[33] Existe sempre perigo de eufemização do modelo, ou, ainda, da justificação das opressões, e apenas a análise concreta permite formar uma opinião. Mas, do ponto de vista lógico, não se trata de invalidá-lo em princípio. Em todo caso, na reflexão que estamos fazendo, essa perspectiva

---

32   P. Brown, *Genèse de l'Antiquité tardive, op. cit.*, p. 79. Cf. a análise que ele faz de *Philotimia*. Estamos longe do que G. A. Renaud, *À l'ombre du rationalisme, op. cit.*, chama de "social-estatismo", cf. p. 215.

33   Cf. G. Freyre, *Maîtres et esclaves, op. cit.*, p. 93. (Cf. *Casa-grande & senzala*, Rio de Janeiro, José Olympio.)

permite compreender de que maneira a negociação dos antagonismos pode servir de equilíbrio para o conjunto. E, mais
ainda, a maneira pela qual o Estrangeiro, no seu confronto
com o cidadão, o errante com o sedentário, e o poderoso com
o cliente retomam uma vasta intercomunicação necessária a
cada um deles. Desse modo, além de tudo, podemos tomar
conhecimento daquilo que já existe. Pois, quer seja ela codi-
ficada no sistema de castas, quer seja teologizada em conformidade com os desígnios divinos, ou seja, sub-repticiamente,
mascarada pelas racionalizações igualitaristas, a hierarquia é
uma constatação que está ao alcance de cada um. É melhor
registrá-la para poder corrigir seus efeitos mais nocivos. Essa
correção talvez seja mais eficaz nas estruturações sociais que
pensam em termos de proxemia, isto é, que deixam aos grupos
em questão o trabalho de encontrar as formas de equilíbrio.

Pois, nesse caso, ao lado da interdependência de toda a
vida social, cada um sabe que, em algum momento, terá necessidade do outro. Existe reversibilidade: não vou contestar um
privilégio de que poderei ser o beneficiário em outra ocasião
ou de outra forma. A necessidade do privilégio, que, na França, tem lugar especial (inúmeros artigos jornalísticos e livros de
grande sucesso o ressaltaram recentemente), se encontra, assim,
justificada. Incompreensível para a perspectiva mecanicista, encontra seu lugar em uma visão orgânica, na qual todas as coisas
se correlacionam. Mas isso quer dizer que o indivíduo não é o
início e o fim do todo social, mas que é o grupo, a comunidade,
o coletivo em sua totalidade que prevalece.

Para empregar um conceito da filosofia alemã, o fato de
levar em consideração a hierarquia, a diferença e os modelos
de paridade e de reversibilidade que são induzidos por ela
remeteria a uma *regulamentação espontânea* (*Naturwüchsig*). E,
aí, reencontramos o vitalismo exposto anteriormente. Ao contrário dos períodos em que se acentua a atividade racional,

essa regulamentação ocorreria nos momentos em que se tem mais confiança na soberania intrínseca de cada grupo. Esses grupos, após algumas experiências do tipo ensaio e erro e de outras caóticas, conseguem encontrar um ajustamento entre seus objetivos e suas diferenciadas maneiras de ser. Assim, paradoxalmente, o "terceiro" pode encontrar mais facilmente o seu lugar em um tipo de sociedade que não denega a priori a dimensão hierárquica da existência social. Ao lado de exemplos históricos bem característicos, isso ocorre também hoje em dia, em numerosas situações sociais determinadas. Como, por exemplo, o Carnaval.

Dele foram feitas numerosas e pertinentes análises. De um ponto de vista socioantropológico, destacarei a de Roberto da Matta, que é notável. Não se trata de reiniciar sua análise, mas apenas de acentuar alguns pontos específicos que servem muito bem aos nossos propósitos. Inicialmente a inclusão da atividade festiva nas sociedades holistas e hierárquicas. No que se refere ao "triângulo ritual brasileiro", ele mostra que, ao lado do dia da Pátria, que representa o Estado nacional e o exército, ao lado da Semana Santa, cujo protagonista essencial é a Igreja, o Carnaval diz respeito essencialmente ao povo, à massa.[34] Essa tripartição é, sob muitos aspectos, interessante. Ela dá conta de uma coexistência que partilha o tempo. Partilha diferenciada, é bem verdade, mas que, no quadro de uma teatralização generalizada, atribui a cada grupo um papel a ser representado. Digo papel em oposição a função, que remete

---

34   R. da Matta, Carnavals, bandits et héros, Paris, Seuil, 1983, p. 57 e segs. (Ver ed. bras.: Carnavais, malandros e heróis, Rio de Janeiro, Jorge Zahar.) Sobre a "teatralidade" e o "confrontamento com o destino", remeto a meu livro, M. Maffesoli, La conquête du présent, op. cit.
No que se refere ao samba, cf. M. Sodré, Samba, o dono do corpo, Rio de Janeiro, Codecri, 1979.

a um funcionamento social mecânico, racional, orientado para um fim. O papel e a teatralidade, pelo contrário, ocupam lugar em um tempo cíclico cujos momentos escandem. Esse devir cíclico deixa a cada grupo a certeza de que ele poderá ser novamente beneficiado em algum momento do tempo que lhe é reservado. Para tanto basta lembrar que o Carnaval é preparado, por cada um, com muita antecedência. Essa segurança é de grande importância quando se sabe que a gestão do tempo que passa é um elemento primordial naquilo que chamei "o confronto com o destino". Por um tempo determinado e em ligação com outros momentos, o povo sabe que poderá exercer sua soberania.

Em seguida, esse momento de soberania popular permitirá integrar o anômico, o Estrangeiro. A esse respeito, da Matta fala de "periferia", de "liminar" (p. 65). Trata-se de uma anamnese, com referência ao que eu disse anteriormente. O bandido, a prostituta e até mesmo a morte (forma absoluta do Outro) podem se exprimir como figuras emblemáticas. O corpo social recorda que é uma mistura inextricável de elementos contraditórios, e, desse ponto de vista, a multiplicidade das fantasias e das situações induzidas por elas é esclarecedora. Da mesma forma, é comum que um mesmo indivíduo troque de roupa todos os dias. Multiplicidade exterior e multiplicidade interior, poderíamos dizer. Dessa maneira, os antagonismos são representados de maneira lúdica, quando, então, se esgotam na competição a que se entregam as Escolas de Samba e os indivíduos no que se refere, especialmente, ao custo das fantasias. Ninguém escapa dessa competição, e inúmeros casos ou relatos de observação direta sempre surpreendem os espíritos calculadores. A *philotimia*, de que tratamos anteriormente, poderá ser aplicada à massa. O dispêndio, mesmo da parte de quem não tem nada, é uma maneira de fazer retornar ao circuito coletivo o que havia sido privatizado: dinheiro e sexo. Assim como o poderoso da Antiguidade se redimia construindo templos, agora o individualismo de todos os dias se faz perdoar pela construção de catedrais de luz nesse tempo festivo.

Além disso, ao lado dos antagonistas representados coletivamente, ao lado da pluralidade dos caracteres que se exprimem na fantasia, encontramos a aceitação do Estrangeiro. Mesmo que ele seja emblematizado, é uma forma de reconhecimento. Assim, ainda que o racismo não esteja ausente da vida quotidiana no Brasil, a efervescência e a teatralização do Carnaval, são uma maneira de relativizar, de temperar um pouco esse racismo. Mediante esses elementos característicos do Carnaval, é vivenciada uma espécie de organicidade. Todo o Carnaval se inscreve na organicidade da tripartição festiva. Em seu interior encontramos uma organicidade específica que abre um espaço real à multiplicidade das funções e dos caracteres. E que essa multiplicidade não seja "senão" representada, não muda coisa alguma. O Imaginário, como somos levados a reconhecer cada vez mais, desempenha também seu papel como estruturante social.

É essa efervescência ritual e esse contraditório em ação que, retornando ciclicamente, permitem reforçar, na vida do dia a dia, o sentimento de participar de um corpo coletivo. Se no Carnaval representamos um general, um conde ou um figurão, depois podemos nos vangloriar de sermos o chofer desse general. Ou ainda, como observa da Matta, podemos ver toda uma criadagem regozijar-se com o título de Barão que o patrão acaba de receber.[35] Trata-se, quase, de uma "participação" no sentido místico do termo. Ela realça as bases secundárias con-

---

35   *Ibid.*, p. 183, e as referências que dá a respeito de Machado de Assis, nota 2.

cretas (finanças, privilégios, franquias), mas que são, também, simbólicas. Fazendo parte de uma entidade superior, eu me fortaleço na minha própria existência. Isso nos estimula a atribuir à solidariedade um aspecto ampliado e a não limitá-la, apenas, à sua dimensão igualitária e/ou econômica.

A diferença vivida na hierarquia pode ser o vetor desse equilíbrio social que tanto nos preocupa. Um outro exemplo quotidiano pode ser a socialidade de base; a vida de bairro, a vida banal de todos os dias, tida como quantidade desprezível dentro de uma perspectiva macroscópica, mas que retoma a sua importância com a enfatização da proxemia. Podemos observar aí o mesmo mecanismo de participação do qual acabamos de falar. Participar de um bairro, de um grupo, de um animal emblemático, de um guru, de uma equipe de futebol, ou de um chefete local. Trata-se de uma forma de clientelismo em que a hierarquia é retomada. "Somos" de um lugar, de um bando, ou de um personagem local que, por isso, se transforma em herói epônimo. Estudos sobre o alto funcionalismo público, sobre a universidade, sobre os quadros de empresas ressaltam esse processo. O microcosmo intelectual, apesar de formado por "espíritos livres", se é que isso existe, tampouco está excluído. As produções dos concorrentes que foram anatematizados pelo mestre não são lidas. As diversas comissões são lugares onde todos os golpes baixos são permitidos etc. O que se pode ressaltar é que se *participa* da glória e da cólera do mestre. "Eu sou seu homem"[36] quase não se diz mais em francês, mesmo que a realidade exista. Na Itália, entretanto, escutamos frequentemente "*Io sono di l'uno, to*

---

36 N. T.: *"Je suis son homme"* é uma expressão medieval. Fazia parte do juramento de um vassalo a seu suserano, quando recebia dele um feudo.

sono d'ell'altro". Eu sou de seu clã, de seu grupo.[37] Será preciso lamentá-lo? Será preciso combatê-lo? De qualquer maneira, precisamos reconhecer seus efeitos. Na medida em que, em um dado domínio, os grupos podem se *relativizar* uns aos outros, esse procedimento do clã pode permitir a representação da diferença, a expressão de todos e, portanto, uma forma de equilíbrio. É a máfia, da qual já disse que poderia ser a "metáfora da sociedade".[38] Enquanto as regras de boa conduta são respeitadas, existe regulamentação e ordem orgânica. O que não deixa de ser benéfico para todos.

Todos os atores fazem parte da mesma cena, mas seus papéis são diferentes, hierarquizados, às vezes conflituais. A regulação recíproca é, seguramente, uma constante humana, uma estrutura antropológica que encontramos em todos os grandes grupos socioculturais. Isso foi assinalado com propriedade por G. Dumézil, e redescoberto, à sua maneira, pela física moderna: a Relatividade geral de Einstein é testemunha disso. Em cada um desses grandes grupos reencontramos um indubitável politeísmo, seja explícito, ou mais ou menos oculto. Mesmo que ocorra a monovalência aparente de um valor (de um deus), encontramos sempre um valor ou vários valores alternativos, em *mezza voce*, que não deixam de ter influência na estruturação social e em seu equilíbrio. Como, por exemplo, a multidão de movimentos heréticos no seio da

---

37 A. Medam, *Arcanes de Naples*, Paris, Édition des Autres, 1979, p. 78, faz uma boa análise do clientelismo em Nápoles. Para as empresas, pode-se remeter a A. Wickham e M. Patterson, *Les carriéristes*, Paris, Ramsay, 1984. Boas análises e classificação de afiliados.

38 M. Maffesoli, "La maffia comme métaphore de la socialité". In: *Cahiers internationaux de sociologie*, Paris, PUF, 1982, v. LXXIII, p. 363-369.

rígida cristandade medieval, ou ainda o hassidismo popular que atormentará o intransigente monoteísmo de Moisés.[39]

Tal como a química, podemos dizer que tudo são combinações. Por associação diferenciada dos elementos obtemos tal ou tal corpo específico, mas, a partir de uma mudança mínima, ou em função do deslocamento de um elemento, o conjunto pode mudar de forma. É dessa maneira, no fim das contas, que ocorre a passagem de um equilíbrio social para outro. Foi dentro dessa combinatória que se tentou considerar o papel do terceiro, esse número "três" que constitui as sociedades, mas que é frequentemente esquecido. Referências históricas, teóricas ou factuais pretendiam ressaltar que levar em conta o número três corresponde sempre a um momento fundador, um momento de *cultura*. Pelo contrário, o enfraquecimento da cultura a caminho da civilização tende a favorecer um retraimento para a unidade, a suscitar o medo do Estrangeiro. Uma outra ideia-força é postular que a efervescência induzida pelo terceiro é correlativa a uma enfatização do povo que se fortalece com o jogo da diferença, da qual sabe que é benéfica para todos. Sob esse ponto de vista, as imagens religiosas, místicas, são esclarecedoras, pois lembram, e, em maior ou menor grau, encarnam, no quotidiano, essa utopia coletiva, esse imaginário de uma comunidade celeste na qual "seremos todos idênticos e diferentes. Como são idênticos e diferentes todos os pontos de uma circunferência com relação a seu centro".[40]

---

39 Cf. os exemplos que dá, a esse respeito, G. Durand, *L'âme tigrée. Les pluriels de psyché*, Paris, Denoël, 1980, p. 143 e notas. Sobre Einstein e a relatividade geral, cf. J.-E. Charron, *L'esprit cet inconnu*, Paris, Albin Michel, 1977, p. 56.

40 J. Lacarrière, *L'été grec*, Paris, Plon, 1976, p. 54. Análise do misticismo grego.

Podemos ver que essa reflexão alusiva e metafórica tem relação com a realidade contemporânea, fiz questão de observá-lo a cada volta da minha análise. A socialidade que se esboça aos nossos olhos encontra seu fundamento, com mais ou menos força, conforme as situações, no velho antagonismo entre o errante e o sedentário. Como em toda passagem de uma combinatória para outra, não podem deixar de ocorrer temores e tremores, mesmo por parte dos observadores que são igualmente protagonistas sociais. Mas, se permanecermos lúcidos, o que, à parte qualquer atitude preconceituosa, é nossa única exigência, saberemos reconhecer, parafraseando Walter Benjamin, que "não existe nenhum documento de cultura que também não seja documento de barbárie".

Capítulo 6

Da Proxemia

1. A comunidade de destino

Por estarmos obnubilados por estas grandes entidades que se impuseram a partir do século XVIII: a História, a Política, a Economia, o Indivíduo, é difícil focalizar o "concreto mais extremo" (W. Benjamin) que é a vida de toda gente. Entretanto, este será um assunto não negligenciável, ou pelo menos incontornável, nas próximas décadas. Não se trata de nada novo, aliás, e no final deste trabalho, segundo meus critérios, tentarei demonstrar, ao mesmo tempo, seu enraizamento antropológico e as modulações específicas que atualmente podem ser as suas.

Há momentos em que o indivíduo significa menos do que a comunidade na qual ele se inscreve. Da mesma forma, importa menos a grande história factual do que as histórias vividas no dia a dia, as situações imperceptíveis que, justamente, constituem a trama comunitária. Esses são os dois aspectos que me parecem caracterizar o significado do termo "proxemia". Naturalmente, devemos estar atentos ao componente relacional da vida social. O homem em relação. Não apenas a relação interindividual, mas também a que me liga a um território, a uma cidade, a um meio ambiente natural que partilho com outros. Essas são as pequenas histórias do dia a dia: *tempo que se cristaliza em espaço*. A partir daí, a história de um lugar se torna história pessoal. Por sedimentação, tudo o que é insignificante – rituais, odores, ruídos, imagens, construções arquitetônicas – se transforma no que Nietzsche chamava de "diário figurativo". Diário que nos ensina o que é preciso dizer, fazer, pensar, amar. Diário que nos ensina "que podemos viver aqui, já que vivemos aqui". Dessa maneira se forma um "nós" que permite a cada um olhar "para além da efêmera e extravagante vida individual", sentir-se "como o espírito da casa, da linhagem, da cidade". Não podemos indicar melhor a mudança de ótica que me parece importante efetuar. Focalização diferente. O acento cairá sobre o que é comum a todos, sobre o que é feito para todos, mesmo que seja de maneira macroscópica. "A história que vem de baixo."[1]

Acontece que, regularmente, uma enfatização desse tipo acaba por ser expressa. E podemos perguntar se não se trata, aí, desses momentos de fermentação em que, saturados os grandes ideais, se elaboram, através de misteriosa alquimia, as maneiras de ser que regerão nossos destinos. Trata-se de uma transmutação, pois nada é criado. Um elemento minorizado, mas que existe sempre e de novo, toma a frente da cena, assume um significado particular e se torna determinante.

Aqui estão as diversas formas de agrupamentos primários que são os elementos de base de todas as estruturações sociais. Analisando a civilização helenística, F. Chamoux observa que o que se costuma qualificar de período de decadência pode ser considerado como "a idade de ouro da cidade grega". Esta,

---

1   Nietzsche, cf. a análise que dele faz F. Ferrarotti, *Histoire et histoires de vie*, Paris, Librairie des Méridiens, 1983, p. 32 e segs.

talvez, não mais determine uma História em marcha, mas sim a sua intensa atividade quotidiana, testemunha de uma vitalidade própria, e de uma força específica que se empenham no fortalecimento daquilo que é a "célula comunitária sobre a qual se apoia toda civilização".[2] Com efeito, as grandes potências podem fazer face umas às outras para reger o mundo inteiro, ou para fazer a História. A cidade se contenta em assegurar sua perdurância, proteger seu território e organizar sua vida em torno de mitos comuns. Mito *versus* história. Para retomar uma imagem espacial, à extensão (*ex-tendere*) da história se opõe a "intensão" (*in-tendere*) do mito, que irá privilegiar o que se partilha através do mecanismo de atração/repulsa inerente a ele.

Aliás, esse é um dos fatores do policulturalismo que já abordamos (capítulo V). Na verdade, o par *território-mito*, princípio organizador da cidade, é causa e efeito da difração de semelhante estrutura. Ou seja, tal como uma boneca *gigogne*, a cidade contém em si outras entidades do mesmo gênero: bairros, grupos étnicos, corporações, tribos diversas que vão se organizar em torno de territórios (reais ou simbólicos) e de mitos comuns. Essas cidades helenísticas se apoiam essencialmente na polaridade dupla do cosmopolitismo e do enraizamento (o que não deixa de produzir a civilização específica que conhecemos).[3] Isso quer dizer que a multiplicidade dos grupos, fortemente unidos por sentimentos comuns, irá estruturar uma memória coletiva que, na sua própria diversidade, é fundadora. Esses grupos podem ser de diversas ordens (étnicas, sociais), mas, estruturalmente, é a sua diversidade que assegura a *unicidade* da cidade. Conforme o que S. Lupasco diz sobre o "contraditorial" físico ou lógico, é a

---

2   F. Chamoux, *La civilisation hellénistique*, Paris, Arthaud, 1981, p. 211.
3   *Ibid.*, p. 231, sobre uma outra aplicação dessa polaridade, cf. o tipo-ideal da cidade elaborada pela Escola de Chicago; particularmente E. Burgess. In: U. Hannerz, *Explorer la ville*, Paris, Minuit, 1983, p. 48.

tensão dos diversos grupos uns sobre os outros o que assegura a perenidade do conjunto.

Sob esse ponto de vista, a cidade de Florença é um exemplo esclarecedor. Por isso, quando Savonarola queria descrever o tipo-ideal de uma república, usava a estrutura florentina como modelo. Qual é esse modelo? Na verdade é bem simples, e bastante diferente da conotação pejorativa que em geral se atribui ao qualificativo "florentino". Dessa maneira, em seu *De politia*, ele concebe a arquitetura da cidade apoiada na ideia da proximidade. A *civitas* é uma combinação natural de associações mais reduzidas (*vici*). É a ação desses elementos, uns sobre os outros, que assegura o melhor sistema político. Quase à maneira de Durkheim é preciso apoiar a solidez do sistema nessas "zonas intermediárias" que escapam tanto à extrema riqueza quanto à pobreza excessiva.[4]

Assim, a experiência do vivido em comum é que fundamenta a grandeza da cidade. É verdade que Florença não foi pouco notável. E numerosos observadores fazem notar que isso se deve a uma antiga "tradição cívica popular". O humanismo clássico, que produziu obras tão nossas conhecidas, pôde, assim, ser fecundado pela cultura *volgare*.[5] É muito bom lembrar este fato, pois, se a política exterior da cidade não foi das mais notáveis, sua vitalidade interior, em todos os domínios, provocou um impacto que durante muito tempo continuou a se

---

4   Para uma análise de *De Politia*, cf. D. Weinstein, *Savonarole et Florence*, Paris, Calmann-Lévy, 1965, p. 298-299.

5   *Ibid.*, p. 44-45 e notas 18 e 19 sobre o brilho da cidade de Florença. Sobre "o espaço como categoria de nossa compreensão", cf. A. Moles, E. Rohmer, *Les labyrinthes du vécu*, Paris, Méridiens, 1982; sobre a "comunidade de sentido", cf. J. F. Bernard-Bécharies. In: *Revue française du marketing*, 1980/1, caderno 80.

irradiar. Ora, essa vitalidade, antes de tudo, se apoia no que poderíamos chamar de microlocalismo gerador de cultura. Eu disse, há pouco, "combinação natural". Mas esse natural é, na verdade, bastante cultural, isto é, originário de uma experiência comum, de uma série de ajustamentos que, a mal ou a bem, souberam constituir uma espécie de equilíbrio a partir de elementos fundamentalmente heterogêneos. Uma harmonia conflitual de certa maneira. Isso surpreendeu M. Weber que, em seu ensaio sobre a cidade, notou o vaivém que se estabelece entre o povo (*popolo*) e a estrutura política. Na verdade, é apenas uma tendência, mas ela não deixa de ser instrutiva e de esclarecer o ajustamento entre a *civitas* e o *vicus*, de que tratávamos há pouco. Reencontramos aí algo da dialética cosmopolitismo/enraizamento das cidades helenísticas, mas, neste caso, os dois polos serão a família patrícia e o povo. Inicialmente, os nobres se neutralizam entre si de alguma forma. Os "chefes das famílias militar e economicamente mais poderosas partilham (os) lugares e os cargos oficiais, assegurando a gestão da cidade".[6] Expressão política do politeísmo dos valores, essa partilha das honras é uma maneira de temperar o poder, fazendo a sua distribuição. Ao mesmo tempo, graças a essa estrutura quase estatal, a cidade tinha sua autonomia (econômica, militar, financeira) e, por isso, podia negociar com as cidades igualmente autônomas.

Entretanto, essa autonomia era relativizada, dentro da própria cidade, pela organização do *popolo*. Este, contrapondo-se aos patrícios, representava "a fraternização das associações profissionais (*arti* ou *paratici*)". O que não o impedia de recrutar uma milícia e de remunerar assalariados (o *Capitanus popoli* e sua equipe de oficiais).[7] Podemos dizer que essas fra-

---

6   Cf. M. Weber, *La ville*, Paris, Aubier-Montaigne, 1984, p. 72.
7   *Ibid.*, p. 129.

ternizações, originárias da proximidade – bairros, corporações – representavam a "potência", a sociabilidade de base das cidades referidas. É nesse sentido que, como quer que ele aí apareça, o próximo, o quotidiano é o que assegura a soberania sobre a existência. Pontualmente, impõe-se essa constatação. Alguns exemplos históricos podem ilustrá-la, mas, como sempre, o que se deixa ver nesses momentos extremos apenas traduz uma estrutura profunda que, em tempos comuns, assegura a perenidade de um conjunto social, seja ele qual for. Sem dar ao termo uma conotação política muito precisa, podemos dizer que a constante "povo", em suas diversas manifestações, é a expressão mais simples do reconhecimento do lugar, como comunidade de destino.

O nobre, por oportunismo e/ou alianças políticas, pode variar, mudar de afiliação territorial. O comerciante, pelas exigências próprias de sua profissão, não deixa de circular. O povo, por sua vez, é que persevera em seu espaço. Como mostra G. Freyre a propósito de Portugal, ele é "o depositário do sentimento nacional, e não a classe dominante".[8] Certamente, é necessário observar os matizes dessa proposição, mas é verdade que, em face de um comprometimento frequente nas classes dirigentes, encontramos um certo "intransigentismo" nas camadas populares. Elas se sentem mais responsáveis pela "pátria"; tomando este termo em seu sentido mais simples, responsáveis pelo território de seus pais. Isso é compreensível porque, pouco móvel, o povo é *stricto sensu* o "gênio do lugar". Sua vida no dia a dia assegura a ligação entre o tempo e o espaço. Ele é o guardião "não consciente" da socialidade.

---

8   G. Freyre, *Maîtres et esclaves, la formation de la société brésilienne*, Paris, Gallimard, 1970, p. 201. (Cf. *Casa-grande & senzala*, Rio de Janeiro, José Olympio.)

É nesse sentido que temos de compreender a memória coletiva, a memória da quotidianidade. Esse amor pelo próximo e pelo presente é, aliás, independente dos grupos que o suscitam. Para dizer isso à maneira de W. Benjamin, é uma *aura*, um valor englobante, que já propus chamar de "transcendência imanente". É uma ética que serve de cimento para os diversos grupos que participam desse espaço-tempo. Dessa maneira, o estrangeiro e o nativo, o patrício e o homem do povo, *volens nolens*, são parte ativa de uma força que os ultrapassa e que assegura a estabilidade do conjunto. Cada um desses elementos, durante algum tempo, é prisioneiro do *glutinum mundi* que, segundo os alquimistas da Idade Média, assegurava a harmonia do total e do particular.

Como já disse antes, existe um laço estreito entre o espaço e o quotidiano. E o espaço é, certamente, o repositório de uma socialidade que não se pode mais negligenciar. Isso é ressaltado em inúmeras pesquisas sobre a cidade. E é o que traduz a interrogação, ainda bem prudente, de H. Raymond no prefácio ao livro de Young e Willmott: "Será preciso pensar que, em certos casos, morfologia urbana e modo de vida operário chegam a formar um todo harmonioso?"[9] Certamente existe essa harmonia. Ela é o resultado do que propus chamar de "comunidade de destino". E para os que conhecem por dentro as *courées* do Norte, ou as *bâtisses* das aldeias de mineiros no Sul e no Centro da França, não resta nenhuma dúvida quanto a ser essa "morfologia" o cadinho que realiza o ajustamento dos diversos grupos entre si. Naturalmente, e nunca insistiremos o suficiente sobre esse ponto, toda harmonia contém uma dose de conflito. A comunidade de destino é uma acomodação ao meio ambiente natural e social e, assim sendo, deve confrontar-se com a heterogeneidade sob suas diversas formas.

---

9   H. Raymond, Prefácio a M. Young e P. Willmott, *Le village dans la ville*, Paris, Centre Georges-Pompidou, 1983, p. 9.

Essa heterogeneidade, esse aspecto contraditório não são mais aquilo sobre o qual a história pode agir, especialmente através da ação política, mas aquilo com o que é necessário negociar e, a mal ou a bem, entrar em acordo. E não podemos julgar isso a partir de uma não alienação da vida, nem a partir de uma lógica do "dever-ser". Conforme a metáfora simmeliana da "ponte e da porta", do que liga e do que separa, a acentuação do espacial, do território, faz do homem relacional um misto de abertura e de reserva. E sabemos que, frequentemente, uma certa afabilidade é indício de uma poderosa "autor-referência". Dizemos tudo isso para indicar que a proxemia não significa apenas unanimismo, que ela não postula como a história, a superação do contraditório, daquilo (ou daqueles) que incomoda(m). Segundo a expressão banal: "é preciso fazer com". Daí uma *apropriação*, embora relativa, da existência. Com efeito, quando não apostamos em uma vida perfeita, em um paraíso celeste ou terrestre, nos acomodamos àquilo que temos. E a verdade é que, para além das diversas e frequentemente pobres declarações de intenção, os protagonistas da vida diária são, concretamente, de grande tolerância de espírito com relação ao outro, aos outros e àquilo que acontece. Isto é o que faz com que, por paradoxal que possa parecer, da miséria econômica possa brotar uma inegável riqueza existencial e relacional. Nesse sentido, levar em conta a proxemia pode ser a maneira certa de superar nossa habitual atitude de suspeita, para apreciar os intensos investimentos pessoais e interpessoais que se exprimem no trágico quotidiano.

É de propósito que empregamos essa expressão, pois as relações fundamentadas na proxemia estão longe de ser repousantes. Retomando uma expressão conhecida, as "aldeias urbanas" podem mostrar relações, ao mesmo tempo, densas e cruéis. Com efeito, o fato de conhecer o outro com exatidão, de saber sempre alguma coisa sobre ele traz consequências notáveis para os modos de vida quotidianos. Ao contrário de uma concepção de cidade formada por indivíduos livres que têm, essencialmente, relações racionais – e a esse respeito basta lembrar o ditado conhecido de que o ar da cidade liberta: *Stadtluft marcht frei*[10] –, pareceria que as megalópoles contemporâneas suscitam uma multiplicidade de pequenos encraves fundamentados em uma interdependência absoluta. A heteronomia do tribalismo está substituindo a autonomia (individualismo) do burguesismo. Com qualquer nome que se lhe dê, bairros, vizinhanças, grupos de interesses diversos, redes, estamos assistindo ao retorno de um investimento afetivo, passional e do qual conhecemos o aspecto estruturalmente ambíguo e ambivalente.

Como já disse, estou descrevendo uma "forma" matricial. Com efeito, essa tendência afetual é uma *aura* na qual nos embebemos, mas que pode se exprimir de maneira pontual ou efêmera. Este é, também, seu aspecto cruel. E não é contraditório, como diz Hannerz, ver que nela se efetuam "contatos breves e rápidos".[11] Conforme os interesses do momento, conforme gostos e ocorrências, o investimento passional irá conduzir para tal ou tal grupo, para tal ou tal atividade. A isto chamei de "unicidade" da comunidade, ou da união em pontilhado. O que, naturalmente, induz a adesão e o afastamento, a atração e a repulsa. Tudo isso não ocorre sem dilaceramentos e conflitos de toda ordem. Chegamos agora, e isso é uma característica das cidades contemporâneas, à presença

---

10   **N. T.:** O autor se refere a um ditado medieval, a propósito do costume que dava liberdade aos servos após um ano e um dia de permanência nas cidades.

11   Cf. U. Hannerz, *op. cit.*, p. 22, sobre as "aldeias urbanas", cf. H. Gans, *The urban villagers*, Nova Iorque, Free Press, 1962. Sobre a atração, cf. P. Tacussel, *L'attraction sociale*, Paris, Klincksieck, 1984.

da dialética massas-tribos. Sendo a massa o polo englobante, e a tribo o polo da cristalização particular, toda a vida social se organiza em torno desses dois polos em um movimento sem fim. Movimento mais ou menos rápido, mais ou menos intenso, mais ou menos "estressante" conforme os lugares e as pessoas. De certo modo, a ética do instante, induzida por esse movimento sem fim, permite reconciliar a estática (espaços, estruturas) e a dinâmica (histórias, descontinuidades) que em geral propomos como antinômicas. Ao lado de conjuntos civilizacionais, que serão "reacionários", isto é, privilegiarão o passado, a tradição, a inscrição espacial, e ao lado de conjuntos "progressistas", que acentuarão os tempos vindouros, o progresso e a corrida para o futuro, podemos imaginar agregações sociais que reúnam "contraditorialmente" essas duas perspectivas, e, assim sendo, farão da "conquista do Presente" seu valor essencial. A dialética massa-tribo servirá, então, para exprimir essa concorrência (*cum-currire*).[12]

Para retomar uma temática que desde G. Durand e E. Morin não deixa mais indiferentes os intelectuais, será necessário reconhecer que existe um processo sem fim que vai da culturalização da natureza à naturalização da cultura. O que permite compreender o sujeito em seu meio, ao mesmo tempo natural e social. Por essa razão, é bom estar atento às mudanças que estão ocorrendo em nossas sociedades. O modelo puramente racional e progressista do Ocidente, que, como sabemos, se

---

12   Sobre esse tema e suas categorias essenciais, remeto a meu livro, M. Maffesoli, *La conquête du présent*, Paris (1979), reed. DDB, 1998. Emprego aqui o termo dialético no sentido simples (aristotélico) da palavra: remessa permanente de um pólo a outro; aproximado ao de ação-retroação, ou da espiral "moriniana", cf., a esse respeito, E. Morin, *La méthode*, t. 3, *La connaissance de la connaissance/*1, Paris, Seuil, 1986.

mundializou, está em vias de saturação, e estamos assistindo a interpenetrações de culturas que lembram o terceiro termo (contraditorial) de que acabamos de tratar. Ao lado de uma ocidentalização galopante, desde o final do século passado, podemos observar numerosos indícios que remetem ao que poderia ser chamado de "orientalização" do mundo. Esse processo se exprime em modos de vida específicos, em novos hábitos vestimentares, sem esquecer as novas atitudes quanto à ocupação do espaço e quanto ao corpo. Com relação a este último item, em particular, é necessário prestar atenção ao desenvolvimento e à multiplicidade das "medicinas paralelas" e das diversas terapias de grupo. Aliás, diversas pesquisas em curso fazem ressaltar que essas práticas, longe de serem marginais, sob diversas formas, se capilarizam no conjunto do corpo social. Naturalmente, isso acontece ao mesmo tempo que a introdução de ideologias sincretistas. Estas, atenuando a clássica dicotomia corpo/alma, elaboram sub-repticiamente um novo espírito do tempo ao qual o sociólogo não pode ficar indiferente. Encontramos, pontualmente, essa intrusão "da estranheza", como Baltrusaïtis demonstrou muito bem para a egiptomania. Parece, no entanto, que o processo que a estimula não está mais reservado apenas a uma elite. O que ela produz, principalmente, são essas pequenas tribos que por concatenações e entrecruzamentos diversos aparecem como cultura.[13]

Ora, a característica essencial do que acabamos de indicar é uma nova rodada do jogo da relação espaço-tempo. Para retomar as noções propostas desde o início, digamos que a

---

13   Como exemplo podemos citar, no quadro do CEAQ, a tese em curso de E. Teissier sobre a astrologia. Cf. também o livro de S. Joubert, *La raison polythéiste*, Paris, L'Harmattan, 1991. Podemos também fazer referência à obra de J. Dumazedier, assim por exemplo *La révolution du temps libre*, Klincksieck, 1988.

ênfase está colocada no que é próximo e no afetual. Aquilo
que nos une a um lugar, lugar que é vivido em conjunto com
outros. A título de ilustração heurística, farei referência a A.
Berque, que declara "que não é impossível que certos aspectos
atuais da cultura ocidental recubram certos aspectos tradicionais da cultura japonesa".[14] Ora, se prestarmos atenção à sua
análise sobre este assunto, notamos que os pontos fortes desse
recobrimento se referem à acentuação do global, da natureza,
da relação com o meio ambiente, todas coisas que induzem
um comportamento de tipo comunitário: "A relação nature-
za/cultura e a relação sujeito/outro estão indissoluvelmente
ligadas à percepção do espaço" (p. 35). Abstrair-se o menos
possível de seu meio, que é necessário compreender, aqui, em
seu sentido mais amplo, remete, *scrictissimo sensu*, a uma visão
simbólica da existência. Existência em que serão privilegiadas
as "percepções imediatas e as referências próximas" (p. 37). A
ligação do espacial, do global e do "intuitivo-emocional" (p.
32) se inscreve na tradição esquecida, denegada, desacredita-
da do holismo sociológico. A tradição de uma solidariedade
orgânica, de um estar-junto fundador, que pode nem ter existido, mas nem por isso deixa de ser o fundamento nostálgico,
na ordem direta ou *a contrario*, de muitas de nossas análises.
A temática da *Einfühlung* (empatia), que nos vem do romantismo alemão, é a que melhor exprime esse filão de pesquisa.[15]

---

14   A. Berque, *Vivre l'espace au Japon*, Paris, PUF, 1982, p. 34, cf. a aná-
     lise, p. 31-39.
15   Recordo-me que propus inverter os conceitos durkheimianos de
     "solidariedade orgânica" e "solidariedade mecânica"; cf. M. Maffe-
     soli, *La violence totalitaire*, Paris (1979), reed. DDB, 1999; sobre a
     Einfühlung, remeto a meu livro, *La connaissance ordinaire*, Paris, Klin-
     cksieck, 1985. Sobre a nostalgia da comunidade entre os pais funda-
     dores, cf. R. Nisbet, *La tradition sociologique*, Paris, PUF, 1982.

Por mais paradoxal que possa parecer, o exemplo japonês seria uma expressão específica desse holismo, dessa correspondência mística que confirma o social como *muthos*. Com efeito, quer seja na empresa, na vida quotidiana, ou no lazer, pouca coisa parece escapar-lhe. O misto contraditorial induzido dessa forma não deixa de ter consequências hoje em dia, em qualquer nível que seja, político, econômico, industrial. E isso exerce um indubitável fascínio sobre os nossos contemporâneos. Será necessário falar, como faz Berque, de um "paradigma nipônico" (p. 201)? É possível. Principalmente se o termo paradigma, em oposição ao termo modelo, trata de uma estrutura flexível e perfectível. Mas o que é certo é que esse paradigma dá conta muito bem da dialética massa-tribo de que me ocupo agora, desse movimento sem fim e um tanto indefinido, dessa "forma" sem centro nem periferia, ambos compostos de elementos que, conforme as situações e as experiências em curso, se ajustam a imagens cambiantes de acordo com alguns arquétipos preestabelecidos. Esse fervilhamento, esse caldo de cultura tem como fazer vacilar nossas razões individualistas e individualizantes. Mas, antes de tudo, será isso realmente novo? Outras civilizações foram fundadas sobre as representações rituais de *persona* desindividualizadas, sobre os papéis vividos coletivamente, o que não deixou de produzir arquitetônicas sociais sólidas e "relevantes". Não esqueçamos que a confusão afetual do mito dionisíaco produziu fatos civilizacionais importantes, e é possível que nossas megalópoles sirvam de moldura a seu renascimento.

2. *Genius loci*

Em várias ocasiões tentei indicar que a acentuação do quotidiano não era um retraimento narcísico, uma frioleira individualista, mas era antes um recentramento em algo pró-

ximo, uma maneira de viver no presente e coletivamente a
angústia do tempo que passa. Daí a ambiência trágica (*versus*
o dramático que, ele, é progressista) que caracteriza essas épocas. É também interessante notar que elas privilegiam o espacial e suas diversas modulações territoriais. Podemos, então,
dizer de maneira lapidar que o espaço é tempo concentrado.
A história se abrevia em histórias vividas no dia a dia.

Um historiador da medicina faz, a esse respeito, um paralelo notável entre o "calor congênito hipocrático" e o fogo
do altar doméstico indo-europeu. Todos os dois são sentidos "como fontes de calor de um gênero particular. Todos
os dois estão situados em pontos centrais e dissimulados: o
altar antigo dedicado ao culto familiar no meio da casa e invisível do exterior, o calor congênito procedente da região do
coração, escondido no mais profundo do corpo humano. E
todos os dois simbolizam a força protetora...".[16] Isso vem ao
encontro da minha hipótese da centralidade subterrânea que
caracterizaria a socialidade. Daí a importância do "gênio do
lugar"; esse sentimento coletivo que conforma um espaço, o
qual retroage sobre o sentimento em questão. Esse fato nos
faz prestar atenção à realidade de que cada forma social se
inscreve em uma trilha traçada pelos séculos, dos quais ela é
tributária. E nos faz também lembrar que as maneiras de ser
que a constituem só podem ser apreendidas em função desse
substrato. Em resumo, toda a temática do *habitus* tomista ou
do *exis* aristotélico.

Trata-se de um fio norteador da antiga memória. O culto
da Aglaura, simbolizando a cidade de Antenas, ou dos deuses
Lares das famílias romanas são testemunhas disso. E. Renan
ironiza o que ele chama de "criancices municipais", que não

---

16 C. Lichtenthaeler, *Histoire de la médecine*, Paris, Fayard, 1978,
    p. 100.

permitiram alcançar a religião universal.[17] Ironia bem fácil, pois, sendo cultural essa "municipalização", tinha com efeito uma função de "religação", que faz de um conjunto indefinido um sistema harmônico, no qual todos os elementos, de maneira contraditória, se ajustam e confirmam o todo. Assim é que, elevando altares à glória de Augusto, os romanos integravam as cidades conquistadas à nebulosa, ao mesmo tempo sólida e flexível, que era o Império Romano. Nesse sentido a religião civil tem, *stricto sensu*, uma função simbólica. Ela exprime, da melhor maneira possível, uma transcendência imanente que, ultrapassando a atomização individual, deve seu caráter geral aos elementos que a compõem. Por isso "o altar doméstico", quer seja o da família, quer, por contaminação, o da cidade, é o símbolo do cimento societal. Lar, onde o espaço e o tempo de uma comunidade se deixam ler. Lar, que legitima, sempre e de novo, o fato de estar junto. Cada momento fundador tem necessidade de um lugar assim, quer seja sob forma de anamnese, como a dos diversos momentos festivos, quer seja por cissiparidade, quando o colono ou o aventureiro levam um pouco da terra natal para servir de fundação ao que será uma nova cidade.

Sabemos que o cristianismo, em suas origens, recuperou esse localismo. E que foi mesmo em torno desses lugares coletivos que ele se fortaleceu. Basta lembrar os trabalhos de P. Brown a esse respeito para ficarmos convencidos. Ele chega

---

17   Cf. E. Renan, *La réforme*. In: *Oeuvres complètes*, Paris, Calmann-Lévy, p. 230. Cf. também in: Gibbon, *Histoire du déclin et de la chute de l'Empire Romain*, Paris, 1983, p. 51: "Augusto... permite a algumas cidades de província que lhe ergam templos; porém impôs que se celebrasse o culto de Roma junto ao culto do soberano", e p. 58: "muitas pessoas colocavam a imagem de Marco Aurélio entre as imagens dos deuses domésticos".

até a falar de "culto dos santos municipais". E é em volta de um *topos*, lugar ou símbolo, e onde está enterrado um homem santo, que se funda uma igreja, que ela constrói e se difunde. Depois, pouco a pouco, esses *topoi* se ligam uns aos outros por meio dos laços flexíveis de que já tratamos. Antes de ser a organização formal que conhecemos, a Igreja, em seus primórdios, foi aliança voluntária, poderíamos dizer federativa, de entidades autônomas com suas tradições, suas maneiras de ser religiosas, e, às vezes, até mesmo suas ideologias (teologias) específicas. "As associações locais continuavam muito fortes", ou ainda, tal ou tal *topos* suscitava um "patriotismo local intenso". É nesses termos que Brown descreve o impulso do cristianismo à volta do circuito mediterrânico.[18] Para ele, a Igreja pôde se implantar e criar civilização porque existiam esses *topoi* onde se valorizavam os sentimentos coletivos, porque cada comunidade tinha "seu" santo. Essa tradição localista terá um desenvolvimento sólido e durável, que jamais será totalmente anulado pela tendência centralizadora da Igreja institucional.

Para dar apenas alguns exemplos, podemos lembrar que, pouco depois, os monastérios irão representar esse papel de ponto de referência. E isso, principalmente, porque eles eram os repositórios das relíquias. Sobre isso Duby afirmou que o santo "tinha ali a sua residência corporal, através dos vestígios de sua existência terrestre".[19] Graças a isso os monastérios se tornarão enseadas de paz. E também por isso irão estender essa função de conservação às artes liberais, à agricultura e à técnica,

---

18   Cf. P. Brown, *La société et le sacré dans l'Antiquité tardive*, Paris, Seuil, 1983, p. 214-217, cf. ainda *Le culte des saints*, Paris, Cerf, 1984, cap. 1: "Le sacré et la tombe". Cf. também D. Jeffrey, *Jouissance du sacré*, Paris, Armand Colin, 1998.

19   G. Duby, *Les temps des cathédrales, l'art et la société, 980-1420*, Paris, Gallimard.

bem como irão disseminar-se e constituir uma rede cerrada de casas que serão outros tantos focos de difusão para o que se transformará no Ocidente cristão. Agora é preciso refletir sobre o que já é mais do que uma metáfora: conservação do santo/ conservação da vida. Enraizamento (mais ou menos mítico, aliás) de um santo que se torna foco, no sentido estrito do termo, de uma história em progressão. Para brincar com as palavras, podemos dizer que o *lugar se torna laço*.[20] E isso nos lembra que talvez estejamos diante de uma estrutura antropológica que faz com que a agregação em torno de um espaço seja o dado básico de toda forma de socialidade. Espaço e Socialidade.

Em todo caso, no quadro das hipóteses reflexivas que propus aqui, essa relação é a característica essencial da religião popular. Termo que faz estremecer mais de um, pois é verdade que o letrado, aquele que sabe, poucas vezes consegue deixar de usar uma visão formalista, e de não se abstrair daquilo que pretende descrever. Entretanto, o termo religião popular é adequado. Ele, aliás, é quase uma tautologia que conota, no caso, aquilo que está na ordem da proxemia. Antes de ser uma teologia, ou mesmo uma moral definida, a religião é um lugar. "Temos uma religião como temos um nome, uma paróquia, uma família."[21] Isso é uma *realidade*. Da mesma forma como aquilo que me faz elemento de uma natureza da qual me sinto partícipe. Retomamos, então, a noção de holismo: a religião que se define a partir de um espaço é um cimento agregador de um conjunto ordenado, ao mesmo tempo social e natural. Trata-se de uma constante notável que é estruturalmente significante. Na verdade, o culto dos santos na religião popular pode servir para apreciar contemporaneamente a eficácia social de um guru, de um jogador de futebol, de uma estrela local,

---

20   **N. T.:** *Lieu devient lien.*
21   E. Poulat, *Église contre bourgeoisie*, Paris, Casterman, 1977, p. 112.

ou mesmo de um líder carismático. A relação, nesse caso, ainda está em aberto. Ora, se acreditarmos nos especialistas, o que caracteriza as práticas religiosas populares – piedade, peregrinações, cultos dos santos – é o caráter local, o enraizamento quotidiano e a expressão do sentimento coletivo. E todas essas coisas estão na ordem da proximidade. A instituição pode recuperar, regular e gerir o culto local deste ou daquele santo com maior ou menor felicidade, mas devemos reconhecer que na origem desses cultos existe a espontaneidade, que deve ser compreendida como aquilo que surge, aquilo que exprime um vitalismo próprio.

Essa religião viva, natural, pode ser resumida conforme D. Hervieu-Léger, que vê nela a expressão de relações "quentes, fundamentadas na proximidade, no contato, na solidariedade de uma comunidade local".[22] Aquilo que liga religião e espaço, como dupla polaridade fundadora de um conjunto dado, não pode ser dito de maneira melhor. A proximidade física, a realidade quotidiana têm tanta importância quanto o dogma que a religião admite veicular. De fato, agora, é o continente que prevalece sobre o conteúdo. Essa "Religião do solo" é das mais pertinentes para avaliar a multiplicação das "aldeias urbanas", as relações de vizinhança, a reatualização do bairro, e todas as coisas que acentuam a intersubjetividade, a afinidade e o sentimento partilhado. Sobre isso, falei anteriormente de uma transcendência imanente, e agora poder-se-ia dizer que a religião popular liga "o divino ao horizonte mental quotidiano do homem",[23] e isso abre inúmeras direções de

---

22   D. Hervieu-Léger, *Vers un nouveau christianisme*, Paris, Cerf, 1986, p. 109, cf. também nas p. 107, 123 as referências aos trabalhos de H. Hubert, R. Hertz e S. Bonnet.

23   Cf. M. Meslin, "Le phénomène religieux populaire". In: *Les religions populaires*, Quebec, Presses de l'Université Laval, 1972, p. 5.

pesquisa. Entretanto, mais do que qualquer outra coisa, essas notas acentuam a constante territorial da dimensão religiosa. O solo é o que faz nascer, é o que permite o crescimento, é o lugar onde jazem todas as agregações sociais e suas sublimações simbólicas. Isso bem pode parecer místico. Mas se trata, como demonstrou muito bem Ernst Bloch, de uma espiritualidade bem materialista, e eu acrescentaria, bastante arraigada; ou, melhor ainda, que se trata da mistura inextricável de um imaginário coletivo com o seu suporte espacial. Não se trata, portanto, de uma preeminência, mas de uma reversibilidade constante, de um jogo de ações-retroações entre as duas polaridades da existência. Para exemplificar, digamos que a vida social é a corrente que, em um processo sem fim, passa entre esses dois marcos indicados. No caso, o que quer dizer senão que a ligação do sentimento coletivo e do espaço é a expressão de uma arquitetônica harmoniosa onde, para retomar a imagem do salmista, "todo conjunto se faz corpo"?

Sem poder, por falta de competência, aprofundar-me nesse assunto, remeterei ao candomblé brasileiro.[24] Menos por suas representações sincretistas do que por sua organização territorial. Com efeito, a harmonia simbólica é surpreendente no interior de um "terreiro". O ordenamento das casas, lugares de culto e de educação, o papel que representa a natureza, quer seja em maiúscula, como é o caso nos grandes

---

24 Cf. por exemplo os estudos de R. Motta (Recife), "Estudo do Xangô", *Revista de antropologia*, São Paulo, 1982.
V. de Costa-Lima (Salvador da Bahia), A *família de santo nos candomblés jeje*. *Nagôs da Bahia: um estudo de relações intragrupais*, Salvador, UFBA, 1977.
M. Sodré (Rio de Janeiro), *Samba, o dono do corpo*, Rio de Janeiro, Codecri, 1979.

"terreiros", ou em modelo reduzido, como se pode ver em cada quarto, tudo mostra a mistura íntima, o holismo dos diversos elementos sociais. Tanto para os que lhe pertencem, naturalmente, mas também para os que só vão a ele ocasionalmente, o "terreiro" é um lugar de referência. Somos de tal ou tal "terreiro". É interessante notar que a simbólica induzida por esse modelo se difracta em seguida no conjunto da vida social. O paroxismo cultual, em suas diversas expressões, mesmo quando não é reivindicado como tal, não deixa de informar uma multiplicidade de práticas e de crenças quotidianas, e isso transversalmente, em todas as cidades e povoações do país. Esse processo merece atenção, pois, em um país onde as potencialidades tecnológicas e industriais são, agora, reconhecidas por todos, essa perspectiva "holística" do candomblé está longe de se enfraquecer. Ou, então, para falar como Pareto, o candomblé representa um "resíduo" essencial (quintessencial) para toda compreensão social. Em qualquer caso, trata-se de uma modulação específica da relação espaço-socialidade, enraizamento tradicional–perspectiva pós-moderna, logo, trata-se de uma lógica contraditorial da estática e da dinâmica, que, no caso, chega a se articular harmoniosamente.

Ora, para retornar à espiritualidade materialista de que já falei, o que é que nos ensina essa lógica? Ensina principalmente que o espaço assegura à socialidade uma securização necessária. Sabemos que ela limita bastante, mas dá a vida. Toda a sociologia "formista" pode se resumir nessa proposição.[25] Assim como os rituais de anamnese ou os punhados de terra de que já falei, assim como o concentrado cósmico

25   Expliquei o que penso a esse respeito. In: M. Maffesoli, *La connaissance ordinaire, précis de sociologie compréhensive*, Paris, Klincksieck, 1985. Sobre Pareto, cf. B. Valade, *Pareto, la naissance d'une autre sociologie*, PUF, 1990, e T. Blin, *Phénoménologie et sociologie*, L'Harmattan, 1996.

que são o "terreiro", o altar doméstico romano ou japonês, a estabilidade do espaço é um ponto de referência, um ancoradouro para o grupo. Ela permite uma certa perdurância no burburinho e na efervescência de uma vida em perpétuo recomeço. O que Halbwachs diz na morada familiar: "imagem apaziguadora de sua continuidade", nós poderíamos aplicar às nossas tribos contemporâneas. Enquanto ligado ao seu lugar, um grupo transforma (dinâmica) e se adapta (estática). E, nesse sentido, o espaço é um dado social que me faz o que é feito. Todos os rituais individuais ou coletivos, cuja importância começamos a reconhecer, são causa ou efeito dessa permanência. Trata-se, verdadeiramente, de uma "sociedade silenciosa" de uma "potência do meio material" (Halbwachs)[26] que é tão necessária ao equilíbrio de cada um quanto ao equilíbrio do grupo em sua totalidade. Quer seja o mobiliário familiar ou o "mobiliário" urbano, quer seja o que delimita a minha intimidade ou a arquitetura que lhe serve de moldura (paredes, casas, ruas, conhecidas e familiares), tudo isso faz parte de uma proxemia fundadora que acentua a fertilidade da moldura espacial. Tudo isso, ao mesmo tempo, dá segurança e permite a resistência no sentido simples do termo, aquilo que permite perdurar, aquilo que permite resistir às imposições naturais e sociais. É esta a comunidade de destino. Nesse sentido, o "gênio do lugar" não é uma entidade abstrata, é também um gênio malicioso que continuamente age no corpo social e permite a estabilidade do conjunto *para além e através* da multiplicidade das variações de detalhes.

Existe aí uma dialética à qual, curiosamente, se tem dado pouca atenção, de vez que se estava preocupado em reforçar e acentuar o aspecto *evolutivo* da humanidade. Mas para aplicar,

---

26   Cf. as páginas notáveis que M. Halbwachs consagra à memória coletiva do espaço. In: *La mémoire collective*, Paris, PUF, 1968, p. 130-138.

agora, uma distinção desenvolvida por M. Worringer, existem momentos em que a produção social, isto é, a acomodação no mundo, é essencialmente "abstrativa" (mecânica, racional, instrumental), mas existem outros em que ela remete à *Einfühlung* (orgânica, imaginária, afetual). Mas, como já indiquei, há épocas em que, segundo ponderações diferenciadas, encontramos essas duas perspectivas juntas. Dessa maneira, a arquitetura das cidades, que devemos compreender aqui no sentido simples do termo, isto é, ajustamento a um espaço dado, pode ser, ao mesmo tempo, a aplicação de um desenvolvimento tecnológico preciso, e, no mesmo movimento, a expressão de um estar-junto sensível. A aplicação remete à dinâmica, e a expressão privilegia a estática social. E esta última é a que nos interessa no momento. Pois aquilo que chamamos de cuidado com a segurança saiu dela. Em uma pesquisa que inaugurou sua reflexão sobre a(s) cidade(s), A. Medam fala, exatamente a esse respeito, "das ancestrais necessidades de proteção", que ele relaciona, aliás, com o imaginário coletivo e com a vida quotidiana.[27] O abrigo, o refúgio como realidade subterrânea, mas, nem por isso, menos soberana, de toda a vida em sociedade. Pois a *potência* da socialidade responde, sem necessariamente se lhe opor, ao *poder* da estrutura econômico-social. Se negligenciarmos essa tensão paradoxal, correremos o risco de esquecer que ao lado da responsabilidade política abstrata, que prevaleceu, na teoria e na prática, a partir do século XIX, existe uma responsabilidade bem mais concreta, que é a do espaço vivido, do território comum. Na

---

27   Cf. A. Medam, *La ville censure*, Paris, Anthropos, 1971, p. 103. Sobre a distinção de W. Worringer, *Abstraction et Einfühlung*, Paris, Klincksieck, 1978. Sobre a experiência partilhada, cf. M. Maffesoli, *Aux creux des apparences* (1990), reed. Le Livre de Poche, 1995. (Ver ed. bras.: *No fundo das aparências*, Petrópolis, Vozes.)

verdade, enquanto a primeira é de natureza macroscópica, a última está ligada ao pequeno número, já que é originária de uma experiência partilhada. O que proponho chamar de uma *estética* existencial.

Essa perspectiva não se presta muito bem às ideologias individualistas ou à temática da liberação originárias da filosofia das Luzes. Para retomar uma análise de C. Bouglé, o "sentimento das responsabilidades comuns" diante do solo e a solidariedade que ele induz não se conciliam com as "iniciativas independentes dos indivíduos". Trata-se de uma reflexão sobre o regime das castas, mas essa valorização da proxemia nas *joint-villages* pode ser esclarecedora para o ressurgimento tribal. A mesma coisa vale no que se refere à famosa *obscina* do pré-socialismo russo. Tal como no caso das castas e de sua interdependência, esta comuna camponesa estava ligada a uma estrutura feudal, e como tal, dentro do quadro de racionalização do mundo, merecia ser destruída. Mas, "do ponto de vista dos camponeses", ela estava prenhe de ideais de solidariedade que mereciam atenção. E essa atenção, os populistas ou os anarquistas não deixaram de lhe dar.[28]

Tanto em um quanto no outro caso, a servidão ou uma estrutura social alienante são enfrentadas coletivamente. E essa comunidade de destino se fundamenta na responsabilidade comum, mesmo que simbólica, sobre um território. Podemos formular a hipótese de que a dependência e a servidão podem ser absolutamente secundárias, desde que sejam relativizadas, partilhadas no quadro de uma ligação afetual. Já estou escutando os gritos de harpia das "boas almas", denunciando, no mínimo, o anacronismo e, no máximo, o aspecto reacionário

---

28   Sobre esses dois exemplos históricos, cf. C. Bouglé, *Essai sur le régime des castes*, Paris, PUF, 1969, p. 184, e F. Venturi, *Les intellectuels, le peuple et la révolution. Histoire du populisme russe au XIXe siècle*, Paris, Gallimard, 1972, p. 211.

de tal hipótese. Isso não importa, pois, por pouco que se observe de maneira serena e sem ilusões muitas das estruturações sociais, tomamos conhecimento de que, para além das pretensões a uma autonomia abstrata, todas elas comportam uma forte carga de heteronomia com a qual é preciso negociar. Essa negociação pode chegar ao enfrentamento político (dominante histórica), ou pode, às vezes, investir na elaboração de refúgios coletivos (dominante espacial). Não nos cabe decidir o que é melhor, mas apenas constatar que essa segunda atitude não deixa de ter sua própria eficácia.

A esse respeito, existe um paradoxo que merece atenção. Ainda que notando, aqui e ali, uma relação entre o povo judeu e a agricultura, podemos concordar com o fato de que esse dado não foi uma característica dominante em sua história. E, deixando bem claro que isso resulta de um pluricausalismo que escapa a toda redução simplificadora, só nos resta seguir F. Raphael, quando ele diz, com muita pertinência, que "a relação dos judeus com a terra é, ao mesmo tempo, mais complexa e mais ambígua".[29] Com efeito, estes parecem ser os protagonistas por excelência de uma visão dinâmica (histórica) do mundo. O que, em parte, é verdade. Mas, *ao mesmo tempo*, a diáspora, a estranheza judia, só tem sentido com relação ao país de Canaã. Existe uma Terra que é, no sentido simples do termo, "mítica". Ela fundamenta a união, ela confirma a comunidade. Essa comunidade pode ser dispersada, mas nem por isso deixará de estar organicamente solidária, e isso a partir de um processo de constante anamnese territorial. Esse apego a um lugar foi, *stricto sensu*, um *ethos* que assegurou a perdurância da comunidade através de múltiplas vicissitudes que, como sabemos, não foram das menores. Eis

---

29   F. Raphaël, *Judaïsme et capitalisme*, Paris, PUF, 1982, p. 201.

aí o paradoxo: pontuando um longo desenvolvimento histórico, a terra "mítica" irá se difractar em uma diversidade de territórios que poderão ser efêmeros, frágeis, sempre ameaçados, mas que nem por isso deixarão de constituir refúgios, sempre e de novo renascentes, onde as diferentes comunidades judias irão se reafirmar.

Desse ponto de vista, o *ghetto* é quase o arquétipo do que estamos tentando descrever. Louis Wirth, em seu livro, agora clássico, demonstra como, tanto na Europa quanto nos Estados Unidos, o *ghetto* oferecia esse espaço de segurança, esse "aprisco familial", que, sempre lembrando as origens, tinha uma função de recriação. Assim, em oposição ao formalismo que regia suas relações com o mundo dos Gentios, o judeu encontra no *ghetto* uma língua, rituais quotidianos, círculos de amizade, em suma, a familiaridade que torna a vida tolerável. É verdade que a análise insiste bastante na estrutura dos "pequenos grupos" que prevalece no interior do *ghetto*, e na ambiência "emocional" que resulta dela.[30] Para retomar a imagem da boneca *gigogne*, o *ghetto* se insere no grande conjunto da cidade, e ele mesmo serve de englobante para uma multiplicidade de subgrupos que se reúnem em função de seus lugares de origem, de suas preferências doutrinais e culturais, como tantas tribos que partilham um território comum.

O que podemos reter desse exemplo é a junção entre, de um lado, a inscrição espacial e, de outro, o cimento emocional. É nesse sentido que o *ghetto* permite esclarecer numerosos reagrupamentos contemporâneos que, ao mesmo tempo, se definem a partir de um território e de uma partilha afetual. Qualquer que seja, no caso, o território em questão ou o conteúdo da afeição: interesses culturais, gostos sexuais,

---

30   Cf. L. Wirth, *Le ghetto*, Paris, Champ Urbain, 1980.

cuidados vestimentares, representações religiosas, motivações intelectuais, engajamentos políticos. Podemos multiplicar, à vontade, os fatores de agregação, mas, por outro lado, eles estão circunscritos a partir destes dois polos que são o espaço e o símbolo (partilha, forma específica de solidariedade etc.). Isso é o que melhor caracteriza a intensa atividade comunicacional que de múltiplas maneiras serve de nutriente ao que chamo de neotribalismo. Quero deixar claro que esse fato não havia escapado a Durkheim que, refletindo sobre os "grupos secundários", observou ao mesmo tempo a "base territorial" e a "vizinhança material".[31] Essa atenção dada à proxemia no momento em que a *Divisão do trabalho social* estava em seu apogeu merece ser notada. Ela mostra que toda sociedade se apoia em uma espécie de contrato entre os vivos, os mortos e os que virão. Quero dizer, então, que a existência social só é possível, onde quer que seja, porque existe uma *aura* específica da qual, queiram ou não queiram, nós participamos. E o território é a cristalização específica dessa *aura*. A vida de bairro, com seus pequenos rituais, pode ser analisada a partir desse estranho *phylum*. O que Durkheim, usando um termo um pouco menos metafórico, chama de holismo.

Toda a força do quotidiano, mesmo quando passa despercebida, se apoia nesse *phylum*. Dessa maneira, a socialidade ou a proxemia é constituída por uma constante sedimentação que faz rastros, que faz "território". O estrangeiro, o errante se integra ou recusa essa sedimentação; ele pode até mesmo criar uma outra (cf. o policulturalismo), mas é obrigado a se definir com relação a ela. Para demonstrar isso tomarei de empréstimo um dito de Ebner-Eschenbach: "A ambrosia dos séculos passados é o pão quotidiano dos tempos futuros"

---

31   E. Durkheim, *De la division du travail social*, Paris, Félix Alcan, 1926, p. XXXIII.

(*Die Ambrosie der früheren Jahrhunderte ist das tägliche Brot der späteren*). A tríade temporal está resumida aqui. E o ditado dá conta, muito bem, da espiritualidade materialista que, de maneira não consciente, ou sem ser espetacular, informa, em profundidade, a vida quotidiana e as experiências coletivas. O que, conforme já indiquei em várias ocasiões, traduz contraditoriamente o enraizamento dinâmico que é característico de toda sociedade.

A inscrição espacial e sua conotação simbólica ou mística que acabo de destacar retoma a tradição orgiástico-dionisíaca, que, segundo alguns sociólogos (M. Weber, K. Mannheim, M. Scheler), é uma constante social (não esqueçamos que Dionísio é uma divindade "arbustiva", enraizada). Ora, é próprio dessa tradição se apoiar no "ex-tase", a saída de si. M. Scheler faz um paralelo entre esse processo e o da identificação. Eu me identifico com tal lugar, tal totem, tal pedra, porque eles me integram na linhagem dos antepassados. É verdade que essa identificação é emocional e coletiva, e que ela induz uma "fusão afetiva simbólica".[32] Trata-se de uma temática já, agora, bastante conhecida, e o próprio termo "dionisíaco" (re)começa, para grande desgosto dos acrimoniosos da teoria, a fazer parte de inúmeras análises sociológicas. Mas, pelo contrário, o que convém acentuar é o seu aspecto etoniano, são suas expressões que remetem ao que é territorializado, materializado ou encarnado, e isso no sentido forte do termo. Seria mesmo necessário verificar se a temática da reencarnação, da ressurreição e da metempsicose, enquanto postula a perdurância e assegura a estabilidade de um *phylum*, não se aproxima dos

---

32   Cf. M. Scheler, *Nature et formes de la sympathie*, Paris, Payot, 1928, p. 36 (cf. também p. 37, nota 1) sobre o orgiástico-dionisíaco, cf. K. Mannheim, *Idéologie et utopie*, Paris, Rivière, 1956, p. 158, e M. Weber, *Économie et sociétés*, Paris, Plon, 1971.

procedimentos com fortes ressonâncias espaciais. Em todo caso, essas observações mítico-antropológicas não deixam de esclarecer as múltiplas formas de efervescências extáticas contemporâneas (musicais, sexuais, consumistas, esportivas etc.) que, de modo mais ou menos durável, "fazem corpo", delimitam um território, em resumo, recuperam esses valores arcaicos, primitivos, de proxemia que o racionalismo, com excessiva facilidade, acreditara ter aniquilado.

Resumindo os exemplos e notas apresentados, podemos afirmar que existe uma relação estreita entre o território e a memória coletiva. O que fez M. Halbwachs dizer que, no que se refere às suas cidades, casas ou apartamentos, os grupos "de algum modo esboçam sua forma no solo e reencontram suas lembranças coletivas no quadro espacial assim definido".[33] Trata-se de uma expressão forte que estilhaça a rigorosa barreira estabelecida entre a história social e sua inscrição em um lugar determinado. E, além disso, ilustra o que pretendo ressaltar, isto é, que a revalorização do espaço é correlativa à revalorização dos conjuntos mais restritos (grupos, "tribos"). A proxemia simbólica e espacial privilegia o cuidado de deixar seus rastros, quer dizer, de testemunhar sua perenidade. Esta é a verdadeira dimensão estética de tal ou tal inscrição espacial: servir de memória coletiva, servir à memória da coletividade que a elaborou. A partir daí, é verdade, essas inscrições podem sofrer análises estéticas *stricto sensu*, e, nesse sentido, se tornam obras da cultura. Mas é preciso não esquecer que elas ultrapassam, e de muito, o que frequentemente é apenas uma redução abstrata e intelectual. Sob essa perspectiva, a catedral não vale mais do que a decoração *kitsch* de um loteamento de periferia e os *graffiti* ou pichações urbanas podem ser compa-

---

33   M. Halbwachs, *La mémoire collective*, Paris, PUF, 1968, p. 166.

rados às pinturas das cavernas pré-históricas.[34] Em cada um desses casos um grupo se expressa, delimita seu território e, dessa maneira, confirma sua existência.

Enfim, ainda que não seja possível desenvolvê-lo com precisão, é necessário estabelecer um paralelo entre a proxemia e a importância que o imaginário (re)assume na vida social. Seria quase necessário, no caso, estabelecer uma "lei" sociológica: cada vez que prevalece a desconfiança com relação à imagem (iconoclasmo, monovalência racionalista), elaboram-se representações teóricas e modos de organização social que têm o "longínquo" como denominador comum. Assistimos, então, à dominação do político, do linearismo histórico, todas coisas essencialmente prospectivas. Mas, pelo contrário, quando a imagem, nas suas diversas modulações, retorna à ribalta, é o localismo que se torna uma realidade incontornável.

Para tomar apenas um exemplo histórico que pode servir de trampolim para a nossa análise, lembramos que, no momento em que se constitui a civilização cristã, o iconoclasmo é o estandarte ideológico sob o qual se arregimentam os defensores do centralismo, enquanto o iconodulismo diz respeito aos que privilegiam a expressão dos sentimentos locais. É verdade que é aplicada uma racionalização teórica, teológica, no caso, a esse conflito, mas o essencial é saber sob que forma se organizará a sociedade. E Peter Brown, que analisa esse conflito, chega mesmo a falar de *jacobinismo iconoclasta*. Todos os meios são bons para extirpar os cultos locais, e isto, simplesmente, porque eles perturbam a atividade de um governo central. Esses cultos locais se organizam em torno de

---

34   Sobre a arte das pichações, cf. a pesquisa de M. Deville, "Imaginaires, pochoirs, tribus, utopies". In: *Sociétés*, Paris, Masson, 1986, nº 10; sobre os *graffiti*, pode-se remeter à análise de J. Baudrillard, *L'échange symbolique et la mort*, Paris, Gallimard, 1976, p. 118 e segs.

um homem santo e de um ícone específico. Ora, "tanto um quanto o outro recebiam sua consagração de *baixo*". A partir daí se arquitetava um complexo sistema de inter-relações entre os diversos *topoi*, que constituíam uma verdadeira sociedade paralela, que escapava à organização centralizada que estava se instalando.[35] Podemos reter, desse processo, o papel do ícone que legitimava o contrapoder do homem santo e servia de cristalização à expressão dos sentimentos dos grupos locais.

Em suma, na solidão inerente a todo meio urbano, o ícone, familiar e próximo, é uma baliza que se inscreve no quotidiano. Ele é o centro de uma ordem simbólica, complexa e concreta, onde cada um tem um papel a representar no quadro de uma teatralidade global. Ele, assim, permite o reconhecimento de si mesmo, o reconhecimento pelos outros, e, finalmente, o reconhecimento dos outros. Essa é a força empática da imagem que, regularmente, ressurge para atenuar os efeitos mortíferos da uniformização e da comutatividade que ela induz. Naturalmente, convém observar quais podem ser as modulações contemporâneas do que acabamos de chamar de ícone. Essas modulações são diversas, e cada uma delas necessitaria de uma análise específica e aprofundada. Eu me contento, agora, em distinguir a sua lógica ou a sua "forma". Esta deve permitir ressaltar a função "imaginal" de uma multiplicidade de emblemas locais. E, como já assinalei, esses emblemas podem ser notabilidades de qualquer ordem, animais com os quais o grupo se identifique, lugares específicos ou produtos da região. Desde que sejam esponímicos, é claro.

Podemos acrescentar que a fertilidade da imagem emblemática é aumentada pelo desenvolvimento tecnológico. Com efeito, ainda que, no início, todos suspeitassem de que a imagem

---

35   P. Brown, *La société et le sacré dans l'Antiquité tardive*, Paris, Seuil, 1985, p. 218, 224 e 226.

publicitária ou televisual fosse portadora de uma mensagem ideológica única e alienante, agora nos damos conta de que, no que se refere à publicidade, por um lado, ela busca suas fontes em algumas figuras arquetípicas, e, por outro, em função disso, ela se dirige a públicos-"alvo", que chamo de tribos, as quais aparecem e se reconhecem em tal ou tal maneira de representar, de imaginar, os produtos, os bens, os serviços, as maneiras de ser, que os constituem como grupos. Quanto à televisão, apesar de seu alcance, ela não é mais portadora de uma mensagem única e válida para todos. Na verdade, mesmo admitindo que o que estamos adiantando aqui é apenas uma tendência, precisamos reconhecer que ela se dirige, cada vez mais, a conjuntos particulares. Quer sejam grupos de idade, de regiões, de cidades, quem sabe mesmo de bairros. Os exemplos dos imóveis *câblés* reforçam a percepção desse processo. Isso quer dizer que a imagem não é mais longínqua, formal, totalmente abstrata, mas se inscreve na proximidade. Se é para o melhor ou para o pior, não vem ao caso, a verdade é que ela irá representar o papel de ícone familiar. Um imóvel ou um bairro se oferecerão como espetáculo para eles mesmos. No quadro da megalópole, a imagem televisual se inscreverá em uma relação táctil, emocional e afetual. E, dessa maneira, confirmará a tribo como tal, criando para ela um espaço seguro. Como vemos, a questão teórica tem importância, principalmente porque, se estivermos atentos, veremos que é "de baixo" que surgem essas novas manifestações do estar-junto.[36]

Porém, o que é certo é que tudo isso remete ao espaço. Nos diversos exemplos que foram apresentados existe sempre uma conotação territorial. Baseando-se em pesquisas linguísticas,

---

36 Sobre esses diversos pontos assinalo algumas pesquisas: A. Sauva-
    geot, *Figures de la publicité, figures du monde*, Paris, PUF, 1987; M.
    Deville; *Les vidéo-clips, et les jeunes* (CEAQ).

A. Berque faz uma distinção entre línguas "egocêntricas" e línguas "logocêntricas".[37] Certamente, é possível extrapolar sua análise e reconhecer que existem culturas de dominante "egocêntrica" e outras que seriam "logocêntricas". As primeiras privilegiam o indivíduo e suas ações orquestradas, e as segundas acentuam o meio ambiente, quer seja ele natural, quer seja social. Podemos, igualmente, considerar que em uma mesma cultura são encontradas sequências diferenciais. Elas, às vezes, acentuam o que individualiza, e às vezes, pelo contrário, acentuam o aspecto coletivo, desindividualizante. Em todo caso, essa é a minha hipótese no que diz respeito à nossa cultura. Nesse sentido, a valorização do espaço, pelo viés da imagem, do corpo, do território, seria, simplesmente, a causa e o efeito da superação do indivíduo em um conjunto mais amplo. Uma sociedade fundamentada nessa dinâmica arrisca-se a ver seus valores essenciais invertidos. E talvez seja este o desafio lançado por todas as experiências e por todas as situações sociais que se fundamentam na proxemia.

3. Tribos e redes

Com efeito, a ênfase espacial não é um fim em si. Se voltamos a dar sentido ao bairro, às práticas de vizinhança e ao afetual que tudo isso libera é porque, sobretudo, isso permite redes de relações. A proxemia remete, essencialmente, ao surgimento de uma sucessão de "nós" que constituem a própria substância de toda socialidade. Continuando, gostaria de fazer notar que a constituição dos microgrupos, das tribos que pontuam a espacialidade se faz a partir do sentimento de *pertença*, em função de uma *ética* específica e no quadro de uma *rede* de comunicação. Estas poderiam ser as palavras-chave de nossa análise.

---

37   Cf. A. Berque, *Vivre l'espace au Japon*, Paris, PUF, 1982, p. 47.

Ainda que seja apenas uma metáfora, podemos resumir essas três noções falando de uma "multidão de aldeias" que se entrecruzam, se opõem, se entreajudam, ao mesmo tempo que permanecem elas mesmas. Já dispomos de algumas análises especulativas e de algumas pesquisas de campo que confirmam esse ponto de vista.[38] O objeto cidade é uma sucessão de territórios onde as pessoas, de maneira mais ou menos efêmera, se enraízam, se retraem, buscam abrigo e segurança. Emprego o termo "aldeia", mas deixo claro que se trata de uma metáfora. Com efeito, aquilo que delimita pode, na verdade, ser um espaço concreto, mas também pode ser uma *cosa mentale*, pode ser um território simbólico, qualquer que seja a sua ordem, mas que nem por isso é menos real. Desse ponto de vista, basta fazer referência a esses "campos" que os intelectuais recortam para fazer reservas de caça, para compreender que a metáfora da tribo ou da aldeia não deixa de ter interesse heurístico. Portanto, em todos os domínios – intelectual, cultural, cultual, comercial, político – observamos a existência desses enraizamentos que permitem a um "corpo" social existir como tal.

Além disso, o sentimento de pertença pode ser reafirmado pelo desenvolvimento tecnológico. Falando da "galáxia eletrônica", A. Moles, é verdade que com algumas reticências, sugere o que poderia ser o "modelo de uma nova aldeia global".[39]

---

38   A expressão "multidão de aldeias", que está próxima da Escola de Chicago, assim como demonstrei, aparece aqui de empréstimo a J. Beauchard, *La puissance des foules*, Paris, PUF, 1985, p. 25. Sobre as relações de vizinhança e seus conflitos ou sobre a solidariedade, podemos fazer referência a uma pesquisa de F. Pelletier: "Quartier et communication sociale". In: *Espaces et sociétés*, n⁰ 15, 1975. Cf. ainda F. Ferrarotti, *Histoire et histoires de vie*, Paris, Librairie des Méridiens, 1983, p. 33.

39   A. Moles, *Théorie structurale de la communication et sociétés*, Paris, Masson, 1986, p. 147 e segs., e F. Casalegno, *Cybersocialités*, Paris V, CEAQ, 2000.

E isso, principalmente, graças à interatividade provocada por esse modelo. Com efeito, o *câble*, as firmas que veiculam informática (lúdicas, eróticas, funcionais etc.) criam potencialmente uma matriz comunicacional onde aparecem, se fortalecem e morrem grupos, de configurações e com objetivos diversos. Grupos que não deixam de lembrar as estruturas arcaicas das tribos e dos clãs das aldeias. A única diferença notável característica da galáxia eletrônica é, certamente, a temporalidade própria dessas tribos. Na verdade, ao contrário do que, geralmente, essa noção sugere, o tribalismo de que tratamos pode ser perfeitamente efêmero, e se organiza conforme as ocasiões que se apresentam. Para retomar uma antiga terminologia filosófica, ele se esgota na ação. Dessa maneira, o que ressalta de diversas pesquisas estatísticas é que cada vez mais pessoas vivem como "celibatários". Mas o fato de ser *solitário* não significa viver *isolado*. E conforme as ocasiões que se apresentam – particularmente graças aos anúncios informáticos propostos pelo minitel – o "celibatário" se junta a tal ou tal grupo, se liga a tal ou tal atividade. E assim, através de múltiplos vieses (o minitel é um entre outros), se constituem "tribos" esportivas, de amigos, sexuais, religiosas ou outras. Cada uma delas tem durações variáveis de vida, conforme o grau de investimento de seus protagonistas.

Com efeito, assim como existem verdades sucessivas nas relações amorosas, e como a ciência se constrói a partir de aproximações sequenciais, podemos imaginar uma participação nessas diversas "formas" de socialidade que seja diferenciada e aberta. Isso tornou-se possível graças à rapidez do circuito oferta-procura, inerente ao procedimento informático.

Não é menos verdade que, mesmo marcadas pelo selo da oportunidade, com a dimensão trágica que ela não deixa de conferir, essas tribos privilegiam o mecanismo de pertença. Qualquer que seja o domínio, é necessário participar, mais ou

menos, do espírito coletivo. Aliás, a questão não se coloca, e
a integração ou a rejeição dependem do grau do *feeling* expe-
rimentado, ou pelos membros do grupo ou pelo postulante.
Em seguida, esse sentimento será confirmado ou negado pela
aceitação ou pela rejeição de diversos rituais iniciáticos. Qualquer que seja a duração da tribo, esses rituais são necessários.
Podemos, então, observar que eles tomam um lugar cada vez
mais importante na vida quotidiana. Existem rituais mais ou
menos imperceptíveis que permitem sentir-se à vontade, "ser
um frequentador" em um bar ou uma boate. Não poderíamos
transgredi-los nem mesmo para preencher um cartão da loto.
Da mesma forma para ser bem servido pelos comerciantes do
bairro, ou para passear em tal ou tal rua específica e bem característica. Os rituais de pertença são encontrados, certamente,
também nos escritórios e nas oficinas, e a socioantropologia
do trabalho está cada vez mais atenta a eles. Finalmente, podemos lembrar que o lazer ou o turismo de massa se apoiam
essencialmente neles.[40]

Nesse sentido, poderíamos multiplicar os exemplos, mas
basta indicar que, ao lado do ressurgimento da imagem e do
mito (história que cada grupo conta para si mesmo) no mundo contemporâneo, o rito é uma técnica eficaz que organiza,
da melhor maneira possível, a religiosidade (*religare*) ambiente
de nossas megalópoles. Podemos mesmo dizer que o aspecto
efêmero dessas tribos e o trágico que lhe é próprio acentuam,
deliberadamente, o exercício dos rituais. Com efeito, estes,

---

40   E. T. Hall, *Au-delà de la culture*, Paris, Seuil, 1979, p. 67, dá a esse
      respeito o exemplo das usinas no Japão. Sobre o turismo, remeto
      ao artigo (e aos livros) de R. Amirou, "Le Badaud, approche du
      tourisme". In: *Sociétés*, Paris, Masson, 1986, nº 8. Finalmente, sobre
      o ritual em geral, L.-V. Thomas, *Rites de mort*, Paris, Fayard, 1985,
      p. 16, e C. Rivière.

por meio de seu aspecto repetitivo e da atenção que concedem ao minúsculo, atenuam a angústia do "presenteísmo". Ao mesmo tempo, como o projeto, o futuro, o ideal não servem mais de cimento para a sociedade, o ritual, confirmando o sentimento de pertença, pode representar esse papel e, assim, permitir que os grupos existam.

Entretanto, é necessário assinalar que, ao mesmo tempo que favorece a atração, mesmo que ela seja plural, o sentimento de pertença procede senão por exclusão, ao menos por ser exclusivo. Com efeito, a propriedade que tem a tribo de enfatizar aquilo que está próximo (pessoas e lugares) é ao mesmo tempo uma tendência a fechar-se sobre si própria. Aqui, reencontramos a metáfora da porta (*Tür*) cara a G. Simmel. O universal abstrato deixa lugar à concretude do particular. Daí a existência desses "localismos" que já supreenderam mais de um pesquisador. Assim, no interior de um bairro encontramos a existência de uma série de clubes; os reagrupamentos de amigos se fazem dentro de um perímetro bem preciso. A própria peregrinação será circunscrita a um número limitado de ruas. Esse fenômeno é bem conhecido nas cidades do sul da Europa, mas a pesquisa de Young e Willmott ressalta que também ocorre na cidade de Londres.[41] O localismo favorece o que se pode chamar de "espírito de máfia": na busca de moradia, para a obtenção de um trabalho e no que se refere aos mínimos privilégios quotidianos, a prioridade será dada aos que pertencem à tribo ou aos que gravitam em seus círculos

---

41   Cf. M. Young e P. Willmott, *Le village dans la ville*, Paris, CCI, Centre Georges-Pompidou, 1983, p. 137, 138, 143 e *passim*. Remeto também à minha nota sobre a máfia, M. Maffesoli, "La maffia: notes sur la socialité". In: *Cahiers internationaux de sociologie*, Paris, PUF, 1982, v. LXXIII, e, sobre a Coréia, à tese de M. Kim, *Les micro-groupes en Corée*, Paris V, 1990.

de influência. Em geral, analisamos esse processo no quadro da família, mas, certamente, é possível estendê-lo à família ampliada, quer dizer, a um conjunto que se apoia no parentesco, mas que também se apoia em múltiplas relações de amizade, de clientelismo, ou de serviços recíprocos.

O termo "laço" (familiar, de amizade etc.) deve ser compreendido em sua acepção mais estrita, isto é, a da necessidade, aquilo que a associação mutualista medieval enumerava sob a rubrica "obrigação". A ajuda mútua, sob suas diversas formas, é um *dever*, pedra de toque do código de honra, muitas vezes não dito, que rege o tribalismo. É isso que induz esse exclusivismo que, de várias maneiras, desconfia de tudo que não é familiar. Em sua pesquisa sobre as "aldeias do quotidiano", Young e Willmott veiculam uma observação que sublinha com força esse fenômeno: "Estes são novos, estão aqui só há 18 anos". O paradoxo é apenas aparente, isso significa que esses "recém-chegados" criaram outros laços, outras redes de ajuda mútua, participam de outros reagrupamentos. Eles funcionam segundo sua própria proxemia. Trata-se de uma realidade que é particularmente evidente nas grandes cidades, mas que, como todas as evidências, merece ser ressaltada. O grupo, para sua segurança, dá forma a seu meio ambiente natural e social, e ao mesmo tempo força, *de facto*, outros grupos a se constituírem como tais. Nesse sentido a delimitação territorial (quero lembrar que é território físico e território simbólico) é estruturalmente fundadora de múltiplas socialidades. Ao lado da reprodução direta, existe uma reprodução indireta que não depende da vontade dos protagonistas sociais, mas desse efeito de estrutura que é o par "atração-repulsa": a existência de um grupo fundamentado em um forte sentimento de pertença necessita, para a sobrevivência de cada um, que outros grupos se criem a partir de uma exigência da mesma natureza.

Em suma, as manifestações desse processo são bastante banais. Basta observar a frequência de certos cafés, a especificidade de certos bairros, ou mesmo a clientela de tal ou tal escola, de tal lugar de espetáculos ou de tal espaço público, para nos darmos conta do caráter marcante dessa estrutura. No interior mesmo desses diversos lugares podemos notar outros reagrupamentos igualmente exclusivos que se apoiam na consciência, sutil mas enraizada, do sentimento de pertença e/ou do sentimento de diferença. Talvez seja necessário ver aí, como propõe C. Bouglé, "os vestígios do espírito de casta".[42] O que é certo, entretanto, é que, ao lado de um igualitarismo de fachada, sempre existiu uma arquitetônica social bastante complexa, cujos diversos elementos eram, ao mesmo tempo, opostos e necessários uns aos outros.

Podemos considerar que existe, de facto, um reconhecimento desses grupos uns pelos outros. Conforme já indiquei, o exclusivo não significa a exclusão; dessa maneira, tal reconhecimento produz um modo de ajustamento específico. Pode ocorrer conflito, mas este se exprime em função de certas regras, ele pode ser perfeitamente ritualizado. Lembremos a metáfora paroxística da máfia: a partilha dos territórios, em geral, é respeitada, e a guerra dos clãs ou das "famílias" só acontece quando, por uma ou outra razão, o equilíbrio da "honorável sociedade" é rompido. Se aplicarmos esse modelo às tribos citadinas, observaremos que existem mecanismos de regulagem muito sofisticados. O papel do "terceiro", muito bem descrito pela sociologia política (Freund, Schmitt), encontra aqui a sua aplicação. No caso, um sistema de alianças diferenciadas faz com que uma dessas tribos se encontre sempre em posição de mediadora. O aspecto pontual dessas alianças torna o sistema sempre móvel,

---

42   C. Bouglé, *Essais sur le régime des castes*, Paris, PUF, 1969, p. 5.

ao mesmo tempo que permanece estável. O papel do terceiro não é, de fato, assunto de uma única pessoa. Ele pode ser representado por um grupo inteiro, que faz contrapeso, que age como intermediário, que, simplesmente, "faz número" e, dessa maneira, reforça o equilíbrio de um conjunto dado. Podemos aproximar isso tudo da função de "proxemia" existente na cidade antiga. É uma função de intermediário. Trata-se de fazer o laço entre os diversos grupos étnicos e nacionais que compõem a cidade. Brincando com as palavras, podemos dizer que o *proxene* (o próximo) torna próximo. Essa perdurância permite que, mesmo permanecendo como tal, o estrangeiro faça parte da cidade. Ele tem seu lugar na arquitetônica social. Será fortuito o caso, conforme relata M.-F. Baslez, que faz com que o poeta Píndaro, que representa o papel de *proxene*, seja, ao mesmo tempo, aquele que compõe o ditirambo em louvor da cidade? De fato, podemos imaginar que a celebração da cidade como cidade remete à faculdade que ela tem de domesticar e integrar o estrangeiro.[43]

Assim, o reconhecimento da diversidade e a ritualização do constrangimento que ela suscita levam a um ajustamento específico que, de alguma forma, utiliza o dissenso e a tensão como fatores de equilíbrio úteis à cidade. E, aqui, reencontramos a lógica contraditorial, já tantas vezes analisada (Lupasco, Beigbeder, Durand), e que recusa as estruturas binárias ou o procedimento dialético por considerá-los excessivamente mecânicos ou redutores. As diversas tribos urbanas "fazem

---

43   Aqui, interpreto livremente uma análise de M.-F. Baslez, *L'étranger dans la Grèce antique*, Paris, Les Belles Lettres, 1984, p. 40 e segs. Sobre o papel do "terceiro", cf. J. Freund, *L'essence du politique*, Paris, Sirey, 1965, e J. H. Park, *La communication et le conflit dans le mode de pensée coréen*, Tese, Sorbonne, Paris V. Sobre os territórios da máfia, cf. J. Ianni, *Des affaires de famille*, Paris, Plon, 1978.

cidade" porque são diferentes, e às vezes até mesmo opostas. Toda efervescência é estruturalmente fundadora. Trata-se de uma regra sociológica de base que, certamente, não escapou a Durkheim, mas o essencial é saber de que maneira utilizar essa efervescência, de que maneira ritualizá-la. Um bom meio, dentro da lógica que acaba de ser exposta, é deixar cada tribo ser ela mesma, sendo mais natural o ajustamento que daí resulta. Como, aliás, já expliquei, a cenestesia do corpo social pode ser comparada à do corpo humano: em geral, o funcionamento e a disfunção se completam e se contrabalançam. Trata-se de fazer o "mal" particular servir ao "bem" global. C. Fourier colocou esse procedimento homeopático na base do seu falanstério. Assim, ele se propunha utilizar o que chamou de "pequenas hordas" ou de "pequenos bandos", naquilo em que fosse maior a sua competência, mesmo que fosse uma competência anômica: "Minha teoria se limita a utilizar as paixões (reprovadas) tais como a natureza as confere, e sem nada mudar. Aí está todo o mistério, todo o segredo do cálculo da Atração apaixonada."[44]

É possível que seu cálculo, minucioso e um tanto utópico para o seu tempo, esteja se realizando em nossos dias. Já que a heterogeneização é a regra, que o pluriculturalismo e o polietnismo caracterizam, da melhor maneira, as grandes cidades contemporâneas, podemos pensar que o *consenso seja, antes, o resultado de um ajustamento "afetual" a posteriori, do que uma regulagem racional* a priori. Nesse sentido, é necessária uma

---

44   Ch. Fourier, *Oeuvres complètes*, Paris, Anthropos, t. V, p. 157, cf. também E. Durkheim, *Les formes élémentaires de la vie religieuse*, Paris, PUF, 1968, reed. Le Livre de Poche, 1991; sobre a utilização da violência, eu me expliquei em M. Maffesoli, *Essais sur la violence banale et fondatrice*, 2. ed., Paris, Librairie des Méridiens, 1985; e P. Tacussel, *Charles Fourier, le jeu des passions*, DDB, 2000.

grande atenção ao que, por comodismo, chamamos de marginalidade. Esta é, certamente, o laboratório dos modos de vida futuros, mas a (re)novação dos ritos de iniciação dos grupos sobre os quais falamos só toma o lugar dos antigos ritos (que não ousamos mais chamar assim) vazios de sentido, à força de terem sido tão uniformizados. A condenação prematura não é suficiente, a condescendência tampouco. É necessário compreender que esses ritos mereceriam uma análise específica. Na verdade, sua vivacidade demonstra que está emergindo uma nova forma de agregação social. Talvez seja difícil conceitualizá-la, mas, com a ajuda de antigas figuras, certamente será possível esboçar seus contornos. Daí a proposição das metáforas de tribos e de tribalismo.

Acontece que essa metáfora traduz muito bem o aspecto emocional, o sentimento de pertença e a ambiência conflitual que esse sentimento induz. Ao mesmo tempo, ela permite ressaltar, além desse conflito estrutural, a busca de uma vida quotidiana mais hedonista, isto é, menos teleológica, menos determinada pelo "dever-ser" e pelo trabalho. Tudo que os etnógrafos da Escola de Chicago já haviam indicado há algumas décadas, mas que atualmente toma uma amplitude das mais notáveis. Essa "Conquista do Presente" se manifesta de maneira mais informal nesses pequenos grupos que passam "o melhor do seu tempo vagando e explorando seu mundo".[45]

---

45 Cf. a análise desses etnógrafos que U. Hannerz faz, *Explorer la ville*, Paris, Seuil, 1983, p. 59-60. Sobre a temática do presente, remeto a meu livro, M. Maffesoli, *La conquête du présent*, Paris (1979), reed. DDB, 1998. Quanto ao modelo do secreto, cf. G. Simmel, "Les sociétés secrètes". In: *Revue française de psychanalyse*, Paris, PUF, 1977. Sobre os ritos dos grupos de adolescentes, cf. L.-V. Thomas, *Rites de mort*, Paris, Fayard, p. 15. De uma maneira mais geral, cf. J. Dumazedier, *Révolution culturelle du temps libre*, Paris, Klincksieck, 1988.

O que, naturalmente, os leva a experimentar novas maneiras de ser, em que a "caminhada", o cinema, o esporte e as "comedorias" em comum têm um lugar especial. É interessante notar, aliás, que com o passar do tempo esses pequenos bandos se estabilizam. Aí surgem os clubes (esportivo, cultural), ou a "sociedade secreta", com fortes componentes emocionais. É essa passagem de uma forma para a outra que fala em favor do aspecto prospectivo das tribos. Certamente, nem todos esses grupos sobrevivem, mas o fato de alguns deles assumirem as diversas etapas da socialização faz deles uma "forma" social de organização flexível, um tanto atribulada, mas que responde bem, *concreto modo*, às diversas imposições do meio ambiente social e desse meio ambiente natural específico que é a cidade contemporânea. Desse ponto de vista, a cidade pode nos levar à colocação de uma nova *lógica* social que pode desordenar inúmeras de nossas tranquilizadoras análises sociológicas. Dessa maneira, o que parecia "marginal" há pouco tempo não pode mais ser qualificado assim. Antes da Escola de Chicago, M. Weber havia notado a existência do que chamarei agora de um "romantismo tribal", que valorizava a vida afetual e a experiência vivida. Com matizes, aliás, ele se aplica em separar o joio do trigo. Entretanto, ao contrário de certos comentadores, parece-me que sua análise dos pequenos grupos místicos contém, *in nuce*, numerosos elementos que permitem apreciar o que observamos em nossos dias. Desse ponto de vista, a prudência de Jean Séguy não me parece mais admissível, pois, para além das reservas próprias ao seu tempo, a descrição daquilo que escapa à racionalização do mundo está em perfeita congruência com o *não racional* que mobiliza em profundidade as tribos urbanas.[46] É preciso insistir nesse ponto: o não

---

46   Além disso, podemos notar que as reservas normativas de M. Weber
      se encontram mais em *Le savant et le politique*, que parecem textos

racional não é o irracional, ele não se posiciona com relação ao racional; ele aciona uma lógica diferente da que tem prevalecido desde o Iluminismo. Agora se admite cada vez mais que a racionalidade do século XVIII e do século XIX é apenas um dos modelos possíveis da razão que age na vida social. Parâmetros como o afetual ou o simbólico podem ter a sua própria racionalidade. E, assim como o não lógico não é o ilógico, podemos reconhecer que a busca de experiências partilhadas, a reunião em torno de heróis epônimos, a comunicação não verbal e o gestual corporal se apoiam em uma racionalidade que não deixa de ser eficaz, e que, sob vários aspectos, é mais ampla e, no sentido simples do termo, mais generosa. O que pede generosidade de espírito, por parte do observador social. Essa generosidade só pode nos tornar mais atentos à multiplicação das tribos que não se situam na margem, mas são múltiplas inscrições pontuais de uma nebulosa que não tem mais um centro preciso.

Sabemos que existe uma multiplicidade de *loci* produzindo seus próprios valores, e funcionando como cimento para aqueles que *fazem e pertencem* a esses valores. A racionalidade do século XIX se referia à história, ao que chamei de atitude extensiva (extensão); a racionalidade que se anuncia agora é principalmente proxêmica, intensiva (in-tensão), se organiza

---

"educativos", do que em *Économie et société*; cf. M. Weber, *Le savant et le politique*, Paris, Plon, 1959, p. 85, 105 e segs. Sobre a "comunidade emocional", cf. *Économie et société*, Paris, Plon, p. 478, 565, e J. Séguy, "Rationalisation, modernité et avenir de la religion chez M. Weber". In: *Archives de sciences sociales des religions*, Paris, CNRS, 1986, 61. 1., p. 132, 135 e notas. Sobre o clima no qual escreveu M. Weber quanto ao "orgiástico" e sobre sua proximidade da "escola dos padres de Baal" e do círculo cósmico de Klages, cf. W. Fietkan, "À la recherche de la révolution perdue". In: *Walter Benjamin*, Paris, Éd. du Cerf, 1986, p. 291 e segs.

em torno de um eixo (guru, ação, prazer, espaço) que ao mesmo tempo liga as pessoas e as deixa livres. Ela é centrípeta e centrífuga. Daí a instabilidade aparente das tribos: o coeficiente de pertença não é absoluto, e cada um pode participar de uma infinidade de grupos, investindo em cada um deles uma parte importante de si. Esse borboleteamento é, certamente, uma das características essenciais da organização social que se está esboçando. É ele que permite postular, de maneira paradoxal, de um lado, a existência desses dois polos que são a massa e a tribo, e, de outro, a sua reversibilidade constante. Vaivém entre o estático e o dinâmico. Será necessário comparar isso com o "acaso objetivo" caro aos surrealistas? É verdade que, cada vez mais, cada pessoa está encerrada no círculo fechado das relações, e, ao mesmo tempo, ela sempre pode ser atingida pelo choque do inédito, do acontecimento, da aventura. Hannerz qualifica a essência da cidade assim: "O fato de descobrir alguma coisa por acaso, enquanto se procurava outra."[47] Isso também pode se aplicar ao nosso propósito: determinado por seu território, sua tribo, sua ideologia, cada um pode, igualmente, e em um lapso de tempo muito curto, irromper em outro território, em outra tribo, em outra ideologia.

É o que me leva a considerar caducos tanto o individualismo quanto as suas diversas teorizações. Cada ator social é menos agente do que "agido". Cada pessoa se difracta infinitamente, conforme o *kairos*, as ocasiões e as situações que se apresentam. A vida social é como uma cena em que, por um momento, se operam cristalizações. E a peça, então, pode acontecer. Mas, uma vez representada essa peça, o conjunto se dilui até que surja uma outra nodosidade. Essa metáfora não é extravagante, na medida em que permite compreender

---

47   U. Hannerz, *op. cit.*, p. 154.

a sucessão de "presentes" (*no future*) que, de maneira geral, caracteriza, o melhor possível, a ambiência do momento.

4. A Rede das redes

A organização social induzida por esse paradigma pode chocar nossas representações por demais mecanistas, mas nem por isso ela é menos operatória. Ela estrutura. Ela é, no sentido que já indiquei, inspirado em G. Simmel, uma *forma* em que os diversos elementos do dado social compõem um conjunto no qual eles fazem corpo. Isso foi o que me levou a falar de organicidade e a repensar a noção de solidariedade orgânica. Mesmo que isso possa parecer paradoxal, no final desta reflexão estamos no início da nossa busca. Qual é o *glutinum mundi* que se elabora sob nossos olhos?

Podemos assinalar que já existem sólidas pesquisas que abordaram o problema das redes, como, por exemplo, a micropsicologia ou a formalização matemática.[48] Aliás, é possível que os matemáticos contemporâneos aperfeiçoem, de maneira sofisticada, seu modelo de interpretação, mas eu não tenho competência nem apetência para utilizar suas análises. Basta indicar aqui que, se os métodos são divergentes, o objetivo é idêntico: dar conta de uma nebulosa que tem uma lógica própria. Com efeito, vou formular o problema assim: *os jogos da proxemia se organizam como nebulosas plicentradas*. Estas permitem, ao mesmo tempo, expressar a segregação e a tolerância. Na verdade, em torno dos valores que lhes são próprios, os grupos sociais dão forma a seus territórios e a suas ideologias. Em seguida, por força das circunstâncias, são constrangidos

---

48   Além das referências apresentadas por Hannerz, podemos remeter à tese de S. Langlois, *Les réseaux sociaux et la mobilité professionnelle*, Sorbonne, 1980, que vai ao ponto, com erudição, ao mesmo tempo que abre numerosas pistas prospectivas.

a ajustar-se entre eles. Esse modelo macrossocial, por sua vez, se difracta e suscita uma miríade de tribos que obedecem às mesmas regras de segregação e de tolerância, de repulsa e de atração. Daí, para retomar ainda uma expressão de U. Hannerz, esse "mosaico urbano" cuja análise está longe de terminar: "Não existe na cidade nenhum grupo cujas lealdades não sejam múltiplas."[49]

Para compreender bem o burburinho que caracteriza essa nebulosa, tomemos o exemplo da maledicência, forma eufemística da segregação e do desejo de morte. Ela serve de cimento para um grupo e permite denegar a honorabilidade, a pertinência, talvez até a existência do outro. Em um primeiro momento, a prática do assassinato anônimo, que é próprio dela, é empregada para confirmar o grupo na certeza do que ela é ou de sua ação. Ele tem a verdade, teórica, existencial, ideológica, "fora disso" é o erro. Mas é chocante observar que a maledicência se difunde muito rápido. Cada ambiente tem seus mecanismos de fofoca. Sem estudá-los como tais, podemos dizer que dentro de um grupo particular inúmeros de seus membros participam de múltiplas tribos. É assim que uma maledicência se transforma em fofoca. Essa interpenetração pode, também, valer para grupos diferentes entre si. Assim, como exemplo, podemos assinalar que um julgamento peremptório, definitivo, mais ou menos fundamentado, certamente negativo, sobre uma personalidade da tribo científica irá, de universidades a laboratórios, de comitês a comissões, de colóquios a congressos, de revistas a relatórios, dar a volta ao mundo acadêmico. Os meios serão variáveis, e podem ir da diatribe das conversações privadas ao silêncio ou à censura nos escritos publicados. Mas, rapidamente, todo o conjunto

---

49   U. Hannerz, *op. cit.*, p. 88-89.

desse corpo social já sabe do assunto. Em seguida, de coque-
téis a reuniões de trabalho, a maledicência alcança a tribo dos
editores que, por sua vez, a divulga na tribo dos jornalistas.
Eventualmente a contaminação não poupa sequer alguma outra tribo, como a dos altos funcionários ou a dos assistentes
sociais, consumidores ocasionais das produções teóricas. Dessa forma podemos seguir, por encadeamentos sucessivos, a eficácia das pertenças e das lealdades múltiplas. Nesse sentido,
os mexericos são um bom revelador da estrutura em rede. E é
bem difícil encontrar um meio que esteja livre deles.[50]

De fato, o entrelaçamento (aquilo que os teóricos anglo-
saxões chamam de connectedness) é uma característica morfológica
da agregação social de que nos ocupamos. Podemos lembrar,
a esse respeito, das experiências de Milgram, que demonstra-
ram ser possível estabelecer contatos entre duas pessoas que
vivam em duas regiões totalmente opostas dos Estados Unidos, através da intermediação de cinco ou seis relés.[51] Mas, se
nos apoiarmos nas próprias pesquisas de Milgram, podemos
notar que a cadeia que liga as pessoas em questão é composta
menos de indivíduos do que de "microambientes". Tanto no
exemplo dado quanto nas experiências de Milgram, a informação circula porque se transmite de pequeno nódulo em
pequeno nódulo, e, às vezes, na cadeia existe uma nodosidade
mais importante. Conforme as circunstâncias, esta pode ser
um bar, um salão, um laboratório universitário de renome,
uma igreja, enfim, pouco importa. Mas essa nodosidade es-

---

50 O problema da maledicência ou do boato merece uma atenção es-
    pecial. Além dos trabalhos de E. Morin e de Shibutani (cf. *Sociétés*,
    Paris, Masson, nº 0, 1984), remeto ao livro de J.-B. Renard e V. Cam-
    pion, *Légendes urbaines*, Payot, 1992.
51 S. Milgram. *The experience of living in cities*, cf. a análise que dele faz
    U. Hannerz, *op. cit.*, p. 245-247, cf. também p. 228.

trutura a informação recebida, corrige, amplia, inventa uma pequena baixeza suplementar, depois remete a informação ao nódulo seguinte. No limite, o indivíduo a quem a informação diz respeito importa pouco, *a fortiori* aquele que a transmite. Tanto um quanto outro são apenas peões intercambiáveis de um "efeito de estrutura" específico. Por isso, ninguém é responsável (nem responde) pela informação ou pelas fofocas. Elas se difundem conforme a fantasia, fazendo e desfazendo reputações que não imaginaríamos tão frágeis. *Sic transit...*

O que os exemplos dados enfatizam, e que, na verdade, são apenas indícios, é o aspecto não voluntário, não ativo da estrutura em redes. Poderíamos quase dizer que essa estrutura é imposta ou, pelo menos, pré-imposta. E seus protagonistas podem ser qualificados da mesma forma: eles agem muito menos do que "são agidos" pela informação. Se esquecermos por um instante o nosso espírito judicativo, e se não lhe atribuirmos, em seguida, uma conotação pejorativa, isto de que tratamos remete à metáfora dionisíaca da confusão: as coisas, as pessoas, as representações se propagam por um mecanismo de proximidade. Assim, é por contaminações sucessivas que se cria aquilo que é chamado de realidade social. Através de uma sequência de cruzamentos e de entrecruzamentos múltiplos se constitui uma rede das redes. Os diversos elementos limitam-se entre si, formando, assim, uma estrutura complexa. Entretanto, a oportunidade, o acaso, o presente representam nela uma parte não negligenciável. O que dá ao nosso tempo o aspecto incerto e estocástico que conhecemos bem. O que não impede, por pouco que se saiba ver, que aja, nela, uma organicidade sólida que sirva de base às novas formas de solidariedade e de socialidade.

É verdade que estas não devem nada a uma ideologia do desenvolvimento fundamentada em um indivíduo senhor de si, e em um progresso em marcha contínua. Enfim, todas coisas que se inscrevem em uma perspectiva linear ou em uma física constituída pela justaposição de átomos isolados. Como em outros domínios, é preciso algum tempo para executar uma verdadeira revolução copernicana. Com efeito, seria sensato escrever um novo *De revolutionibus orbium...* que não mais se aplique ao espaço celeste, mas que mostre as evoluções e revoluções específicas de um mundo social fragmentado. Dessa maneira, a rede das redes não mais remeteria a um espaço onde os diversos elementos se adicionam, se justapõem, onde as atividades sociais se ordenam conforme uma lógica da separação, mas antes a um espaço onde tudo isso se conjuga, se multiplica e se demultiplica formando figuras caleidoscópicas de contornos cambiantes e diversificados.

Talvez seja possível comparar isso ao que A. Berque chama de "o espaço areolar". Espaço que tem relação com as áreas e que se opõe a um espaço linear unicamente definido por uma sucessão de pontos: "O espaço linear seria mais extrínseco, e o espaço areolar, mais intrínseco."[52] Eu adoraria extrapolar as observações sobre esse assunto que o autor aplica ao Japão. Com efeito, podemos imaginar que a enfatização do contexto, correlativa a essa "areologia", nos ajuda a definir melhor a eficácia do local ou da proxemia. Assim, como já formulei anteriormente, a ex-tensão dá lugar à "in-tensão". A partir daí, em vez de interpretar a lógica das redes a partir de um mecanismo um tanto causalista, a partir de uma soma de sequências, poderemos apreciá-la de maneira holística, como a correspondência de aréolas diferenciadas. No quadro de uma sociedade complexa, cada um vive uma série de experiências que não têm sentido senão dentro do contexto global. Participando de uma multiplicidade de tribos, as quais se situam umas com relação

---

52   A Berque, *Vivre l'espace au Japon*, Paris, PUF, 1982, p. 119.

às outras, cada pessoa poderá viver sua pluralidade intrínseca; suas diferentes "máscaras" se ordenando de maneira mais ou menos conflitual, e ajustando-se com as outras "máscaras" que a circundam. Eis aí, como podemos explicar, de alguma forma, a morfologia da rede. Trata-se de uma construção que, como certas pinturas, valoriza todos os seus elementos, sejam eles os mais minúsculos ou os mais insignificantes.

Lembro agora a minha hipótese central: existe (existirá) cada vez mais um vaivém constante entre a tribo e a massa. Ou ainda: no interior de uma matriz definida se cristaliza uma infinidade de polos de atração. Em uma ou outra dessas imagens, o cimento da agregação – que poderíamos chamar experiência, vivido, sensível, imagem – é o cimento composto pela proximidade e pelo afetual (ou pelo emocional); aquilo a que nos remetem a aréola, o minúsculo, o quotidiano. Assim sendo, a rede das redes se apresenta como uma arquitetônica que não vale senão pelos elementos que a compõem. Para retomar a tipologia do sociólogo E. Troeltsch, a socialidade induzida pela rede seria do tipo místico.[53] Esse termo qualifica muito bem a dominante da "religação" contemporânea. Reencontramos aí a flexibilidade, a mobilidade, a experiência, o vivido emocional. Tudo que, como tentei demonstrar no decorrer de minha análise, ultrapassa a mônada individual e confirma o sentimento coletivo. Pareceria, assim, que, por um desses curtos-circuitos habituais nas histórias humanas, a socialidade pós-moderna estaria recuperando alguns valores no mínimo arcaicos. Se nos referirmos à monumentalidade burguesa, às suas expressões institucionais e à sua preocupação

---

53   E. Troeltsch, "Christianisme et société". In: *Archives de sociologie des religions*, nº 11, 1961, p. 15-34, cf. também, para a nebulosa e o grupo sectário, D. Hervieu-Léger, *Vers un nouveau christianisme*, Paris, Cerf, 1986, p. 145, 343, 353 e *passim*.

projetiva, trata-se de valores "inatuais". E nem por isso são menos reais, nem deixam de se difundir, pouco a pouco, no conjunto societal em sua totalidade. O paradigma da rede pode, então, ser compreendido como a reatualização do antigo mito da comunidade. Mito, no sentido de que alguma coisa que, talvez, jamais tenha existido, age, com eficácia, no imaginário do momento. Daí a existência dessas pequenas tribos, efêmeras, mas que nem por isso deixam de criar um estado de espírito que parece destinado a durar. Devemos ver aí o trágico e o cíclico retorno do mesmo? É possível. Em todo caso, isso nos obriga a repensar a misteriosa relação que une o "lugar" e o "nós". Pois, ainda que isso irrite os mantenedores do saber institucional, a atribulada e imperfeita vida do dia a dia não deixa de produzir um verdadeiro "*conaissance* comum".[54] Aquilo que Maquiavel, sempre tão sutil, chamou de "pensamento da praça pública".

Graissessac-Paris,
1984-1987.

---

54   **N. T.:** Esse jogo de palavras do autor é intraduzível. A forma *naissance* (correspondente ao português "nascimento") é evocada na palavra francesa que significa "conhecimento", ou seja, *connaissance* (daí *conaissance*: nascimento com).

Anexo

O Pensamento do Espaço Público[1]

1. As duas culturas

A existência de um "pensamento selvagem" é, atualmente, coisa admitida; valendo-se de uma experiência adquirida pelo contato das sociedades primitivas, a antropologia está virando seu olhar em direção ao quotidiano das sociedades contemporâneas, até mesmo em direção ao que se convencionou chamar de "cultura de empresa", ou outros domínios que pareciam próximos demais para serem passíveis do esforço analítico. Isso vale também para a cultura erudita, que começa a admitir a existência de uma *outra cultura*: a dos sentimentos comuns. Podemos estar de acordo sobre essa emergência. São numerosas as pesquisas que o demonstram,[2] o fato é que existe entre essas duas culturas um distanciamento que às vezes não deixa de se transformar em um fosso intransponível. Certamente, não está em questão vislumbrar a superação de tal diferença, nem mesmo

---

1   **N. A.:** Em homenagem a Franco Ferrarotti.

2   Cf., nesse sentido, F. Dumont, "Cette culture que l'on appelle savante".In: *Questions de culture*, Quebec, IQRC, 1981, p. 19.

recusar suas reais consequências, tanto na ordem do conhecimento como na da prática quotidiana, mas, antes, constatá-la,
a fim de melhor dominar seus efeitos. Trata-se de viver a tensão
paradoxal induzida pela existência dessas duas culturas, tensão que podemos resumir assim: como integrar em uma perspectiva de pensamento – perspectiva geral, sem dúvida – o que
é da ordem do evanescente, do pontual e do efêmero. Tal é a
questão de um "conhecimento comum" que, sem nada perder
de seu cuidado reflexivo, pretende ficar o mais perto de seu
fundamento natural, isto é, a socialidade de base.

   De todos os lados, aliás, vemos ressurgir múltiplos problemas que estão relacionados com esse fundamento natural; é o
que poderíamos chamar, à imagem de um precedente célebre,
de "Questão da Natureza". Entretanto, ao contrário do que
foi, das cavernas da Úmbria às comunidades da Ardèche, a
temática "franciscana", tal questão não é mais apresentada em
termos definidos e exclusivos. Não pode mais haver, de um
lado, a cultura, e, de outro, a natureza, com todas as consequências que essa estrita dicotomia implica. É preciso constatar que a consequência essencial é a constante relativização
do polo natural. Sob suas diversas modulações – popular, folclore, senso comum etc. –, este foi, na maior parte do tempo,
marginalizado. No melhor dos casos, foi considerado como
um estágio a ser ultrapassado; uma infância da humanidade,
sempre renascente, que era conveniente erradicar por completo. Tarefa à qual devia se dedicar o pensamento erudito.
Assim, antes de mostrar, ou ao menos apontar, a sinergia que
se esboça atualmente entre o polo natural e o polo cultural,
convém analisar, mesmo que brevemente, o desprezo constante, ou a negligência, em face do pensamento popular: seja o
da mitologia ou o do quotidiano.[3] Trata-se, nesse caso, de um

---

3   Aplicado a um domínio específico. Cf. a análise que C. G. Dubois faz
     nesse sentido, *L'imaginaire de la Renaissance*, Paris, PUF, 1986, p. 959.

procedimento dito *a contrario* que pode ser dos mais úteis para nosso propósito.

Para retomar um conceito de Gilbert Durand, não é de hoje que o "trajeto antropológico" (o que A. Berque chamaria de "trajetividade"), entre os polos dos quais acabamos de falar, tem sido questionado. Assim, na tradição cabalística, ao lado da "árvore do conhecimento", fala-se de uma "árvore da vida". É a cisão entre essas duas árvores que, segundo Scholem, permite ao mal irromper no mundo.[4] De maneira metafórica, podemos dizer que é certamente aí que se encontra uma das fontes da separação entre a vida e a filosofia, seu antagonismo profundo e a dificuldade desta de integrar a rica experiência daquela. Muito cedo, vemos então despontar uma importante distinção entre uma cultura "filosófico-racionalista" e uma outra "popular-mitológica", distinção que, tal como um fio condutor, é encontrada regularmente no longo percurso da humanidade.[5] Não se trata de fazer sua história, que, aliás, mereceria ser feita, mas de salientar que, segundo a expressão conhecida, existem diversos "interesses de conhecimento" (Habermas) que não deixam de opor-se. Podemos, além disso, insistir sobre o fato de que a sensibilidade popular suscitou sempre o descontentamento dos intelectuais.

Trata-se do vetusto paradoxo que existe entre o que quer explicar (perscrutar), reger a vida e essa vida mesma que sempre escapa à explicação. A primeira sensibilidade procede por distinção e por análise subsequente; a segunda prefere a conjunção e a apreensão global dos diversos elementos do dado mundano. Historiadores e sociólogos têm frequentemente contestado a adequação (ideal-típica) estabelecida por Max

---

4   Cf. G. Scholem, *La mystique juive*, Paris, Cerf, 1985, p. 86.
5   Sobre essa distinção, cf. G. Scholem, *Sabbatai Tsevi*, La Grasse, Verdier, 1983, p. 25 e 39.

Weber entre o espírito do capitalismo e o protestantismo. De fato, ele, nesse livro, estilizou as características essenciais do que podemos chamar de burguesismo. Em particular quanto à sua *episteme*: controlar a natureza (social e natural) pela aplicação racional e sistemática da atitude disjuntiva. Esta, aliás, pode ser resumida pelo que o Doyen Mehl diz do método protestante, que, de encontro ao que parece "às vezes caracterizar o pensamento católico", procede por "ruptura, por(pela) recusa das conjunções".[6] Nesse sentido, o burguesismo, e sua ideologia protestante, ou ainda os valores anglo-saxões, dos quais eles são os vetores, levam à sua mais extrema consequência a lógica da distinção, da separação. Todas coisas que caracterizam bem a Modernidade para o melhor e o pior. No sentido que, privilegiando a demonstração de uma ordem que "deve ser" racional, com isso ela esquece simplesmente a "mostração" de uma ordem real que é bem mais complexa – coisa que o pensamento moderno tem sido frequentemente incapaz de apreender. Prova disso é a advertência de um historiador do populismo russo, concernente aos intelectuais que não deveriam "*lead the people in the name of abstracts, bookish, imported ideas, but adapt themselves to the people as it was...*".[7] Mas essa passagem de uma lógica do dever-ser a uma lógica encarnada não é coisa fácil, quando conhecemos o desprezo do banal, do comum, da vida quotidiana, sobre o qual se fundamenta a cultura erudita, e que, consideradas todas as tendências políticas, continua a animar em profundidade numerosas análises que concernem à realidade social.

---

6   R. Mehl, *La théologie protestante*, Paris, PUF, 1967, p. 121.
7   R. Pipes citado por Venturi, *Les intellectuels, le peuple et la révolution*, Paris, Gallimard, 1972, p. 49.

2. Para a felicidade dos povos

Não vamos retornar a um velho problema que tem sofrido, há mais de um decênio, agora, numerosas análises. Em uma época em que isso não era moda, eu mesmo dei minha contribuição a esse debate. Lembremos, todavia, que é sempre *do exterior* que convém trazer ao povo sua própria consciência. O leninismo formulou essa perspectiva, e, sabemos, foram bastante raros aqueles entre os intelectuais que escaparam à sua influência.[8] E todos os que, ainda hoje, desconfiam da sociologia espontânea, a do povo, se inspiram em uma mesma filosofia: o desprezo em face do que não se pauta pela ordem do conceito; talvez mesmo em face do que é vivido.

Lembramos da afirmação hegeliana: "o povo ignora o que quer, somente o Príncipe sabe". Pouco a pouco esse apanágio do Príncipe passou aos que pensavam a lógica do político, os intelectuais, portadores do universal e fundadores da responsabilidade coletiva. Dos príncipes do Espírito dos séculos passados, editando as Leis ou a marcha real do Conceito, a seus pálidos reflexos que são os histriões contemporâneos, os que pisam nos palcos midiáticos, o mecanismo é idêntico: trata-se, em todos os lugares e situações, de "responder por", de "responder para". A esse respeito, é esclarecedor observar que, seja no tratado erudito, seja na multiplicidade de artigos ou de conversas jornalísticas, a preocupação moral permanece o fundamento de numerosas análises intelectuais. Quanto aos que recusam essa tendência natural, eles são registrados na rubrica infamante dos estetas!

---

8   Remeto sobre esse ponto a minhas obras: M. Maffesoli, *Logique de la domination*, Paris, PUF, 1976, e *La violence totalitaire*, Paris, PUF, 1979. Cf. também B. Souvarine, *Staline*, Éd. Gérard Lebovici, 1985, p. 64. Lembremos que somente alguns grupos de inspiração anarquista, como os conselhistas ou situacionistas, foram refratários ao leninismo conceitual.

Nesse sentido, seria instrutivo fazer um florilégio das expressões da atitude desdenhosa em face da idiotia, dos idiotismos do povo; em uma palavra, em face de seu apego aos particularismos. De Gorki, que observa que Lenin tinha o desprezo do "senhor pela vida das massas populares", ao tipo de populacho que, segundo Sartre, observa que este último "considera sempre o mal" enquanto poderíamos também ver o bem de toda coisa, a lista poderia ser longa dos que, a partir de seus *a priori* críticos, são incapazes de compreender os valores que fazem a qualidade de uma vida antes de tudo preocupada com a ordem da "proxemia". Poderíamos resumir essa atitude por um dito de Paul Valéry: "A política é a arte de impedir as pessoas de se ocuparem de quem as olha."[9] Com efeito, a incompreensão de que acabamos de tratar resulta do fato de que é da lógica do *moral-político* se ocupar do longínquo, do projeto, do perfeito, em uma palavra, do que deveria ser. Ao contrário, o próprio do que, à falta de coisa melhor, podemos chamar o povo ou a massa é de se preocupar com o que está próximo, com esse quotidiano monstruoso, estruturalmente heterogêneo, em uma palavra, de estar no centro de uma existência que é bem difícil de somar. Daí sua recusa, quase consciente, de ser o que quer que seja.

Para analisar a questão, propus a metáfora da centralidade subterrânea, e isso para salientar que eram numerosos os fenômenos sociais que, não estando finalizados, tinham uma especificidade própria. Assim na hipótese do neotribalismo que formulo atualmente: podemos dizer que no seio de uma massa multiforme existe uma multiplicidade de microgrupos que escapam às diversas predições ou injunções de identidade habitualmente formuladas pelos analistas sociais. O fato é

---

9   M. Gorki, *Pensées intempestives*, Lausanne, L'Âge de l'Homme, 1975, citado por B. Souvarine, *op. cit.*, p. 181. "Lettres de Sartre". In: *Temps*, III, 1983, p. 1.630. P. Valéry, *Oeuvres complètes*, La Pléiade, t. II, p. 615.

que a existência dessas tribos é flagrante. A existência de suas culturas não é menos real. Mas, naturalmente, estas e aquelas não se inscrevem de modo algum em uma ordem político--moral; e uma análise se fazendo essencialmente a partir de tais categorias está condenada ao silêncio ou, o que infelizmente é mais frequente, à tagarelice. Eu disse, não é possível somar. Ainda menos reduzir, ou reconduzir a socialidade a tal ou tal determinação, mesmo que seja de última instância. Vivemos um momento dos mais interessantes, em que a eflorescência do vivido apela a um conhecimento plural, em que a análise disjuntiva, as técnicas da separação e o apriorismo conceitual devem dar lugar a uma fenomenologia complexa que saiba integrar a participação, a descrição, as narrativas de vida e as diversas manifestações dos imaginários coletivos.

Tal procedimento, que leva em conta a vida, poderá ser capaz de expressar a efervescência contemporânea. Como tive a oportunidade de dizê-lo, estamos aqui longe de uma abdicação do espírito, bem ao contrário! De fato, é possível que, com isso, saibamos encontrar uma ordem específica em ação em nossos dias. Assim, à vitalidade societal corresponderia um vitalismo lógico. Em outras palavras, uma lógica das paixões (ou da confusão) substituiria a lógica político-moral à qual estamos acostumados. Conhecemos a fórmula de Santo Atanásio: "*Ou kairoi alla kurioi*" (PG 25, 252 C); o que poderia ser traduzido como: "Não o que se apresenta, mas os deuses." E. Martineau propõe sua inversão: "*Ou kurioi alla kairoi*"; o que podemos traduzir como: "Não autoridades superiores, mas o que aí está", as oportunidades, os momentos vividos em comum.[10] Trata-se de uma inversão da qual podemos tirar

---

10   Cf. o Prefácio de E. Martineau à sua tradução de *Être et temps*, de Heidegger, Éd. Authentica, H. C., p. 14. (*Ser e tempo*, publicado pela Editora Vozes, de Petrópolis/RJ.)

proveito para a compreensão de nosso tempo. As monovalên-
cias religiosas ou profanas tendo já "cumprido suas tarefas", é
possível que as tribos das quais tratamos estejam mais atentas
ao tempo que passa e a seu valor próprio, às oportunidades
que se apresentam, do que às instâncias superiores quaisquer
que sejam. Não é menos possível, igualmente, que essas oportunidades definam uma *ordem* que, por ser mais estocástica
ou mais latente, não é menos real. É esse o risco proposto pela
centralidade subterrânea: saber compreender uma arquitetônica diferenciada, que se apoia em uma ordem ou uma potência
interior, e que, embora não estando *finalizada*, tem uma força
intrínseca que convém levar em conta.

O fato é que o vitalismo induzido pelo ponto de vista
que acabo de mostrar não é uma criação *ex nihilo*. Trata-se de
uma perspectiva que surge regularmente, e que inspirou obras
consequentes. Para ressaltar somente alguns nomes significati-
vos dos tempos modernos, podemos remeter ao "querer-viver"
de Schopenhauer, ao elã vital de Bergson, à *Lebensoziologie* de
Simmel, ao querer obscuro de Lévi-Strauss. Em cada um desses casos ressalta-se o *sistema das conjunções*. Ou, ainda, para
empregar um termo na moda sobre a sinergia dos diversos
elementos – culturais, sociais, históricos, econômicos –, do
todo social. Conjunção que parece estar conforme às grandes
características sociológicas do momento. Podemos discrimi-
nar, separar, reduzir um mundo dominado pelo objeto ou
pelo objetivo; não é o mesmo quando somos confrontados
com o que chamaria de "retorno da vida". Encontramos, aí,
um tema recorrente em M. Weber muito bem formalizado na
noção de *Verstehen*. E é com toda razão que pudemos salientar
o papel de charneira que representa essa noção entre o conhecimento e a vida quotidiana. "*Despite the mystique with wich
the concept of* Verstehen *has been invected, there seems no reason
to suppose that historical or sociological understanding is essentially*

different from everyday understanding."[11] De fato, há bastante da mística na noção da compreensão, no sentido de que ela se fundamenta em um conhecimento direto, intuitivo e global ao mesmo tempo. Ela reúne. Ela mantém juntos os diversos elementos que o momento analítico havia separado.

Mas tomemos o termo místico em seu sentido mais amplo: aquele que tenta compreender como as coisas se mantêm juntas. Nem que seja de maneira contraditória. É nisso que reside a harmonia conflitual que é própria de toda sociedade. Em uma palavra, o que é esse *glutinum mundi* que faz com que alguma coisa exista? Místico é o assombro desse tipo de *populo*, que, diante do espírito crítico de Sartre, vê, sente, diz o "bem presente em todas as coisas". Ao "não" dissociativo se opõe o "sim" afirmativo. Lembremos de memória que o procedimento disjuntivo é simétrico ao princípio de individualização. O indivíduo crítico que separa é o mesmo que se separa. Enquanto sua obra inteira participa dessa tradição, Adorno, quando "se solta", e com lucidez, observa que "ninguém tem o direito por orgulho elitista de se opor à massa da qual ele é também um momento", ou, ainda, "é uma insolência dizer eu".[12] De fato, a atitude mística da compreensão leva em conta o discurso da massa, é, na verdade, somente sua expressão específica. Assim como se pôde dizer lindamente: "Nossas ideias estão em todas as cabeças". Por oposição à exterioridade da qual tratamos, a compreensão considera a globalidade e se situa ela mesma no interior dessa globalidade.

---

11   W. Outhwaite, *Understanding social life*, Londres, George Allen and Unwin Ltd., 1975, p. 13. Sobre a noção de conjunção, cf. G. Durand, "La notion de limite". In: *Eranos 1980*, Frankfurt, Insel Verlag, 1981, p. 43 e 46.

12   T. Adorno, *Minima moralia*, Paris, Payot, 1980, p. 47, e *Notes sur la littérature*, Paris, Flammarion, 1985, p. 426.

Trata-se de uma ambiência específica que privilegia a interatividade, seja a interatividade da comunicação, seja a interatividade natural e espacial. Propondo, em um livro anterior, a
correspondência e a analogia como maneiras de fazer de nossas
disciplinas, eu tencionava acentuar a pertinência dessa perspectiva global em um mundo onde, já que nada é importante, tudo
tem importância. Em um mundo onde, do maior ao menor,
todos os elementos se correspondem. Tratava-se igualmente de
realçar que, tal como uma pintura monocromática e matizada,
a vida social se apoia em um deslocamento insensível, uns sobre
os outros, de experiências, situações, fenômenos; fenômenos,
situações, experiências que remetem analogicamente uns aos
outros. Em vez de explicá-la, de procurar seu porquê, é possível
descrever tal indefinição. Para isso, à sua maneira, A. Berque
utiliza a noção de "mediância", que conota a ambiência e que
leva em consideração a ressonância multiforme de que acabamos de tratar. Vaivém do objetivo ao subjetivo, e da pesquisa
das convivialidades ao procedimento metafórico. Para sermos
mais precisos, poderíamos falar de contaminação de cada um
desses registros pelo outro. Todas coisas que, se não os invalidam, ao menos relativizam, de um lado, o olhar exterior, e, de
outro, esta ou aquela monovalência conceitual e/ou racional.[13]

3. A ordem interior

A ultrapassagem da monovalência racional como explicação do mundo social não é um processo abstrato; está de
fato estreitamente ligada à heterogeneização desse mundo; ou
ainda ao que chamei de vitalismo social. Segundo E. Renan,

---

13   Sobre a correspondência e a analogia, remeto a meu livro, M. Ma-
      ffesoli, *La connaissance ordinaire*, Klincksieck, 1985. Sobre a "mediân-
      cia", cf. A. Berque, *Vivre l'espace au Japon*, Paris, PUF, 1982, p. 41, e
      Le sauvage et l'artifice, Paris, Gallimard, 1986, p. 162 e 165.

o deus antigo "não é nem bom nem mau, é uma força".[14] Essa potência não tem nada de moralizadora, mas se expressa por uma multiplicidade de caracteres, que é preciso compreender no sentido mais forte do termo e que todos têm seus lugares na vasta sinfonia mundana.

É tal pluralização que força o pensamento social a quebrar o enclausuramento de uma ciência unidimensional. É esta a lição essencial de Max Weber: o politeísmo dos valores demanda um pluralismo causal. No esquema conceitual que se impôs no século XIX, como acabo de mostrar, um valor era reconhecido como bom, e o objetivo do intelectual era fazer com que esse universal tomasse força de lei. É essa a perspectiva político-moral. E as tantas ideologias que compartilhavam entre si (conflituosamente) o mercado funcionavam com o mesmo mecanismo. Não pode mais ser a mesma coisa quando há irrupção de valores totalmente antagônicos, o que relativiza pelo menos a pretensão universalista, assim como matiza o alcance geral de dada moral ou dada política. É essa irrupção que fundamenta o relativismo conceitual.

Esse relativismo não é forçosamente um mal. De toda forma, ele existe, e é melhor levá-lo em consideração. A fim de compreender melhor seus efeitos podemos lembrar que, para retomar uma expressão de P. Brown, a história da humanidade é perpassada por uma "constante tensão entre os modos, 'teísta' e 'politeísta', do pensamento".[15] Diria, de minha parte, uma constante oscilação. Segundo a lei da saturação que P. Sorokin bem ilustrou para os conjuntos culturais, há paradigmas que vão privilegiar o que unifica, em termos de organizações

---

14   E. Renan, *Marc Aurèle, ou la fin du monde antique*, Paris, Le Livre de Poche, 1984, p. 314.

15   Cf. P. Brown, *La société et le sacré dans l'Antiquité tardive*, Paris, Seuil, 1985, p. 18.

políticas, sistemas conceituais e representações morais; há outros que, ao contrário, vão, nos mesmos domínios, favorecer
a explosão, a efervescência, o crescimento. Do Deus puro espírito, poderoso e solitário, aos ídolos corporais, desordena-
dos e plurais. Mas, de encontro ao linearismo simplista, que
considera apenas uma evolução do "poli" ao "mono", é fácil
observar que as histórias humanas dão múltiplos exemplos de
um vaivém entre esses dois modos de expressão social.

São numerosos os trabalhos de erudição que salientaram
esse fenômeno. G. Durand, conhecedor perspicaz das mitolo-
gias, mostrou que o próprio cristianismo, em sua intransigência
monoteísta, é incompreensível sem seu substrato sincretista.[16]
E ainda hoje o desenvolvimento sectário, os movimentos carismáticos, as manifestações caritativas, as comunidades de base,
as múltiplas formas de superstição podem ser interpretados
como a manifestação de um velho fundo pagão, populista, que
tem perdurado, de algum modo, na religião popular, e que faz
romper a carapaça unificadora elaborada, ao longo dos séculos,
pela Igreja instituição. De fato, seria interessante mostrar que o
aspecto unificado da doutrina e da organização é menos sólido
do que parece, que ele está sempre suscetível de rompimento
e, sobretudo, perfeitamente pontual. Os diversos cismas ou heresias são, nesse sentido, uma boa ilustração desse fenômeno.
E mesmo as doutrinas que se revelam ser, mais tarde, os mais
sólidos apoios das posições monovalentes, porque se opõem à
intolerância, porque afrontam o desconhecido e se apoiam no
desejo da liberdade, são, em seus momentos de fundação, os
mais sólidos suportes do pluralismo. Assim, se acompanhar-
mos o Doyen Strohl, grande conhecedor do jovem Lutero, poderemos ver que este opunha, a uma Igreja instituição, macros-

---

16   Podemos remeter a G. Durand, *La foi du cordonnier*, Paris, Denoël,
      1984.

cópica, uma "Igreja invisível... que age por intermédio de suas testemunhas".[17] Podemos dizer que, com isso, ele reencontrava a essência da *Ecclesia*, constituída de pequenas entidades locais, se unindo misticamente na comunhão dos santos. Para ele, de encontro a uma Igreja instituição que administra uma dogmática estabelecida, existe uma força instituinte que é essencial. Potência *versus* Poder.

É interessante notar que essa visão plural da Igreja tem por corolário um mosaico (*bricolage*) intelectual que contrasta com a rigidez escolástica. Lutero havia aprendido "a combinar fragmentos do sistema de Aristóteles e do de Santo Agostinho, sem se preocupar com os princípios desses sistemas... ele podia facilmente adotar ideias derivadas de princípios estrangeiros, mas assimiláveis a seus próprios princípios...". Nos dois aspectos, o exemplo de Lutero é esclarecedor, pois podemos dizer que o sucesso do luteranismo se apoia na apreensão intuitiva do fundamento pluralista que caracteriza o popular. O Doyen Strohl não deixa, aliás, de salientar que Lutero, "filho do povo... tem, ele mesmo, suas qualidades e seus defeitos...".[18] Deixemos-lhe a responsabilidade de suas afirmações; o que é certo é que, em seu tempo, as camadas populares não se enganaram: seguiram-no com entusiasmo, e, estendendo a lógica de seu ensinamento, revoltaram-se contra os poderes estabelecidos, até que Lutero, tendo cumprido seu objetivo: tornar-se vizir no lugar do vizir, apelou à nobreza cristã para reprimir a desordem da escória. Mas isso é uma outra história, a da "circulação das elites"!

O que importa ressaltar, antes de tudo, é que existe um fundamento social refratário à unidade, refratário a toda unidimensionalidade representativa ou organizacional. Esse fun-

---

17   H. Strohl, *Luther*, Paris, PUF, 1962, p. 294; cf. ainda p. 308.
18   *Ibid.*, p. 200 e 233.

damento parece se manifestar funcionalmente nas ocasiões em que observamos, ao mesmo tempo, um processo de massificação se operar e uma explosão dos valores no interior dessa massa. Acabo de apontá-lo para a Reforma, diremos o mesmo para o Renascimento, onde, a par de uma tendência geral à "fusão das diferentes camadas da sociedade", assim como observa Jacob Burckhardt, o grande historiador desse período, assistimos a uma explosão vitalista em todos os domínios, doutrinas, artes, sociabilidade, estruturações políticas etc. Efervescência que constitui um novo dado social e que, na maior parte do tempo, reclama novas formas de interpretação. Durkheim o observou igualmente para a Revolução Francesa (salientando seu aspecto religioso), e, em geral, para toda forma de religião que, diz ele, "não se reduz a um culto único, mas consiste em um sistema de cultos dotados de certa autonomia".[19]

O que podemos salientar com esses tantos exemplos e citações é que existem momentos em que as sociedades se tornam complexas, lançando mão de procedimentos eles mesmos complexos. Ao classicismo depurado pode suceder um barroco luxuriante. E como o classicismo é linear, visual, fechado, analítico e passível de análises claras, sabemos que o barroco está em mudança, é denso, aberto, sintético e remete a uma obscuridade relativa, ou ao menos a uma abordagem que se apoia no claro-escuro. Tais pistas de pesquisa, propostas para a história da arte por Wölfflin,[20] podem perfeitamente ser aplicadas a essas considerações epistemológicas. No caso, o realce será posto no segundo conjunto de noções. A socialidade barroca que acaba de nascer requer que saibamos decodificar qual é a lógica

---

19 E. Durkheim, *Les formes élémentaires de la vie religieuse*, Paris, PUF, 1968, p. 36 e segs., reed. Le Livre de Poche, 1991.
20 Cf. H. Wölfflin, *Renaissance et baroque*, Brionne, Éd. G. Monfort, 1985, e mesmo editor: *Principes fondamentaux de l'histoire de l'art*.

de seu desdobramento interno. Pois, repito, há uma ordem específica da socialidade subterrânea. Uma ordem interior que pontualmente aflora em momentos de fratura, de perturbação ou de efervescência; estando entendido que estes podem ser perfeitamente silenciosos, ou ao menos bem discretos, a ponto de escaparem à sutileza de análise dos que fazem disso profissão. Lembremo-nos do ditado "saber escutar a erva crescer".

E. Jünger observa, com acuidade, que não encontramos nos escritos egípcios nenhuma alusão ao Êxodo.[21] Não deve ter representado um grande papel na política interior desse país. E sabemos, contudo, o que essa pequena evasão de escravos causou à continuação da história, ou, o que dá no mesmo, à construção mitológica que serve de base à nossa história. Há momentos nos quais o que parecerá de pouca importância, o que passa despercebido, o que vamos considerar como marginal, de um lado, é o lugar de um real investimento para seus protagonistas, e, de outro, é cheio de consequências para o devir social. A ordem da qual tento falar pretende analisar esse fenômeno.

Já a analisamos por meio de noções como as de "ventre fraco" (ventre mou), "autorreferência" (quant-à-soi), astúcia; até mesmo propus a categoria de duplicidade (La conquête du présent, 1979), para analisar os processos de abstenção. É preciso, porém, assinalar que essa temática, além de seu interesse prospectivo em si mesmo, abre uma pista epistemológica. Assim, o que mostra J. Poirier a propósito das narrativas de vida, que "querem fazer falar os povos do silêncio, colhidos por seus representantes mais humildes",[22] se inscreve, sem dúvida, nessa perspectiva. Ele leva em consideração o fato de que há um silêncio que fala, e que convém não forçá-lo, mas interpretá-lo, para poder fazer sobressair toda sua riqueza. Pois

---

21 Cf. E. Jünger, Graffiti, Paris, Éd. C. Bourgeois, 1977, p. 35.
22 J. Poirier, Les récits de la vie, Paris, PUF, 1984, p. 23.

esse silêncio é, frequentemente, uma forma de dissidência, de resistência, ou ainda de distância interior. Se seguirmos as normas positivistas, que querem ver somente a positividade das coisas, trata-se de um "menos", de uma inexistência. Ao contrário dessa atitude, é preciso dizer que tal procedimento tem qualidade própria: o "nada" servindo de fundamento a uma vida de importância. Reencontramos aqui a fórmula weberiana: compreender o real a partir das faculdades do irreal. De fato, as categorias de opacidade, astúcia, duplicidade, os mecanismos de silêncio, de claro-escuro são, antes de tudo, expressão de um vitalismo que assegura, na longa duração, a conservação ou a autocriação da socialidade. Donde o risco epistemológico do qual acabo de falar.

Por trás das práticas de silêncio, como tive a oportunidade de desenvolver em outro lugar, é o problema da sobrevivência que se verifica. Por sobrevivência entendo essa faculdade de adaptação que permite acomodar-se às pressões sem sucumbir a elas. Aí reside essencialmente o problema da força, ou ainda da potência, que não se deve confundir com o poder. Lembrarei, além disso, que, em sua dimensão sociológica, podemos dizer que a sobrevivência do povo judeu talvez remeta às estratégias que acabo de mostrar. Seus ditos engenhosos, seus jogos de palavras, seus silêncios e as astúcias que lhes são subsequentes estão ligados, entre os judeus, a um grande respeito e um grande amor pela vida. São numerosos os observadores que salientaram esse fenômeno.[23]

E, na mesma ordem de ideias, podemos acompanhar a análise sutil de uma polemóloga da vida quotidiana, fazendo ressaltar que somente as relações amorosas que escapam à injunção do dizer, à terapia de "se dizer", têm chances de

---

23   Cf. W. J. Johnston, *L'esprit viennois. Une histoire intellectuelle et sociale*, Paris, PUF, 1985, p. 26-28.

perdurar.[24] É intencionalmente que tomo ilustrações em um espectro assaz amplo. Não têm nada a ver uma com a outra, mas expressam bem como toda socialidade é fundamentada na comunhão e na reserva, na atração e na repulsão, e que, por considerarmos demais o primeiro desses termos, esquecemos a profunda riqueza dos outros. Preocupados, herança do século XIX, de submeter tudo à razão, de solicitar razões para tudo, esquecemos, para retomar uma bela expressão de Silesius, que "a rosa não tem por quê". Do ponto de vista epistemológico, por termos nos apoiado demais no "dito" das relações sociais, esquecemos que estas se apoiam também no "não dito". Tal vacuidade é um conservatório a explorar. O fato é que essa perspectiva, bem expressa pela antiga sabedoria do *secretum meum mihi*, pode nos introduzir no fundamento mesmo de uma socialidade concreta que não deve ser considerada como o simples reflexo de nossas ideias, mas que tem sua própria consistência. Trata-se aí de um simples bom senso, dificilmente admitido pelo saber erudito, que se sente assim relativizado, mas que constantemente não deixa de ressurgir tanto na vida quotidiana como no debate de ideias.

4. Vivido, proxemia e saber orgânico

Ao contrário do que é costume admitir, o fim das grandes narrativas de referência não vem do fato de que não há mais "grandes Mestres". A qualidade da pesquisa intelectual não é forçosamente pior do que em outras épocas. De fato, se existe desinteresse pelas ideologias dominadoras e longínquas é porque assistimos ao nascimento de uma multiplicidade de ideologias vividas no dia a dia, e que se apoiam em valores próximos. Vivido e proxemia. Esse sentido da concretude da

---

24   I. Pennacchioni, *De la guerre conjugale*, Paris, Mazarine, 1986, p. 79.

existência pode ser considerado como uma expressão de boa
saúde, como a expressão de uma vitalidade própria. Vitalismo que secreta de algum modo um pensamento orgânico,
com, sem dúvida, as qualidades próprias a esse gênero de
pensamento, a saber, a insistência na penetração intuitiva:
vista do interior; na compreensão: apreensão global, holística
dos diversos elementos do dado; e na experiência comum: o
que é sentido, com outros, como constitutivo de um saber
vivido. Alguns autores, muito raros, é verdade, insistiram em
tal pensamento orgânico. Podemos, naturalmente, remeter a
W. Dilthey, mas também a todo pensamento de inspiração
nietzschiana que privilegia o dionisíaco e seus aspectos tátil,
emocional, coletivo, conjuntivo. Podemos igualmente citar G.
E. Moore e sua *Apologie du sens commun* [Apologia do senso
comum], que insiste nas variedades que este último encerra;
Moore, que observa com sutileza que "a maior parte dos filósofos... vai contra esse senso comum, do qual eles participam,
contudo, em sua vida quotidiana".[25] Poderíamos ainda citar
alguns autores que, nessa filiação, focalizam suas investigações
em uma temática próxima; assim a fenomenologia sociológica, que, com A. Schutz, P. Berger e Th. Luckmann, mostrou
todo o interesse temático e epistemológico dessa perspectiva.
De fato, o que podemos chamar de vitalismo e "senso-comu-
nologia" estão ligados, e sua conjunção permite salientar a

---

25 G. E. Moore, *Apologie du sens commun*, p. 135-160, in: F. Armengaud,
    G. E. *Moore et la genèse de la philosophie analytique*, Paris, Klincksieck,
    1986, cf. p. 13. É na confluência dessa perspectiva e daquela da feno-
    menologia sociológica que se situam os trabalhos do Centre d'Études
    sur l'Actuel et le Quotidien (Paris V) e minhas duas obras sobre esse
    tema: M. Maffesoli, *La conquête du présent, pour une sociologie de la vie
    quotidienne*, Paris (1979), reed. DDB, 1998, e *La connaissance ordinaire,
    précis de sociologie compréhensive*, *op. cit.*, e também T. Blin, *op. cit.*

qualidade intrínseca do *hic et nunc*, o valor do presenteísmo, dos quais não acabamos de explorar a riqueza.

O fato é que se trata de alguma coisa que é dificilmente admitida no procedimento intelectual. Tanto é verdade que sua inclinação natural (um *peso* estrutural?) o arrasta em direção ao longínquo, ao normativo, à elaboração da lei geral. Coisas que podemos subsumir à expressão "lógica do dever ser". E em todas as tendências. De maneira um pouco sucinta, podemos dizer que todos esses procedimentos explicativos são *centrífugos*, sempre à procura de algo além do objeto estudado. É em oposição a isso que se situa um procedimento compreensivo que é deliberadamente *centrípeto*, que vai levar a sério seu objeto, mesmo que minúsculo. Cada coisa será analisada nela mesma, e por ela mesma, e não se procurará ultrapassar suas contradições em uma síntese ilusória. No quadro da perspectiva inaugurada por S. Lupasco e G. Durand, podemos falar de uma "lógica contraditorial".[26] Ao dever ser, a história, o longínquo e a explicação centrífuga; ao contraditorial, o mito, o próximo e a compreensão centrípeta.

É interessante observar que o impulso para repensar as categorias do conhecimento social vem, entre outros, dos que acentuam a importância do espaço. Penso, em particular, nos trabalhos de A. Berque, que, de um lado, mostra como "o habitante vive como tal (e) não para um olhar exterior"; ele formula a hipótese de um sistema "areolar ou celular", que se mantém sobre o coletivo, no sentido forte do termo, em vez de sobre o indivíduo. É o que o leva, por outro lado, a falar de

---

26   Cf. o Posfácio de G. Durand a suas *Structures anthropologiques de l'imaginaire*, Paris, Bordas, 1969. Sobre a utilização pela mitocrítica do processo centrípeto, cf. G. Durand, *Figures mythiques et visages de l'oeuvre*, Paris, Berg, 1982, p. 308.

indistinção do sujeito e do objeto, do Eu e do Outro.[27] O que não deixa de lembrar os procedimentos de correspondência, metafórica ou analógica. Seja o que for, é essa conjunção que pode permitir libertar uma *ordem imanente* ligada ao "meio físico", ao "campo concreto" onde se exerce a vida social.[28] Eis o risco maior da reflexão que tentamos esboçar aqui: compreender que existe uma lógica societal que, embora não obedecendo às regras bastante simples do racionalismo monocausalista, não é menos real. Para sermos mais precisos, podemos dizer que existe uma racionalidade aberta conectando os diversos elementos da realidade societal, sem reduzi-los a qualquer visão sistemática. Isto é, parafraseando V. Pareto, que o lógico e o "não lógico" em ação nesses elementos entram em sinergia para dar a arquitetônica que conhecemos.

Com efeito, salvo nos livros escolares, nada é unidimensional no seio da vida social. Ela é, por numerosos aspectos, monstruosa, explosiva, sempre em outro lugar que não o em que acreditamos tê-la fixado. É o pluralismo que a move profundamente. E esse estado de coisas, convém apreendê-lo. Eis o que uma sociologia da vida quotidiana pretende fazer. Mas, é preciso saber, nada é mais difícil do que a atividade intelectual que isso supõe. Assim como indica W. Outhwaite a propósito da ambição compreensiva de G. Simmel: *"This is... merely to say that everyday understanding is a highly complex activity."*[29] E isso porque a vida quotidiana, além das diversas racionalizações, legitimações que conhecemos, está repleta de afetos, de sentimentos maldefinidos, em uma palavra, de todos esses instantes obscuros

---

27   A. Berque, *Vivre l'espace au Japon, op. cit.*, p. 124 e 56.
28   Cf. sobre isso A. Berque, *Le sauvage et l'artifice*, Paris, Gallimard, 1986, p. 267.
29   W. Outhwaite, *Understanding social life. The method called Verstehen*, Londres, G. Allen und Unwin, 1975, p. 13.

que não podemos dispensar, e dos quais medimos cada vez mais o impacto na vida social. Coisas que suportam mal a simplicidade do ideal, a simplificação da perfeição, ou ainda o fantasma simplório que reduz a existência ao que ela deveria ser. É, com efeito, bem fácil refletir sobre ou no mundo inteligível. Este é maleável à vontade, e se presta a todas as acrobacias, reviravoltas ou outras violências conceituais. Existe brutalidade no ato puro do espírito. E não deixarei de repetir, a lógica do dever ser é cômoda, um tapa-buraco, uma forma truncada do conhecimento. Este é muito mais respeitoso da complexidade da vida e, por isso, se recusa às definições *a priori*, embora concebendo as condições de possibilidade intelectuais que permitem ressaltar (epifanizar) os diversos elementos dessa complexidade. Já me expliquei quanto a este ponto, tal é o preço do "formismo": pôr em prática um procedimento rigoroso de descrição que esteja em congruência com a aparência heterogênea da vida societal e que, ao mesmo tempo, saiba mostrar sua pertinência epistemológica.

Devemos, de fato, nos lembrar que, antes de tudo, é o que é dado (cf. Schutz: *taken for granted*), o que se dá a ver, que constitui o suporte das construções intelectuais, quaisquer que sejam. Podemos tomar como exemplo o provérbio em que Durkheim via "a expressão condensada de uma ideia ou de um sentimento coletivo", ou ainda a conversação corrente, que contém, às vezes, uma filosofia da existência e um senso dos problemas vindouros maiores do que numerosas discussões acadêmicas.[30] Trata-se aí de manifestações culturais, *strictissimo sensu*, isto é, o que fundamenta a sociedade. E podemos

---

30   Cf. E. Durkheim, *De la division du travail social*, Paris, 1926, p. 145. Cf. também, sobre a esterilidade dos discursos acadêmicos, K. Mannheim, *Idéologie et utopie*, Paris, Marcel Rivière, 1956, p. 69. Cf. ainda esta observação rica de ensinamentos de E. Renan: "São os

nos espantar que a cultura erudita seja tão impermeável a tais manifestações. Podemos supor, aliás, que seja essa impermeabilidade a causa principal da esterilidade característica de uma grande parte das ciências humanas e sociais.

De fato, o que faz cultura é a opinião, "o pensamento do espaço público", que constituem o cimento emocional da socialidade. É somente *a posteriori* que se elabora o conhecimento erudito. Retomarei uma distinção de Fernand Dumont, que fala de "cultura primeira", na qual nos banhamos sem nos preocuparmos, e de "cultura segunda", que me agrega a um grupo particular.[31] Eu diria, no quadro de nosso propósito, que a primeira é, de algum modo, a ambiência, o banho nutritivo de toda vida em sociedade, e que dá nascimento a, ou ao menos permite a eclosão de, diversas tradições que só podem perdurar enquanto permanecerem ligadas à matriz comum. Há, pois, tantas tradições específicas quanto grupos. O dos intelectuais é um deles, mas é de modo abusivo que ele apresenta seu saber como sendo o mais legítimo. Com efeito, estaríamos mais inspirados ao salientar a correspondência, a sinergia, a complementaridade que une esses diversos saberes, em vez de estabelecer prevalências e hierarquias. Com isso, estaríamos sensíveis à riqueza próxima desses saberes. Naturalmente, para isso, convém diversificar nossos critérios de avaliação. Se para julgar a validade de um enunciado ou de uma prática utilizamos somente o critério de coerência formal ou o da simples lógica causalista, nos condenamos a formular apreciações tautológicas. Para quem observa a sociologia francesa,

---

balbucios das pessoas do povo que se tornaram a segunda bíblia do gênero humano." In: *Marc Aurèle, op. cit.*, p. 291.

---

31   Cf. F. Dumont, "Cette culture que l'on appelle savante". In: *Questions de culture*, Quebec, IQRC, 1981, p. 27 e segs.

P. Bourdieu é, certamente, o caso mais significativo, quando discorre (ou teoriza, segundo o ponto de vista) sobre a "crença prática". Não é o caso de voltar ao desprezo induzido por essa atitude. Ela se julga a si mesma e, sobretudo, é uma confissão de impotência. Não é, na minha opinião, mais feliz falar de "senso teórico popular", pois aí também é na medida apenas da perspectiva teórica que julgamos o senso comum.[32] Em um e outro caso, trata-se, como mostrei, de uma perspectiva "centrífuga" que se refere a um "para-além" do objeto com, mais ou menos explícita, uma atitude judicativa.

Foi a força da modernidade que tudo situou no quadro da História e de seu desenvolvimento. O "centrifuguismo" é somente a tradução intelectual de tal colocação em perspectiva. Mas o que foi uma força não deixa de tornar-se fraqueza. Com efeito, a História esvaziou as histórias. A História tem relativizado a experiência; e é esta que, tal como o retorno do reprimido, se expressa atualmente com força. Suas modulações são de todas as ordens, mas todas têm por ponto comum privilegiar a empiria e a proxemia. É isso mesmo que nos obriga a recentrar nossas análises, a focalizar nossos olhares para esse "concreto mais extremo" (W. Benjamin) que é a vida de todos os dias. A complexidade quotidiana, a "cultura primeira" merece uma atenção específica. É a isso que propus chamar *conhecimento comum*.[33]

O que está em jogo é importante porque cada vez mais é essa proxemia que determina, no sentido simples do termo, a relação com os outros. Quer seja o "mundo social vivido",

---

32   Cf. Y. Lambert, *Dieu change en Bretagne*, Paris, Cerf, 1985, p. 225. O livro de Lambert é muito interessante, e podemos pensar que essa fórmula é uma analogia, infeliz, na minha opinião, pois é demasiado contradependente da perspectiva bourdieusiana.

33   M. Maffesoli, *La connaissance, op. cit.*; cf. também T. Blin, *op. cit.*

a experiência vivida, o relacionismo, as inter-relações recípro-
cas, numerosas são as expressões que, de Dilthey a Schutz,
passando por K. Mannheim, tomam por *a priori* de todas as
categorias sociológicas a socialidade natural e sua arquitetônica.[34]

    Trata-se de alguma coisa pré-científica? De uma socio-
logia espontânea? De um procedimento especulativo? Pouco importa o *status* de tal processo, na medida em que ele
permite afirmar a sinalização, mesmo que provisória, de uma
configuração em curso de realização. As estruturações estáveis
eram bem definidas pela lógica da *identidade* e pelo julgamento moral que a ela está ligado. As constelações indeterminadas
necessitam que se saiba ressaltar as *identificações* sucessivas e o
estetismo (as emoções comuns) que as traduz bem. A avaliação que progressivamente se impôs ao longo da modernidade estava em perfeita congruência com seu objeto: a ordem
política. Não é evidente que ela possa se aplicar ao fervilhar
que, das tribos às massas, vai servir de matriz à socialidade em
devir. Esta, em todo caso, nos lança um novo desafio intelectual, além, aquém da moral política: quais serão as estruturas
socioantropológicas da *ordem passional*?

---

34   Sem ser exaustivo, pode-se citar Dilthey, *Le monde de l'esprit*, Paris,
    Aubier, 1947. K. Mannheim, *Idéologie et utopie*, Paris, Rivière, 1956.
    A. Schutz, *Le chercheur et le quotidien*, Paris, Klincksieck, 1986.

Índice Onomástico